# Les Rois
## qui ont fait
# la France

Collection
**marabout université**

GEORGES BORDONOVE

Les Rois
qui ont fait
la France

# PHILIPPE LE BEL

*Roi de fer*

MARABOUT

# LES ARCHITECTURES DE L'HISTOIRE

*Au règne de Philippe Auguste, qui transforme la petite principauté d'Ile de France en vrai royaume, succède l'interrègne de Louis VIII. A celui de saint Louis, qui porte le prestige de la monarchie française à son zénith, succède l'interrègne de Philippe III le Hardi. Vient ensuite Philippe IV le Bel qui convertit la royauté féodale en monarchie absolue. Ses trois fils règnent et disparaissent en moins de quinze ans; c'en est fait des Capétiens directs; ils laissent la place aux Valois.*

*Louis VIII est mort pendant la dernière «croisade» prêchée contre les Albigeois. Philippe III le Hardi, pendant une autre «croisade», cette fois dirigée contre l'Aragon. Les fils de Philippe le Bel s'effacent les uns après les autres, comme emportés par une inexorable fatalité. Cinq règnes secondaires - en raison de leur brièveté et de leur manque d'éclat - s'intercalent entre trois règnes décisifs. Telles sont les architectures de l'Histoire…*

*La forte personnalité de Philippe le Bel domine la période qui s'étend de la mort de saint Louis à l'avènement de la dynastie des Valois. Avec lui le Moyen Age classique prend réellement fin; l'esprit qui l'avait animé, cesse d'exister: service de Dieu, honneur du monde, dévouements gratuits et massifs, respect de la créature en tant que porteuse d'une âme chrétienne. Prince déjà moderne et même, à sa façon, révolutionnaire, Philippe le Bel réforme hardiment les structures de l'Etat: administration, justice, armée, fiscalité. Il crée un nouveau style de gouvernement qui offusque ses contemporains et les déçoit plus encore qu'il ne les inquiète: sous sa main de fer, la vieille monarchie cesse d'être débonnaire. Incompris de son vivant, hormis par ses familiers et ses principaux serviteurs, il reste un inconnu. Les conflits dramatiques, les tragédies qui traversent les vingt-neuf ans de son règne, fertile en événements de premier ordre, ont suscité une légende noire qui renvoie une image déformée, sans doute éminemment romanesque, mais sans rapport avec la réalité. Il n'a pas eu de Joinville pour répéter ses paroles privées, restituer ses faits et gestes, ses colères, ses sourires, bref pour le peindre dans son quotidien. Tout est énigme en lui, sa personne comme son comportement. C'est un sphinx endormi dans les sables de l'Histoire, et qui pose aux générations d'historiens les mêmes irritantes questions.*

*Fut-il le maître qu'il paraît être dans l'art de gouverner, ou laissa-t-il ses conseillers agir et décider à sa place? Était-ce un prince faible, servi par des apparences flatteuses, comme ses détracteurs le suggèrent, ou, au contraire, une volonté sans cesse en éveil et capable de renverser tous les obstacles? S'identifiait-il si complètement à l'État qu'il en oubliait de vivre comme les autres hommes, ignorant leurs joies, leurs peines, leurs scrupules, leurs remords, estimant qu'un roi pouvait se dispenser d'être heureux sauf dans la conduite des affaires? Eut-il, d'entrée de jeu, un but suprême qu'il poursuivit sans relâche, ou improvisa-t-il, tout en donnant l'apparence de ne point dévier de sa ligne politique? Fut-il prodigue, impitoyable, cruel, par goût ou par nécessité? N'obéissait-il qu'à son orgueil? Était-il despote par instinct ou par système? Il n'a point laissé de mémoires ni d'instructions à ses successeurs; on ignore sa pensée profonde, fruit de son génie personnel ou de son expérience.*

*Cependant, si l'on écarte la légende pour se référer aux seuls documents authentiques et aux faits qu'ils établissent, alors on voit se dessiner le caractère de ce roi. Et, certes, la réalité que l'on appréhende est infiniment plus vivante, plus exaltante que les inventions des historiens romantiques! En tout cas, le fait même que l'on soit porté à l'admirer et à le fustiger avec un emportement égal atteste sa diversité, son importance et sa grandeur.*

Comme dans les précédents volumes, les textes cités ont été actualisés dans la mesure du possible.

Les personnages dont la biographie n'est pas évoquée au cours de l'ouvrage font l'objet d'une brève notice insérée in fine.

PREMIÈRE PARTIE

# *LE PÈRE DE PHILIPPE LE BEL*

*L'on trouve en écriture que la félonie du père fait trébucher le fils, et quand le père est sans félonie, la maison du fils est plus sûre et plus ferme. Cette grâce fit notre Seigneur au bon saint Louis quand il mit Philippe son fils en son siège et en son trône, ainsi qu'il fut dit à David: «... Si tes enfants gardent mon commandement et font ce que je leur commande de faire, toute leur lignée sera sage et s'assiéra en ton siège et trône.»*

Primat,
*Grandes Chroniques de France.*

# I

# PHILIPPE III LE HARDI

Guillaume de Nangis amorce de la sorte la chronique des faits et gestes de ce roi : « Après avoir élevé par de dignes louanges ce très précieux joyau de Jésus-Christ, Louis, roi des Français, de sainte mémoire, non toutefois selon son mérite mais selon notre pouvoir, il nous semble à propos de compléter notre œuvre en célébrant l'escarboucle issue de ladite pierre précieuse, à savoir : monseigneur Philippe, fils du saint roi Louis, et digne d'honneur et de gloire. Quoiqu'il ne fût pas grand clerc, toutefois il était doux et débonnaire envers les prélats de sainte Église et tous ceux qui cultivaient le service du Seigneur. »

Étrange escarboucle que ce roi dont on ne sait même pas pourquoi on le surnomma « le Hardi » et qui serait tombé dans l'oubli s'il n'était le fils de saint Louis et le père de Philippe le Bel ! Il faut pardonner les pieux mensonges de nos premiers biographes, mais savoir séparer le bon grain de l'ivraie. Le martyre de Louis IX, l'hécatombe de princes qui allait suivre, les circonstances tragiques de son avènement, tout à la vérité concourait à servir Philippe III. Ce fut devant le tref[1] où gisait le corps du saint roi, le 25 août 1270, que les barons lui prêtèrent hommage. Il avait alors vingt-cinq ans. Le débarquement de son oncle, Charles d'Anjou, roi de Naples et de Sicile, permit de rétablir la situation et de terminer honorablement la malheureuse croisade de Tunis. La flotte, encombrée de malades, fut assaillie par une grosse tempête. On perdit de nombreux navires et des hommes à foison : la mer acheva l'œuvre

1. Le pavillon.

de la dysenterie et du typhus. On fit escale à Trapani, en Sicile. Mais le sort s'acharnait sur les croisés et sur les princes capétiens. Thibaut V, roi de Navarre, comte de Champagne et de Brie, mourut le 4 décembre 1270; Isabelle, son épouse (une des filles de saint Louis), devait mourir de chagrin le 23 avril 1271. La femme de Philippe III, Isabelle d'Aragon, qui était enceinte, fit une chute de cheval en Calabre: la mère et l'enfant moururent le 28 janvier 1271. Alphonse de Poitiers, frère de saint Louis, mourut à Saverne le 21 avril 1271; sa femme, Jeanne de Toulouse, ne put lui survivre. Ainsi, en quelques mois, Philippe avait perdu son père, son frère Jean-Tristan, comte de Nevers, sa femme, la reine Isabelle, ses oncles et tantes: Alphonse de Poitiers, Jeanne de Toulouse, le roi et la reine de Navarre. J'ai évoqué dans un autre ouvrage[1] l'extrême douleur du jeune roi terrassé par cette succession de deuils, et le convoi funèbre qu'il conduisit à travers le royaume jusqu'à Paris. Le 22 mai 1271, après avoir fait «apprêter les corps qu'il avait ramenés de si lointaines terres», il porta à Notre-Dame le mince cercueil contenant les ossements de saint Louis. Dans la cathédrale, selon le témoignage de Primat, il y avait «foison de luminaires» , et se déroula un grandiose office nocturne. Le lendemain, Philippe «prit le cercueil de son père, le troussa sur ses épaules» et, à pied, le porta jusqu'à Saint-Denis. Les portes de la basilique étaient closes, car l'abbé de Saint-Denis contestait à l'archevêque de Sens et à l'évêque de Paris le droit de paraître en officiants; il affirmait avec véhémence que c'était là une atteinte à ses privilèges. On parlementa, cependant que Philippe attendait avec son père sur l'épaule! Il n'osait pas intervenir et trancher le débat: première indication sur son caractère. Les deux évêques préférèrent céder et se «dévêtir». Après quoi, la cérémonie put commencer, à l'issue de laquelle les restes mortels de saint Louis furent placés près de ceux de Louis VIII, son père, et de Philippe Auguste, son grand-père. La reine Isabelle et le prince Jean-Tristan les jouxtèrent. Pierre le Chambellan fut inhumé aux pieds du saint roi.

Bien que Philippe III eût été proclamé roi par les barons, dans les circonstances que l'on a dites, il lui manquait l'onction du sacre. Il la reçut des mains de Milon de Bazoches, évêque de Soissons, l'archevêché de Reims étant alors vacant. Le cou-

2. *Saint Louis, roi éternel,* même éditeur.

ronnement fut suivi des festivités habituelles. «Joyeuse», l'épée dite de Charlemagne, fut portée par Robert II d'Artois, fils du vaincu de Mansourah et cousin germain du roi. Il faut croire que la tristesse de Philippe persistait, car le même Robert d'Artois se mit en devoir de la dissiper. Il emmena son royal cousin dans la bonne ville d'Arras, où les bourgeois lui offrirent une fête somptueuse. Robert «manda les dames et demoiselles du pays pour les faire trescher (danser) et caroler (danser des rondes) avec les femmes des bourgeois qui s'étudiaient de toutes manières à danser et à espinguier (sauter), et se démenaient pour plaire au roi.» Le remède fut-il salutaire? Il semble que non, encore que Philippe se déclarât, selon l'usage, «honoré» par l'accueil qu'il avait reçu. Robert d'Artois était un personnage haut en couleur, une force de la nature. Il ne pouvait concevoir que le jeune roi restât fidèle au souvenir d'Isabelle, oubliant que Philippe était aussi dévot que son père.

Philippe regagna Paris. Il y retrouva sa famille: sa mère, Marguerite de Provence, veuve de saint Louis, reine douairière (elle ne mourra qu'en 1295, sous le règne de son petit-fils, Philippe le Bel), ses frères et sœurs. Et c'étaient Pierre, comte d'Alençon, de Chartres et de Blois; Robert, comte de Clermont, et Agnès qui devait épouser, en 1279, Robert II de Bourgogne. En 1269, Blanche avait épousé l'infant de Castille, Ferdinand de La Cerda, et Marguerite, Jean Ier de Brabant. De la reine morte (Isabelle d'Aragon) Philippe avait trois enfants: Louis, Philippe (qui sera Philippe IV le Bel) et Charles de Valois qui prétendra à tous les royaumes et sera roi de nulle part.

Jusqu'alors, Philippe avait vécu dans l'ombre de son père. Bien qu'héritier présomptif de la couronne, il s'était déjà fait remarquer par son inappétence aux affaires et à l'étude. Primat le juge «peu lettré», mais il ne dit pas qu'il était illettré comme tant d'historiens l'ont écrit. Comme il était naturel pour un moine de Saint-Denis, il vante sa piété exemplaire, son respect pour la sainte Église et pour ses représentants, et le félicite chaudement d'avoir maintenu en place les conseillers de saint Louis, notamment Mathieu de Vendôme. Il s'abstient toutefois d'indiquer la faveur dont jouissait Pierre de la Brosse dès le début du règne. Il préfère insister sur la dévotion de Philippe, déclarant que, depuis la mort de la reine Isabelle, il faisait pénitence, portant même un cilice sous son haubert «pour sa chair éteindre et châtier» , jeûnant et se privant de viandes. Il affirme qu'il persista dans ces habitudes jusqu'à sa mort, et «mena mieux vie de moine que de chevalier». On a quelque peine à le croire! Mais il fallait bien lui trouver quelque mérite, ne fût-ce que pour se conformer aux usages! Primat ajoute, et ce doit être vrai, que Philippe «était plein de bonnes paroles et bien emparlé»: ce qui signifie qu'il s'exprimait avec facilité. Et qu'il ne montrait à l'égard de ses barons «ni orgueil ni boban» (jactance). Mais sa conclusion mérite d'être citée: «Par ses bonnes vertus, qui en lui resplendissaient, il tint son royaume en paix tous les jours de sa vie.»

Le visage du gisant, que l'on peut voir à Saint-Denis, n'est pas moins illusoire que le portrait tracé par Primat. Il est l'œuvre du sculpteur Pierre de Chelles. Les vastes yeux s'écartent d'un nez droit et bien planté; la bouche est large avec une lèvre inférieure fortement ourlée; le menton, solide et le cou, rond comme une tour. Cette face royale, certainement ressemblante, respire la force, l'équilibre, la volonté. Mais l'apparence physique comme la dévotion ostentatoire de Philippe n'étaient que des leurres. Il n'avait que l'extérieur d'un roi. L'absence de perspicacité et d'esprit de décision lui faisait cruellement défaut. Il était influençable à l'excès, impulsif, désordonné, peut-être cyclothymique. Son enthousiasme était aussi prompt que ses découragements. D'où les incohérences de son règne, les abandons, les expéditions désastreuses. Certes, il ressemblait à son père et s'efforçait de l'imiter, mais comme une mauvaise copie imite son modèle. Hormis la courtoisie et le beau parlage, il n'avait aucune des qualités de sa race. On ne s'en aperçut pas tout de suite.

Les premières années de son règne furent en effet positives et paisibles, nonobstant les influences contradictoires de la reine Marguerite et du favori Pierre de La Brosse. L'abbé de Saint-Denis (Mathieu de Vendôme), les conseillers de Louis IX restés en place, gardaient encore assez d'empire sur le jeune roi pour être écoutés. On vit alors combien la croisade de Tunis profitait, en fin de compte, à la monarchie capétienne! Par suite de la mort de Jean-Tristan, le comté de Nevers était revenu à la couronne. La disparition successive d'Alphonse de Poitiers et de Jeanne de Toulouse, morts sans enfants, gratifiait le roi d'immenses territoires: le Poitou, la Saintonge, une partie du comté d'Angoulême, le Toulousain, l'Agenois, le Quercy, le Rouergue et le marquisat de Provence, avec leurs droits et dépendances! On pouvait craindre que les barons du Midi ne missent à profit l'avènement de Philippe pour tenter de ressaisir leur indépendance. Ils s'empressèrent au contraire de prêter hommage aux représentants du roi. Seul Roger-Bernard, comte de Foix, opposa quelque résistance. Sommé de comparaître, il s'enferma dans son château de Foix, forteresse réputée inexpugnable, et défia l'autorité de Philippe en prêtant serment au roi d'Aragon. Philippe ne pouvait laisser cet affront impuni. Il résolut de châtier Roger-Bernard, afin de couper court à toute velléité de rébellion générale. Il rassembla son ost[1] et partit pour le Languedoc; c'était aussi l'occasion de faire sentir la puissance de leur nouveau suzerain à des populations plus que réticentes, n'aimant guère «les Français» et ne le cachant pas. Roger-Bernard préféra capituler et Philippe III eut l'habileté de lui accorder son pardon, après quelques mois de captivité. Le roi d'Angleterre, Henri III, posa lui aussi un problème. Il revendiqua la rétrocession de l'Agenais et du Quercy prévue, selon lui, par le traité de 1259. Ce n'était là qu'une requête de pure forme, d'autant qu'Henri III se mourait et que son fils, le futur Édouard I$^{er}$, guerroyait en Terre Sainte. Philippe s'en tint à une réponse dilatoire, sans repousser formellement les exigences de l'Angleterre. Rien ne permettait encore de prévoir qu'il ne resterait pas fidèle à l'esprit et à la tradition politique des Capétiens.

Le veuvage lui pesait, bien qu'on le crût plus moine que chevalier! En 1274, il épousa Marie, sœur du duc de Brabant, princesse connue pour son élégance, sa beauté et sa culture. Elle amena une suite de brillants seigneurs brabançons aux quels s'agrégea une partie de la cour. Philippe accueillit sa seconde épouse «à grand amour», ce qui veut dire qu'il en devint éperdument amoureux. S'ensuivit une âpre rivalité entre la jeune reine et Marguerite de Provence et, par voie de conséquence, entre leurs partisans respectifs. Mais bientôt le pire adversaire de Marie fut Pierre de La Brosse. Il avait si complètement capté la confiance du roi qu'il était devenu son alterego. Il pouvait même se considérer comme le maître occulte

1. Son armée.

du royaume. Sa fortune avait crû en proportion de la faveur dont il jouissait: le roi ne savait rien lui refuser; il prévenait même ses désirs. Le pauvre gentilhomme tourangeau était en train de devenir l'un des plus riches hommes de la cour. On le traitait avec un feint respect. Les conseillers royaux pliaient devant lui, mais cherchaient un prétexte pour le perdre. Pour la reine Marie, les grands seigneurs et leurs amis brabançons, il n'était qu'un parvenu. Bref, sa réussite par trop voyante faisait l'unanimité contre lui, mais le roi le soutenait contre tous, par entêtement ou par affection. Ce que La Brosse redoutait le plus, c'était la passion amoureuse de son protecteur pour la reine.

Philippe se laissait tirailler de la sorte entre sa femme et son favori, sans être capable de prendre un parti et de s'y tenir. Il ne voulait déplaire ni à l'un ni à l'autre. Au lieu d'imposer son autorité et de mettre fin aux intrigues, il en était le jouet, tout en se flattant de les maîtriser. En 1276, son fils aîné, le petit prince Louis, mourut subitement. On parla de poison. Le perfide La Brosse ne connaissait que trop la crédulité de son maître. Il osa insinuer que la reine Marie n'était pas étrangère à la mort de Louis; qu'elle était résolue à supprimer pareillement les autres enfants de la défunte reine Isabelle, afin d'assurer la succession du trône à son propre fils. Le roi ne rejeta pas cette accusation monstrueuse. Au contraire, le soupçon s'installa dans sa faible cervelle. La Brosse ne s'en tint pas là. Il organisa une véritable campagne de diffamation contre Marie, afin de la discréditer aux yeux de la cour et du peuple de Paris. Son frère, Pierre de Benais, qu'il avait fait nommer évêque de Bayeux, confia «ses craintes» hypocrites au légat du pape, puis au roi lui-même. Philippe essaya d'enquêter. On le berna. Il ne savait plus lequel croire, de la reine, du favori (qui restait en place), de l'évêque, du légat, ni quelle décision prendre. Ce fut son cousin Robert d'Artois qui le tira d'embarras. Envoyé en mission auprès d'Alphonse X, roi de Castille, il apprit que ce dernier était tenu scrupuleusement informé des projets du roi de France. Les soupçons se portèrent tout naturellement sur le favori. Peu après, un inconnu fut recueilli, mourant, dans un monastère. Il remit à l'abbé une cassette destinée à Alphonse X et contenant des lettres portant le sceau de Pierre de la Brosse. Cette révélation inattendue, et opportune, décida du sort du favori. Arrêté, jugé, condamné par un tribunal composé de grands seigneurs, La Brosse fut pendu au gibet de Montfaucon.

Cet incident n'a d'intérêt qu'autant qu'il témoigne de la démesure de Philippe III, de son instabilité et de son manque de clairvoyance. Délivré de son favori, il retomba sous la coupe de sa mère et de sa femme. A croire qu'il ne pouvait exister par lui-même, que saint Louis continuait de faire son ombre sur lui!

Depuis la mort du prince Louis, l'héritier présomptif (ou comme on disait alors: «l'ainé fils du roi») était son frère cadet: le futur Philippe le Bel. Ce fut sans doute pour cette raison que son père le voulut instruit, plus qu'il ne l'était lui-même. Il lui choisit pour précepteur un homme remarquable: Egidio Colonna, que l'on appelait communément Gilles le Romain. Il était issu de l'illustre Maison gibeline des Colonna; le détail a son importance. Il avait été l'élève de saint Thomas d'Aquin. Docteur en théologie, il enseignait à l'Université de Paris. Telle était sa réputation qu'on le surnommait prince des Théologiens. Il écrivit à l'intention de son royal élève un essai intitulé: De regimine principis. Il y démontrait les avantages du pouvoir absolu, justifié selon lui par la volonté divine. Le futur Philippe le Bel ne retiendra que trop la leçon! Il faut croire qu'il aimait sincèrement son maître, et qu'il était capable d'attachement, car Egidio devint général des Augustins en 1292 et, deux ans après, obtint le riche archevêché de Bourges.

Marie de Brabant donna trois enfants à Philippe III: Louis, qui sera comte d'Evreux et d'Étampes et deviendra, par mariage, roi de Navarre; Marguerite, qui épousera Édouard Ier d'Angleterre et Blanche, qui épousera Rodolphe d'Autriche. Elle ne fit point périr les enfants qui restaient du premier lit: le futur Philippe le Bel et son frère Charles qui sera l'auteur de la tige des Valois... Que d'événements en puissance dans cette simple énumération! Mais l'Histoire est un joueur d'échecs qui prépare subtilement ses coups et sait attendre les fautes de son partenaire. Qui aurait pu supposer qu'en autorisant son frère Charles d'Anjou à conquérir Naples et la Sicile, le pacifique saint Louis provoquerait la mort de son propre fils?

## II

# L'ÉCHIQUIER EUROPÉEN

Le Saint-Siège restait vacant depuis deux ans. Les cardinaux, divisés en factions rivales, ne parvenaient pas à se mettre d'accord. L'Église pâtissait de cette situation. Depuis trois décennies, les papes n'avaient eu qu'un objectif: abattre la Maison de Souabe (les Hohenstaufen): tout avait cédé devant cette nécessité impérieuse; il en allait de la survie temporelle et de l'indépendance de l'Église; les papes ne pouvaient se laisser déposséder par les empereurs germaniques. Ils avaient abattu les Hohenstaufen avec l'aide de Charles d'Anjou, mais la haine entre les guelfes et les gibelins persistait. Dans leur lutte passionnée contre Frédéric II de Hohenstaufen et ses successeurs, les papes s'étaient trop souvent ravalés au rang de chefs de partis, voire de chefs de guerre. Ils avaient parfois montré une mauvaise foi, une duplicité, une absence d'humanité peu dignes de la tiare. Il était urgent de restaurer l'autorité morale et spirituelle du Saint-Siège. Cela, les cardinaux finirent par l'admettre, en dépit de leurs ambitions personnelles. Réunis en conclave à Viterbe, ils élirent un prélat qui, par son éloignement, était resté étranger à ces luttes. Il s'agissait de Tebaldo Visconti, patriarche de Jérusalem. Il prit le nom de Grégoire X et revint en Europe avec une seule pensée: réconcilier les princes afin d'organiser une croisade générale et de sauver la Terre Sainte d'une submersion totale. Il connaissait mieux que quiconque la situation désespérée du petit royaume de Jérusalem, ou de ce qu'il en restait! Dans ce dessein, il amorça la réunion des Églises grecque et latine. Un concile œcuménique, auquel il convia l'empereur de Constantinople, Michel Paléologue, et les rois d'Occident, devait sceller la réconciliation. En Italie, il s'efforça d'apaiser les conflits, supprimant jusqu'aux termes de guelfe et de gibelin rappelant des haines selon lui dépassées. Il se préoccupa ensuite des affaires d'Allemagne. Il y avait eu, jusqu'en 1271, deux empereurs rivaux à la tête de la Confédération germanique: Richard de Cornouailles et Alphonse X de Castille, tous deux irrégulièrement élus et de ce fait sans autorité effective. Richard étant mort, il ne restait plus qu'Alphonse X, dont les Allemands ne voulaient point. Grégoire X sut convaincre les Électeurs de porter leur choix sur un candidat capable de redresser la situation. Poussé par son oncle Charles d'Anjou – dont l'influence politique prédominait à la cour de France –, Philippe III tenta de poser sa candidature, d'ailleurs sans conviction. Grégoire X n'avait aucune envie de voir la France régner à la fois sur l'Allemagne et l'Italie. Il découragea courtoisement, mais fermement, les envoyés de Philippe. Ce fut Rodolphe de Habsbourg qui fut élu, sous condition de renoncer aux droits que les précédents empereurs détenaient sur l'Italie. Philippe III n'avait pas de vindicte; il céda de bonne grâce, et sans contrepartie, le Comtat Venaissin à la Sainte Église! Elle réclamait cette terre depuis la fin de la guerre contre les Albigeois. On s'interroge sur les raisons qui poussèrent le roi à renoncer au Comtat. Il n'en reste pas moins que, sans cette cession, les papes n'auraient pu s'installer plus tard à Avignon…

Le concile voulu par Grégoire X s'assembla à Lyon, dans la cathédrale Saint-Jean. Son importance, son éclat, ses résultats – malheureusement éphémères – frappèrent l'opinion. Quinze cents prélats y prirent part, en présence des représentants de tous les princes. L'éloquence de saint Bonaventure (Jean de Fidenza) emporta les adhésions aux thèses de Grégoire X. Les patriarches de Constantinople et d'Antioche abjurèrent le schisme d'Orient. La croisade générale fut décidée dans l'enthousiasme. Le pape exultait; il pouvait croire la partie gagnée. Après le concile, il s'employa à aplanir les ultimes différences. Il obtint d'Alphonse X de Castille la renonciation de celui-ci à ses prétentions sur l'Allemagne, tout en lui laissant le titre fictif d'empereur. Le schisme étant aboli, il n'existait plus aucun motif de retarder la croisade dont rêvait Grégoire X: toute l'élite guerrière de la chrétienté conduite par les deux empereurs

(Rodolphe de Habsbourg et Michel Paléologue), avec pour lieutenants les rois de France et de Naples! Mais à son retour, le patriarche de Constantinople fut désavoué par son peuple et Michel Paléologue, peu désireux d'affronter une guerre religieuse, rétablit le schisme. Quant aux princes d'Occident, on peut se demander s'ils avaient la ferme intention de faire le «Saint-Voyage», malgré leurs spectaculaires prises de croix et le zèle avec lequel ils récoltaient la décime accordée à cette fin. Quoi qu'il en soit, lorsque Grégoire X mourut, en 1276, le projet de croisade semblait abandonné; la concorde entre les princes, si difficilement acquise, se trouvait déjà remise en question.

Le roi de Navarre, Henri III, comte de Champagne et de Brie, était mort le 22 juillet 1274, à Pampelune, étouffé par la graisse, disait-on. Il laissait pour unique héritière Jeanne de Navarre, «si petite qu'elle gisait au berceil (au berceau)»: elle était née en 1273. La veuve du roi, Blanche d'Artois, nièce de saint Louis, devait assumer la régence. L'avenir de la Navarre dépendait évidemment du mariage que contracterait plus tard la petite Jeanne. Aragonais et Castillans entrèrent sans plus attendre en compétition! Les Cortès de Navarre étaient hostiles à la France; ils choisirent un prince d'Aragon. Ce que voyant, la régente vint chercher refuge en France, avec sa fille. Elle redoutait à juste raison la turbulence des barons navarrais et, plus encore, le voisinage de l'Aragon et de la Castille également avides d'annexer le royaume de Navarre. Il faut reconnaître que Philippe III (ou ses conseillers) comprit admirablement la situation. Primat: «L'enfant doucement et volontiers reçut et la fit nourrir à sa cour à Paris, avec ses enfants, tant qu'elle fut en âge qu'il la pût donner à un haut homme en mariage.» Le «haut homme» était tout trouvé; c'était le futur Philippe le Bel. Son père s'empressa de demander une dispense au Saint-Siège, à la suite de quoi le jeune prince fut fiancé à l'héritière de Navarre. Ce mariage inespéré augmenterait le domaine royal non seulement de la Navarre, mais du comté de Champagne et de Brie convoité depuis des siècles par les Capétiens! Simultanément Blanche d'Artois cédait la régence à Philippe III. Il expédia aussitôt en Navarre Eustache de Beaumarchais, sénéchal de Toulouse, avec le ban du Languedoc, pour y recevoir l'hommage des barons et rétablir l'ordre. Le sénéchal avait la poigne dure; il ne sut pas apprivoiser les fiers Navarrais, ni respecter les usages locaux. Une partie de la population se révolta. Il dut s'enfermer dans la forteresse de Pampelune. Ce qu'apprenant, Philippe III envoya Robert d'Artois, avec une forte armée. La révolte fut écrasée (en 1276) et les Français s'installèrent définitivement en Navarre.

Le roi de France pouvait se plaindre à juste titre de l'assistance prêtée aux rebelles par les chevaliers de Castille, avec l'assentiment d'Alphonse X. Ce dernier lui fournit bientôt un grief plus grave et qui fut pour Philippe III l'occasion de commettre sa première faute. Ferdinand de La Cerda était mort en 1275. Il laissait deux enfants, neveux de Philippe par leur mère Blanche de France. Don Sanche, surnommé le Brave, frère puîné de Ferdinand, se prétendait héritier du trône. Il soutenait que le droit de représentation n'existait pas en Castille avant la rédaction du code des «siete partidas» dont son père était l'auteur: encore ce droit y revêtait-il, selon lui, un caractère aléatoire. En foi de quoi il demandait l'application de la coutume castillane, d'après laquelle le trône revenait au plus proche parent du défunt roi: or il était plus proche d'un degré d'Alphonse X que les infants de La Cerda. Remarquons qu'en la circonstance «le défunt roi» était toujours vivant... Don Sanche invoquait aussi ses nombreuses victoires sur les rois de Grenade et du Maroc. Il fit tant que les Cortès de Castille, réunis à Ségovie, le désignèrent comme héritier de la couronne.

Philippe III protesta contre cette décision. Il envoya un ambassadeur à Burgos afin de mettre Alphonse X en demeure de tenir les engagements souscrits lors du mariage de Blanche et de Ferdinand. Alphonse X accueillit fort mal ces représentations. La rupture était inévitable. Le chevaleresque Philippe III crut qu'il serait déshonoré s'il n'intervenait pas en faveur de ses neveux. Mal renseigné, mal conseillé (et sinon ne voulant écouter aucun conseil), il se lança dans la plus folle des aventures sans la moindre préparation! Ayant rassemblé son ost, sûr de vaincre, il se hâta vers les Pyrénées. Croyant opérer aisément sa jonction avec les forces de Robert d'Artois stationnant en Navarre, il ne doutait pas d'écraser l'armée castillane. La difficulté était de franchir les monts avant d'envahir le royaume d'Alphonse X. La superbe armée s'arrêta à Sauveterre-de-Béarn; elle était à pied d'œuvre, mais ne put aller au-delà. On s'aperçut en effet que «l'intendance» ne suivait pas. On manquait de vivres. On manquait de fourrage pour la cavalerie. Machines et munitions avaient été oubliées. Bref on manquait de tout! Il fallut attendre d'improbables convois. Ce fut l'hiver qui vint, avec ses rafales de pluie glacée. Des «traîtres» conseillèrent au roi de licencier l'armée, de remettre l'expédition au printemps suivant, cette fois en prenant soin des approvisionnements. Philippe acquiesça; sa colère était retombée. Primat écrit que ce fut grand dommage, car, selon lui, on eût facilement conquis toute l'Espagne... Cependant Alphonse X avait eu peur. Il se radoucit brusquement, accepta de délier ses sujets du serment qu'ils avaient prêté à son fils et de soumettre à nouveau aux Cortès les droits des infants de La Cerda. Ce que voyant, Sanche le Brave se rebella contre lui et s'empara du pouvoir. Les malheureux infants furent recueillis par le roi d'Aragon Pierre III, qui les garda en otages.

Philippe III les réclama et se heurta à un refus. Premier conflit avec le roi d'Aragon qui, par la reine Isabelle, avait été son beau-frère. Il avait toutes les raisons de rechercher l'alliance de l'Aragon contre la Castille, nul n'ignorant la rivalité de ces deux royaumes. Il préféra s'aliéner l'Aragon. Il. n'était peut-être pas tout à fait incapable de consulter son intérêt. Mais, sous l'influence de Charles d'Anjou, la politique française se tournait vers la Méditerranée. De plus le pauvre roi, toujours tiraillé entre sa mère et son épouse, n'était pas maître de ses décisions; il pratiquait un gouvernement d'humeur. Terrible leçon pour le futur Philippe le Bel, dont on peut supposer qu'il avait déjà assez d'intelligence et de perspicacité pour en tirer profit! La vieille reine cherchait, par tous les moyens, à nuire à Charles d'Anjou auquel elle ne pardonnait pas d'avoir capté jadis l'héritage provençal. Pour contrecarrer sa belle-mère, Marie de Brabant intriguait en faveur de Charles. Ce fut elle qui l'emporta. Or Pierre III d'Aragon venait d'émettre des prétentions sur la Sicile, du fait de sa femme, Constance de Hohenstaufen. Mais Philippe III ne songeait qu'aux infants de La Cerda; leur infortune lui «gonflait le cœur». L'Espagne l'obnubilait; elle occultait tous les autres problèmes quelle que fût leur gravité. La politique de Philippe vis-à-vis de l'Angleterre n'a pas d'autres explications. Henri III étant mort en 1272, son fils Édouard Ier, revenu d'Orient, prêta hommage à Philippe III «pour toutes les terres qu'il devait tenir de la couronne de France». Formule ambiguë! Édouard s'empressa d'ailleurs de renouveler la demande de rétrocession de l'Agenais et du Quercy prévue par le traité de Paris. Philippe atermoya. Il croyait probablement que la requête d'Édouard était de pure forme. Mais le nouveau roi d'Angleterre ne ressemblait pas à ses prédécesseurs; il était décidé à restaurer son autorité; il avait autant de volonté que d'ambition. Pour inquiéter Philippe, il s'attarda dans son duché de Guyenne, suscitant de petites guerres locales, sans gravité ni conséquences, sauf qu'elles étaient susceptibles de se généraliser. Philippe III n'avait aucune envie de provoquer un conflit. Édouard n'en avait pas les moyens; son trésor était à sec. On choisit donc de négocier. Un traité fut signé en 1279, par lequel Philippe rétrocédait l'Agenais au roi d'Angleterre sans la moindre compensation. En outre, il autorisait l'épouse d'Édouard (qui était une princesse de Castille) à se saisir de l'héritage de la comtesse de Ponthieu, sa mère, c'est-à-dire des comtés de Ponthieu et de Montreuil-sur-Mer. Ainsi, l'Angleterre s'appropriait les embouchures de la Somme, de l'Authie et de la Canche, et plusieurs ports situés en Picardie maritime. Déjà maître de nos côtes, de Bordeaux à Bayonne, Édouard s'assurait, sans coup férir et sans débourser un denier, d'une zone de débarquement proche de l'Angleterre! Le «bon amour», préconisé par saint Louis, semblait rétabli entre les deux nations, mais la France en faisait les frais. Au surplus, tout laissait prévoir un affrontement prochain: de part et d'autre des nouvelles frontières de Guyenne, on s'empressait d'élever des forteresses. Mais Philippe III se croyait délivré de la contrainte anglaise. Désormais il était à même d'emboîter le pas à Charles d'Anjou et de se perdre en servant les intérêts de celui-ci.

## III

# LES VÊPRES SICILIENNES

L'ambition de Charles d'Anjou n'avait pas de limites. Comte d'Anjou et du Maine (qui constituaient son apanage), roi de Naples et de Sicile par conquête, il avait acheté, en 1277, d'une descendante des anciens rois de Jérusalem, des droits hypothétiques à cette couronne. Depuis lors, il ajoutait à ses titres celui de «Roi de Jérusalem» . Ce n'était pas encore assez: il projetait de détrôner l'empereur grec Michel Paléologue et de régner sur Constantinople. Il s'était flatté naguère de faire élire Philippe III empereur d'Allemagne, afin de partager la chrétienté entière avec lui. Après l'avoir utilisé contre les Hohenstaufen, le Saint-Siège commençait à le craindre. Ce qui explique que le pape Nicolas III ait préféré rendre à Rodolphe de Habsbourg – qui semblait moins dangereux – les droits sur l'Italie détenus naguère par les empereurs germaniques. Charles d'Anjou supporta cet affront sans regimber. Mais, quand il s'agit d'élire le successeur de Nicolas III, en 1280, il trouva tout simple d'enlever les cardinaux hostiles à la politique angevine. Par ce coup hardi il assura l'accession au pontificat de Martin IV, qui sera un pape à sa dévotion. Ce dernier s'empressa de lui rendre ses prérogatives en Italie. Bien plus, s'étant fait nommer «sénateur» de Rome, il délégua la plénitude de ses pouvoirs à son protecteur et ami. Dès lors Charles d'Anjou put se regarder comme maître de la péninsule et préparer la conquête de l'empire grec. Martin IV lui facilita la tâche en excommuniant Michel Paléologue. Charles, qui était un organisateur de premier ordre, s'occupait de mobiliser une grosse armée et de rassembler les navires qui devaient la transporter à Constantinople, quand son mirifique projet s'effondra.

Trop sûr de sa force et de ses talents, il ne se méfiait pas des Siciliens. Il oubliait, ou voulait oublier, que ceux-ci n'avait point cessé de regretter les Hohenstaufen: bizarrement, ils considéraient ces Allemands comme leurs princes naturels, surtout en raison du fait que, sous leur règne, ils jouissaient d'une autonomie presque complète. Au lieu d'essayer de gagner ses nouveaux sujets par une politique adroite et bienveillante, Charles les traitait avec mépris, refusait d'écouter leurs plaintes, les chassait des emplois publics pour leur substituer des Français. Les Siciliens portèrent leurs réclamations devant Martin IV, qui les renvoya à Charles d'Anjou. Ce dernier n'ignorait pas les prétentions de Pierre III sur la Sicile. Il les avait repoussées avec arrogance. Le Saint-Siège avait fait de même, estimant non fondés les droits de la reine Constance. Mais Martin IV partageait l'erreur de Charles sur l'Aragon, puissance apparemment de second ordre, mais enrichie par son commerce avec l'Afrique et l'Orient et forte de ses navires et de leurs équipages intrépides. Pierre III ne pouvait plus s'agrandir en Espagne; il tombait sous le sens que, tôt ou tard, il s'emparerait d'une des grandes îles méditerranéennes. Il commença ses armements à Barcelone dès 1279. Pour donner le change sur ses intentions, il sollicita de Martin IV l'octroi d'une décime ecclésiastique pour financer une expédition contre les Infidèles. Par prudence, le pape refusa: la duplicité du roi d'Aragon était connue. Dans le même temps, l'un de ses affidés préparait la révolte de la Sicile. C'était un petit noble italien, nommé Jean de Procida, docteur de l'école de Salerne. Il avait d'abord offert ses services à Charles d'Anjou qui les avait dédaignés. Procida s'exila en Aragon. Le roi Pierre le reçut avec honneur; il lui concéda même plusieurs fiefs. Dès lors, Procida fut son homme. Il devint l'un des chefs clandestins de la faction gibeline. Puis il liquida ses biens et disparut d'Aragon. Il parcourut l'Italie sous la robe d'un moine mendiant, ce qui lui permit de recruter des adhérents et de nouer, quasi impunément, les fils d'un vaste complot. Il n'eut aucun mal à exciter la haine des Siciliens.

Le 30 mars 1282, qui était un lundi de Pâques, une rixe éclata à Palerme, alors que la population se rendait aux vêpres. Les Français prétendirent que les Siciliens dissimulaient des armes dans leurs vêtements. Ils commencèrent à fouiller les hommes et les femmes, ces dernières fort indiscrètement. Des furieux se jetèrent sur eux, les percèrent de coups ou les assommèrent. Ce fut le signal du massacre général. Partout le cri de «Mort aux Français! » retentit. Personne ne fut épargné, pas même les femmes enceintes qui furent sauvagement éventrées. Le gouverneur, Jean de Saint-Rémy, parvint à s'enfuir de la ville; il fut promptement rejoint et périt avec toute sa suite. La même fièvre de meurtre s'étendit à l'île entière. Messine hésita quelques jours, puis se laissa entraîner par le mouvement. Telles furent ces Vêpres siciliennes qui ont fait couler beaucoup d'encre, et inspiré les plus extravagants récits. Certains auteurs ont écrit que la révolte éclata partout à la même heure, cependant que les cloches sonnant à toute volée appelaient au massacre! On exagéra pareillement le rôle joué par Procida: néanmoins Pierre III pouvait être satisfait de ses services.

Palerme avait arboré le drapeau pontifical; elle crut habile de se placer sous la protection de Martin IV. La réponse fut immédiate. Le pape frappa les Siciliens d'interdit et leur enjoignit de rentrer dans l'obéissance. En même temps Charles d'Anjou dirigeait vers Messine la flotte et l'armée destinées à la conquête de Constantinople. Devant cette menace les rebelles appelèrent Pierre III au secours. Comme la cour de France s'alarmait des préparatifs de celui-ci, il avait répondu cyniquement qu'il projetait de conduire une expédition punitive en Afrique. Sa flotte appareilla effectivement vers le sud et l'on apprit que les Aragonais avaient débarqué à Collo, un petit port du Constantinois. Mais les Siciliens n'étaient pas moins bien informés, car ce fut à Collo que leurs ambassadeurs rencontrèrent Pierre III. Pouvait-il refuser la couronne qu'on lui offrait? Il se laissa forcer la main, mais, stratège habile, il laissa Charles d'Anjou user ses forces sous les murs de Messine. Il ne quitta l'Afrique qu'en septembre, débarqua paisiblement à Trapani et gagna Montréal pour s'y faire couronner par l'évêque de Cefalu, bien entendu au nom de sa femme! Peu après, son amiral, Roger de Loria, certainement le plus grand homme de mer de son temps, embouqua le détroit de Messine avec ses galères de combat. La flotte de Charles d'Anjou était surtout composée de nefs de transport. Elle tenta pourtant de barrer le passage. Loria en brûla la plus grande partie. Charles n'avait pas le choix. Pour ne pas tomber à la merci de son rival, il leva le siège de Messine en si grande hâte qu'il abandonna machines, bagages et pavillons, et se rembarqua. Non seulement il lui fallait renoncer à la Sicile, mais se préparer à défendre le royaume de Naples contre l'Aragonais. Le chroniqueur Villani lui prête cette réflexion désabusée, trop peu conforme à la mentalité de Charles pour être admise sans réserve:

– «Sire Dieu, puisqu'il te plaît de me faire la fortune contraire, je te prie que la descente se fasse à petits pas.» Sa situation n'était pas aussi grave qu'elle le paraissait. En effet, à peine les nouvelles de Sicile furent-elles connues, que les Français se mirent en route sous les ordres de Pierre d'Alençon et de Robert d'Artois. Philippe III, poussé par Marie de Brabant, encouragea ces départs, sans mesurer les conséquences de son geste. Les volontaires ne manquèrent pas. La perspective de guerroyer dans cette belle Italie fascinait les seigneurs français. S'il se trouva quelque sage conseiller pour mettre Philippe en garde, il ne fut pas entendu!

Pierre d'Aragon n'était pas en mesure de résister aux troupes franco-angevines. Mais c'était un homme de ressource, peu regardant sur les moyens. Connaissant le caractère exalté de Charles d'Anjou, il lui proposa de vider leur querelle dans un combat singulier. Les deux rois s'affronteraient avec cent chevaliers de chaque nation. La rencontre aurait lieu à Bordeaux, donc en Guyenne anglaise. Jusque-là, on observerait les trêves d'usage. Le roi de Naples accepta. Il ne comprenait pas que son adversaire voulait gagner du temps et décevoir les renforts venus de France en les condamnant à l'inaction. Il se rendit en Guyenne, laissant le royaume de Naples à la garde du prince de Salerne, son fils aîné, également prénommé Charles. Pierre d'Aragon n'était pas au rendez-vous; il prétendit ensuite s'être présenté la veille du combat, mais le voisinage de trois mille soldats français l'aurait incité à se retirer. Toutefois Charles ne fit pas le voyage pour rien. Il décida son cher neveu Philippe III à intervenir personnellement contre l'Aragon. Martin IV, esprit impulsif et aventureux, venait d'excommunier Pierre III, le déclarant déchu de ses droits, déliant ses sujets de leur serment d'allégeance et exposant son royaume «en proie». En clair, le pape offrait l'Aragon à un prince capétien, sous la seule condition que ce royaume ne serait pas réuni à la France.

Les intentions de Martin IV échappèrent complètement à Philippe. Il s'agissait, apparemment, de combattre pour le compte de l'Église, comme Charles d'Anjou l'avait fait naguère contre les Hohenstaufen. Cependant accepter la proposition du pape, c'était aussi lui reconnaître le droit de déposséder les rois, par conséquent souscrire aux prétentions de suprématie du Saint-Siège. Cette thèse, la classe laïque commençait à la rejeter, surtout depuis la lutte passionnée des papes contre les empereurs germaniques. Philippe III n'avait pas la tête assez politique pour entrer dans ces considérations. Il oubliait aussi les réticences de son père relativement aux affaires italiennes. Envahir l'Aragon, c'était, indirectement certes, entrer dans la querelle des guelfes et des gibelins. En s'appropriant la Sicile, Pierre d'Aragon avait rendu espoir à ces derniers.

L'impétueux Martin IV dépêcha le cardinal Chollet, afin de saisir Philippe de propositions officielles, et d'emporter la décision. Il redoutait au plus haut point le réveil du gibelinisme: d'où son impatience à abattre Pierre d'Aragon. En novembre 1283, barons et prélats réunis à Bourges délibérèrent sur les propositions du pape. Il y a lieu de croire que cette réunion n'avait pas été réellement voulue par le roi, car elle dévia de son but. On demanda à Martin IV un complément d'informations. On posa comme principe que la guerre d'Aragon fût assimilée à une croisade et qu'une décime serait accordée pour financer l'opération. Le pape accepta tout ce qu'on demandait: croisade, privilèges, indulgences et décimes, mais il exhorta Philippe à faire vite: «Certes, lui écrivait-il, nous n'accusons pas ta dévotion; nous accusons plutôt ceux qui, autour de toi, cherchent à empêcher secrètement, par des artifices coupables, une entreprise qu'ils désapprouvent.» Très probablement la reine douairière n'était pas étrangère à ces réticences: la perte de la Sicile, la menace qui pesait sur le royaume de Naples, la comblaient d'aise!

En février 1284, nouvelle assemblée des prélats et des barons, cette fois à Paris. Le roi fit lire la réponse de Martin IV. Il s'agissait de prendre une position définitive. Les dignitaires ecclésiastiques et laïcs estimèrent qu'il y allait de l'honneur de Dieu et du royaume et «conseillèrent» à Philippe d'accepter l'offre du pape. Philippe III put donc proclamer, avec toute la solennité désirable, qu'il conduirait la croisade contre le roi excommunié. Son second fils, Charles de Valois, se saisirait du royaume d'Aragon après la conquête.

Pierre III n'avait pas dit son dernier mot. Pour amadouer le pape, sans pour autant renoncer à la Sicile, il feignit d'accepter la sanction qui le frappait, tout en protestant de sa bonne foi. Il abdiqua et partagea ses États entre ses deux fils: Alphonse et Jayme, mais conserva le titre de «Roi de la mer», titre non fictif, puisque la puissance de l'Aragon était précisément maritime. D'ailleurs l'amiral de Loria remportait victoire sur victoire. Le 5 juin 1284, il entra dans la baie de Naples, provoqua le prince de Salerne, le vainquit et le captura. Le futur Charles II d'Anjou fut jeté en prison, jugé et condamné à mort. Il aurait subi le sort de Conradin de Hohenstaufen si la reine Constance n'avait empêché son exécution; elle préférait le garder en otage. Peu de temps après la bataille de Naples, le corps expéditionnaire français fut battu en Calabre par les Aragonais et leurs alliés.

Charles d'Anjou s'empressa de regagner son royaume; il n'était que temps de rétablir la situation! Furieux contre son fils et contre les défections des Napolitains, il prit des mesures draconiennes et multiplia les supplices. Loria lui rendit la monnaie de sa pièce, en faisant couper les mains et crever les yeux de ses prisonniers.

Accablé par ses revers, Charles d'Anjou mourut à Foggia, le 7 janvier 1285. A son lit de mort, il prit Dieu à témoin qu'il avait conquis jadis le royaume de Naples non pour lui-même, mais pour l'Église. L'ex-prince de Salerne lui succéda sous le nom de Charles II, mais ce n'était qu'un roi captif. Le 29 mars de la même année, Martin IV disparaissait à son tour.

## IV

## LA CROISADE D'ARAGON

La mort de Charles d'Anjou et de Martin IV, les deux promoteurs de la croisade, ne refroidit pas le zèle de Philippe. Il est vrai qu'il ne pouvait plus reculer sans perdre la face. Il avait fait d'énormes sacrifices, des préparatifs immenses. Il avait même pris toutes les précautions souhaitables. Il s'était, par exemple, assuré la possession définitive du royaume de Navarre en faisant célébrer le mariage du futur Philippe le Bel avec la princesse Jeanne. L'époux avait seize ans et l'épouse quatorze, ce qui était alors un âge raisonnable. La cérémonie eut lieu à Paris, le 16 août 1284. Le jeune Philippe venait d'être armé chevalier. Il devait en effet accompagner son père en Aragon. On rapporte qu'il désapprouvait complètement le projet, encore que le succès parût assuré.

En outre, usant de son droit de suzeraineté, Philippe III avait contraint Don Jayme, roi de Majorque et son vassal pour Montpellier, à joindre ses troupes à l'armée royale. Jayme était le frère de Pierre III d'Aragon, mais, jugeant ce dernier perdu, il n'osa refuser l'alliance du roi de France. Une guerre fratricide déchirait la Castille, Alphonse X luttant contre son fils Don Sanche. Philippe croyait faire une bouchée du royaume d'Aragon. Il se retournerait ensuite contre les Castillans afin de restaurer les droits des infants de La Cerda. Se défiant tout de même des marins aragonais, il avait improvisé une flotte qui paraissait capable, au moins numériquement, de leur tenir tête. Les experts militaires estimaient quant à eux qu'il suffirait de remporter une seule victoire pour conquérir l'Aragon. On croyait aussi que le roi Pierre n'avait plus la confiance de son peuple depuis qu'il était excommunié. Mais, en supposant que les Aragonais se crussent déliés de leur serment envers lui, ils ne l'étaient pas à l'égard des fils en faveur desquels il avait abdiqué.

Philippe III leva l'oriflamme à Saint-Denis, en mars 1285, puis il se mit en marche avec la reine Marie de Brabant et la chevalerie d'Ile-de-France. Les grands seigneurs emmenaient leurs épouses à l'exemple du roi. On imaginait que cette croisade ne serait qu'une promenade militaire, presque une partie de plaisir. Dès lors, pourquoi se fût-on pressé? On se reposa huit jours à Limoges. Puis, à petites étapes, on rallia Toulouse où l'armée devait se rassembler. La reine, sa suite, les dames de la cour établirent leurs quartiers à Carcassonne. On se dirigea ensuite vers le Roussillon. Don Jayme de Majorque, fidèle à ses engagements, vint à la rencontre du roi de France, avec son ost. Le futur Philippe le Bel et son frère Charles de Valois, désormais «roi d'Aragon», firent leur entrée à Perpignan. Ils furent reçus avec honneur et festoyés. La croisade débutait sous les meilleurs auspices.

Toutefois les agents secrets s'activaient. Lorsque Pierre III apprit que les Français s'apprêtaient à envahir son royaume, il ne balança pas sur la conduite à tenir. Laissant la régence de la Sicile à la reine Constance, il s'embarqua sur une galère rapide et, faisant force de rames, au surplus favorisé par le vent, il arriva à temps pour prendre les mesures utiles.

Elne refusa d'ouvrir ses portes aux Français. Pierre III avait naguère dérobé cette ville à son frère. Jayme convainquit Philippe de l'assiéger. Les habitants ne se laissèrent pas impressionner par la multitude des assaillants. Ils se défendirent d'abord avec vigueur. Puis, jugeant qu'ils ne pourraient résister à un assaut général, ils sollicitèrent une trêve de trois jours. Philippe la leur accorda, car ils semblaient prêts à négocier. Profitant de cette accalmie, ils allumèrent un feu sur la plus haute de leurs tours, pour alerter les Aragonais embusqués dans les montagnes. Furieux de cette duperie, Philippe ordonna l'assaut. Le légat du pape intervint, non pour apaiser la colère du roi et prêcher l'indulgence! Il déclara qu'il fallait marcher hardiment contre les ennemis de la chrétienté, et n'épargner personne, s'agissant d'excommuniés et de damnés de la foi chrétienne. Paroles qui rappellent la sinistre exhortation d'un autre légat, lors du siège de Béziers, au début de la croisade contre les Albigeois: «Tuez-les tous, Dieu reconnaîtra les siens!» La leçon fut entendue, car les croisés d'Aragon se ruèrent aux échelles, brisèrent les portes, firent irruption dans la ville et tuèrent tout ce qu'ils rencontraient. La population, affolée, se réfugia dans l'église principale. Elle y fut entièrement massacrée, à l'exception d'un écuyer qui était monté dans le clocher et que l'on épargna en raison de sa bravoure. «En telle manière, écrit benoîtement Primat, fut la cité détruite et le peuple affolé et mort...»

Après cet exploit, on dressa les tentes à Palau del Vidre, et l'on s'accorda trois grandes journées de repos, laissant aux Aragonais le temps de s'organiser. A la vérité on ne savait trop comment franchir les Pyrénées. On avait cru pouvoir emprunter le pas de l'Écluse, mais il avait été barré par des tonneaux remplis de gravats et par des blocs de pierre. L'écuyer d'Elne que l'on avait épargné déclara qu'il connaissait un autre passage. Philippe tint à reconnaître lui-même les lieux. C'était «une voie étrange si pleine d'épines et de ronces, qu'il semblait que jamais homme n'y eût habité». On décida pourtant de faire passer l'armée par ce sentier, après l'avoir rendu praticable.

Lorsque les défenseurs du pas de l'Écluse aperçurent les Français qui descendaient de la montagne, ils furent pris de panique et s'enfuirent, abandonnant leurs vivres et leurs pavillons. Mais le passage avait été si exténuant et périlleux que les Français se reposèrent encore trois jours, avec l'accord de Philippe qui ne comprenait pas que le temps travaillait contre lui. On se dirigea ensuite vers Pierrelatte, dont les habitants feignirent de vouloir résister, mais quittèrent leur ville pendant la nuit, après y avoir mis le feu. Le jeune prince Philippe fut plus heureux, ou plus habile; il s'empara de Falguières. On décida d'investir Girone, avant de marcher vers Barcelone. Mais la crue d'une rivière arrêta l'armée et le siège ne commença que le 28 juin. Ramon Folch, vicomte de Cardone, commandait la place. Il fit incendier les faubourgs, afin de dégager les remparts. Tous les assauts échouèrent. On dressa une machine assez forte pour ouvrir une brèche dans les épaisses murailles. Au cours d'une sortie nocturne, Cardone l'incendia. Le roi, au comble de la fureur, jura qu'il ne partirait pas avant d'avoir pris cette damnée ville; il oubliait que son objectif était Barcelone!

Le terrible été catalan s'abattit bientôt sur l'armée. On commença à souffrir de la chaleur, de la puanteur des charognes éparses dans les champs, des mouches venimeuses. L'air était si corrompu qu'il provoqua une épidémie dont beaucoup moururent, hommes et chevaux. On ne manquait cependant ni de victuailles ni de boissons, car Philippe s'était souvenu de Sauveterre. Une flotte chargée de ravitaillement était à l'ancre dans le port de Rosas, à faible distance de Girone.

Pierre III résolut d'intercepter les convois. Son approche fut signalée au connétable Raoul de Clermont, sire de Nesle. Ce dernier rassembla cinq cents «armures de fer» et surprit l'adversaire. Mais la troupe de Pierre III était si nombreuse qu'il hésita à engager le combat. Alors Mathieu de Roye, «chevalier preux et sage», prit la parole:

– «Seigneurs, déclara-t-il, voyez là vos ennemis que nous avons trouvés. C'est la veille de l'Assomption à la douce vierge pucelle Marie qui nous aidera aujourd'hui. Prenez bon cœur, car ils sont excommuniés et déchus de la foi de sainte Église. Il est inutile d'aller outre-mer pour sauver nos âmes, car ici nous pouvons les sauver.»

Paroles dignes de saint Louis, des croisés de jadis! Jamais plus on ne les entendrait nulle part... En dépit de la disproportion des forces, les Français dispersèrent et poursuivirent les Aragonais. Le bruit courut que Pierre III avait été grièvement blessé. Les Français n'avaient perdu que deux des leurs. Le 7 septembre, Girone capitula avec les honneurs de la guerre. Sa garnison, ses habitants étaient affamés. On délibéra à nouveau. Girone n'était qu'à mi-chemin de Barcelone! La saison était trop avancée. Par surcroît, de féroces partisans (les Almogaraves) infestaient le pays. Les malades ne se comptaient plus. L'amiral de Loria venait de détruire la flotte de Rosas. Découragé, Philippe III ordonna la retraite. Il laissa une garnison dans la ville conquise, sous les ordres d'Eustache de Beaumarchais. Tout le long de la route, l'armée fut assaillie par les Almogaraves, massacrant sans pitié les éclopés, les retardataires et les fourrageurs. Des pluies torrentielles l'accablèrent pendant la traversée des Pyrénées. Malade, Philippe III se faisait transporter en litière. En arrivant à Perpignan, il s'alita pour ne plus se relever. Le 5 octobre, il était mort: il avait à peine quarante ans. Huit jours après, Girone retombait aux mains des Aragonais. Cette croisade était un échec complet. De plus, elle portait atteinte au prestige français: c'était en effet la première fois qu'un Capétien agressait un pays étranger, non pour se défendre, mais pour conquérir. Charles de Valois s'en revenait comme il était parti, avec un titre de roi sans royaume. Mais le règne de Philippe le Bel commençait.

# DEUXIÈME PARTIE

# *L'ANGLETERRE*

# I

## PHILIPPE IV LE BEL

Philippe IV ne s'attarda pas à Perpignan. Il semblait d'ailleurs peu disposé à poursuivre la guerre contre Pierre III. On estimait autour de lui que le ban du Languedoc suffirait à stopper d'éventuelles incursions aragonaises. Philippe ramena donc le corps de son père à Paris. Avant l'inhumation dans la basilique de Saint-Denis s'éleva l'une des ces discordes dont les gens d'église ont le secret. Le jeune roi avait promis le cœur de son père aux Jacobins de Paris (les Frères prêcheurs, ou Dominicains). Les moines de Saint-Denis protestèrent véhémentement contre ce don. S'ensuivit une aigre dispute à laquelle Philippe le Bel mit brusquement fin. «Ne voulant pas être dédit à son commencement», il fit remettre le cœur aux Jacobins. Ce fut en vain que les docteurs en théologie se penchèrent sur cette grave question et qu'ils démontrèrent que le cœur du défunt ne pouvait être enlevé aux moines de Saint-Denis sans une dispense du pape. Philippe ne tint aucun compte de leur avis. Il faut préciser – que l'on pardonne ces détails macabres! – que Philippe III avait été bouilli; que ses chairs et entrailles avaient été enterrées dans la cathédrale de Narbonne. On n'avait rapporté à Paris que les ossements et le cœur. Tels étaient les usages du temps, quand un roi mourait loin de chez lui.

Il est à croire que la fermeté du jeune roi fit impression, car les chroniqueurs Guillaume de Nangis et Primat relatent avec soin l'incident. Les ecclésiastiques comprirent que Philippe serait moins influençable que son père. Il n'avait pourtant que dix-sept ans, étant né en 1268, à Fontainebleau.

Il était de haute taille et robuste, avec cette beauté propre aux princes capétiens, mais aussi un air de majesté qui en imposait. Ce n'est pas s'avancer beaucoup que de dire qu'il était blond et de carnation rosée: tous les descendants de la reine Isabelle de Hainaut, première épouse de Philippe Auguste, avaient la peau et le cheveu clairs. C'est tout ce que l'on sait de la personne physique de Philippe le Bel. Le gisant, que l'on peut voir à Saint-Denis, offre un visage inexpressif, des traits sans doute agréables et même empreints d'une certaine noblesse, mais dépourvus de caractère et décelant une étrange mollesse. Où certains historiens ont-ils pris que ce visage respirait l'énergie? Les trois fils qui sont étendus à ses côtés lui ressemblent à s'y méprendre. Il est évident que ces quatre visages sont stéréotypés, et qu'ils ne peuvent servir de référence. Le sceau de majesté de Philippe, gravé en 1286, ne nous renseigne pas davantage. Par contre, on possède un dessin de la collection Gaignières représentant la reine Jeanne de Navarre, d'après un original aujourd'hui perdu. La guimpe qui emprisonne le cou, le capulet dont une pointe retombe sur le front et la chevelure à bouclettes soigneusement réparties, délimitent une face bien construite, un peu large peut-être au niveau des pommettes. La bouche est petite, finement ourlée; le sourcil, mince et bien arqué. Le nez est droit et long. Jeanne devait être belle, d'allure vraiment royale. Le petit chien qu'elle tient dans ses bras n'adoucit pas sa hautainerie naturelle. Le regard est intense, scrutateur. On ne peut se retenir de penser que c'est là l'épouse convenant à Philippe le Bel, selon l'idée que l'on se fait de lui. Elle daigne à peine sourire. Elle observe, réfléchit. On perçoit que cette grande femme, un peu guindée, convenait à son destin, mais qu'elle ne devait pas avoir le caractère aisé et qu'en face de son époux elle savait être autre chose qu'un «ventre royal». Elle lui donna pourtant sept enfants.

Philippe le Bel fut couronné à Reims, avec son épouse, le 6 janvier 1286, jour de l'Épiphanie. Primat et Nangis sont quasi muets sur la cérémonie; ils ne lui consacrent que deux lignes! Peut-être le jeune roi n'attachait-il pas la même importance au sacre, sur le plan spirituel, que son saint aïeul. Ensuite, il commença son apprentissage de roi, avec l'équipe de conseillers de son père et l'abbé Mathieu de Vendôme. Il serait plus exact d'écrire que, sans désemparer, il se mit à gouverner le royaume, car, très rapidement, de nouvelles tendances se firent jour.

Les problèmes internationaux ne manquaient pas, hérités pour partie de l'imprévoyance et des maladresses de Philippe le Hardi. Si la paix avec l'Angleterre paraissait momentanément assurée, il n'en était pas de même avec l'Espagne. La guerre avec l'Aragon continuait dans les Pyrénées et sur les frontières du Languedoc. Les droits des infants de La Cerda, générateurs du conflit avec la Castille, restaient en suspens. La péninsule italienne était en plein tumulte. Charles II d'Anjou restant prisonnier de l'Aragon, la régence du royaume de Naples était exercée par Robert d'Artois qui devait combattre à la fois les Siciliens et les gibelins. Philippe le Bel se refusait à endosser l'armure de guerre et à courir l'incertaine fortune des batailles. Avant d'être chevalier, il se voulait homme d'État. Il ne manquait pas de bravoure, mais il préférait la diplomatie aux exploits sans lendemain, le réalisme aux rêveries héroïques. Cependant les victoires aragonaises étaient autant de provocations et l'on eût excusé qu'un si jeune homme cédât à la tentation. On dut même, dans le milieu chevaleresque, tenir son attitude pour suspecte.

Pierre III était mort. Alphonse, son fils aîné, régnait sur l'Aragon; le second, Jayme, était roi de Sicile. Alphonse combattait le roi de Majorque, son oncle, chargé par Philippe le Bel de défendre la frontière française. Jayme guerroyait en Pouille et en Calabre contre Robert d'Artois. L'un et l'autre progressaient dangereusement. L'amiral de Loria semait l'épouvante sur les côtes languedociennes: il avait surpris et dévasté Aigues-Mortes et Agde, sans oublier de massacrer les populations. Jayme de Majorque perdit les îles Baléares. L'armée navarraise se fit écraser par les Aragonais. Cette succession de revers n'ébranlait pas les résolutions de Philippe le Bel. Elle ne semblait même pas l'émouvoir. Il attendait son heure, car il savait que les populations aspiraient à la paix.

L'initiative des négociations revint à Édouard Ier d'Angleterre. Le jour de Noël 1286, à Bordeaux, il présida une conférence à laquelle assistaient les représentants des rois de France, d'Aragon, de Castille, de Sicile, ainsi que les envoyés de Charles II d'Anjou toujours captif. Édouard posa comme base de la réconciliation générale la libération de Charles II, sa renonciation à la couronne de Sicile et celle de Charles de Valois à son titre fictif, mais juridiquement valable, de roi d'Aragon. Le pape Honorius IV fit avorter le projet comme attentatoire à l'autorité de l'Église. Il en profita pour renouveler l'anathème contre les fils de Pierre III. Sa mort, survenue l'année suivante, relança la négociation. Édouard Ier rencontra Alphonse d'Aragon en Béarn. Ce dernier accepta de libérer Charles II d'Anjou, mais à condition qu'il remît en otages trois de ses fils et soixante chevaliers, versât une indemnité de 50 000 marcs d'argent et s'engageât à réintégrer sa prison ou à céder son comté de Provence en dédommagement, si la paix n'était pas signée dans un délai de trois ans.

Philippe le Bel feignait de se désintéresser de ces tractations. Toutefois il compliquait la tâche du roi d'Angleterre, afin de minimiser son rôle d'arbitre. Il porta un coup sensible à l'Aragon en abandonnant ostensiblement la cause des infants de La Cerda: en contrepartie, Sanche de Castille promettait de laisser le royaume de Murcie à ses neveux et d'aider la France à combattre les Aragonais. Alphonse détenait encore les infants en otages; il riposta en proclamant l'aîné d'entre eux roi de Castille. Aussitôt un parti se forma en faveur de l'infant-roi; il suffit à neutraliser la Castille. Philippe Le Bel n'en fit pas moins attaquer le Lampourdan par Jayme de Majorque. Il n'avait point réellement l'intention de conquérir l'Aragon, mais il cherchait à monnayer au plus haut prix l'inévitable renonciation de Charles de Valois. La guerre se poursuivit, sur terre et sur mer, en Italie et dans les Pyrénées. Mais les belligérants s'épuisaient sans remporter de gains décisifs, cependant que le royaume de France était épargné, à l'exception du Languedoc. La poire était mûre pour une réconciliation générale.

En 1291, les ambassadeurs angevins et aragonais se rencontrèrent à Tarascon et se mirent enfin d'accord. Alphonse d'Aragon s'engageait à ne plus envoyer de renforts à Jayme de Sicile. Charles de Valois renonçait à son titre, mais recevait en dédommagement le Maine et l'Anjou, ancien apanage de la Maison de Naples. Le différend entre Jayme de Majorque et Alphonse d'Aragon était remis au jugement du pape.

L'exécution de ce traité fut retardée par la mort d'Alphonse. Jayme de Sicile hérita de son trône et remit son propre royaume à la disposition du pape. Les Siciliens n'acceptèrent pas cet abandon; ils se donnèrent pour roi le prince Frédéric d'Aragon, frère cadet de Jayme. Passons sur des détails qui sont hors du sujet. La paix consacra finalement la séparation de la Sicile et du royaume de Naples. L'avantage restait à Philippe le Bel, qui arrondissait son royaume des riches provinces du Maine et de l'Anjou, et calmait en partie l'ambition de Charles de Valois. La France se dégageait de l'imbroglio méditerranéen, pour revenir à sa politique traditionnelle mise à mal par Philippe le Hardi.

Dans la même période se déroula une joute qui enthousiasma l'Europe. Le duc de Brabant (frère de la reine Marie, veuve de Philippe le Hardi) et le comte de Luxembourg annoncèrent qu'ils disputeraient le duché de Limbourg dans un gigantesque «pas d'armes». L'élite de la chevalerie accourut de France, d'Allemagne, de Flandre, du Hainaut, les uns choisissant de combattre pour le duc, les autres pour le comte. La veille du combat, Gui de Dampierre, comte de Flandre, essaya de s'entremettre. Sa femme et sa belle-sœur (parentes d'Henri de Luxembourg) s'écrièrent: «par Dieu, seigneur, ne vous en mêlez point, il n'est pas encore temps de parler de paix; les fèves ne sont pas mûres.»

Elles le furent. Le 5 juin 1288, à Voeringen sur le Rhin, entre Düsseldorf et Cologne, les quinze cents armures de Jean de Brabant se ruèrent contre les treize cents partisans du comte de Luxembourg. Cinq cents combattants restèrent sur le terrain. Luxembourg fut tué, mais son fils épousa la fille du vainqueur. Les survivants rentrèrent dans leurs châteaux tout glorieux d'avoir pris part à ce tournoi sans précédent dans les annales...

La joute de Voeringen n'est pas seulement un épisode piquant à raconter; elle a valeur de symbole relativement à la mentalité nobiliaire. Elle atteste que la vieille âme féodale n'avait pas entièrement disparu, non plus que la nostalgie des guerres privées. Elle traduit aussi un besoin de violence qui s'épanouira dans toute son horreur au cours de la guerre de Cent Ans. La Jérusalem terrestre de saint Louis n'était déjà plus qu'un souvenir; or il n'y avait pas encore vingt ans qu'il était mort à Tunis!

Le comportement de Philippe le Bel forme avec l'extravagance du duc de Brabant, du comte de Luxembourg et de leurs adhérents, un extraordinaire contraste. Le jeune monarque avait certes mieux à faire que de se rendre à Voeringen, fût-ce en spectateur! Il travaillait avec ses conseillers et commençait à légiférer. Ses premières grandes ordonnances datent de 1287. L'une définissait les conditions d'entrée dans la bourgeoisie citadine, afin «d'ôter les fraudes et malices» dont elle était trop souvent l'occasion. Le candidat, parrainé par trois bourgeois, devait se présenter au prévôt royal, s'engager à bâtir ou à acheter une maison d'au moins soixante sous d'or et à résider dans la cité de la Toussaint à la Saint-Jean d'été. Il devait avoir préalablement reçu l'agrément du seigneur dont il relevait. Le but de cette mesure était évidemment de freiner l'exode rural.

Une autre ordonnance, de la même année, revêt une importance capitale, en ce qu'elle concrétise la nouvelle orientation du gouvernement de Philippe à l'égard de l'Église. Elle enjoignait à tout détenteur d'un droit de justice (ducs, comtes et barons notamment) d'exclure de leurs tribunaux les juges appartenant au clergé. Elle interdisait aux plaignants de recourir à des avocats ecclésiastiques. Pourquoi cette exclusion systématique? Parce que les membres du clergé ne relevant pas de la puissance séculière, on ne pouvait ni les réprimander, ni sanctionner leurs fautes, sans encourir les foudres de l'Église. L'année suivante, Philippe leur interdit les fonctions d'échevin ou de prévôt. Par voie de conséquence, les prélats qui siégeaient au Parlement furent écartés. Philippe avait certes le pouvoir de laïciser les instances judiciaires à tous les niveaux, mais il n'était pas de son intérêt de se brouiller avec les évêques. On trouva des accommodements. On ménagea les susceptibilités. Mais le principe fut maintenu. Par ailleurs, estimant à juste raison que l'Église française participait insuffisamment aux dépenses de l'État, alors qu'elle bénéficiait de sa protection et de sa prospérité et continuait d'accroître ses richesses, il sextupla les droits d'amortissement sur les biens légués ou vendus aux établissements religieux. Il assortit même le nouveau tarif d'une rétroactivité trentenaire! Les abbés mitrés, les évêques étant simples usufruitiers de ces biens et l'Église en restant propriétaire, des sommes considérables échappaient ainsi au Trésor. Au surplus, l'immense fortune ecclésiastique faisait l'objet de sévères critiques.

Qui se souciait alors du royaume de Jérusalem! Il entrait pourtant en agonie. En 1289, Tripoli tomba, fut détruite de fond en comble. Saint-Jean-d'Acre restait l'ultime place forte de la chrétienté. Un parti de croisés débarqués de fraîche date rompit stupidement la trêve consentie par le sultan. La ville fut investie en 1291. Le pape Nicolas IV avait inutilement prêché la croisade. Ni Édouard d'Angleterre ni Philippe de France n'avaient l'intention de prendre la croix et de s'en aller mourir dans les sables d'Acre. Par contre, ils acceptèrent volontiers la décime accordée par le pape pour financer leur hypothétique départ. L'esprit de croisade était mort. Le «Saint Voyage» avait coûté trop d'hommes et trop d'argent. L'Occident renonçait à la garde du Saint Sépulcre. Les défenseurs de Saint-Jean-d'Acre n'étaient que 12 000, y compris les Templiers, les Hospitaliers et le contingent amené par Henri de Lusignan, roi de Chypre et de Jérusalem. L'armée du sultan comptait, dit-on, 200 000 combattants. Les chrétiens résistèrent farouchement, mais, le soir du 18 mai, les mamelouks s'emparèrent de la tour principale (la «Tour maudite» ), dans un assaut où périt le maître du Temple avec l'élite de ses chevaliers. Les musulmans pénétrèrent dans la ville dont la population fuyait vers les navires. Soixante mille personnes trouvèrent la mort ou l'esclavage. La chute d'Acre entraîna la reddition sans combat de Tyr, Sidon, Beyrouth et Castel-Pèlerin; elle fut ultérieurement fatale aux Templiers. Quand on apprit en Europe qu'il ne restait pas un pouce de terre aux chrétiens d'Orient, ce ne fut qu'un cri, mais il retomba vite! L'égoïsme se substituait aux vieilles ferveurs; les nationalités étaient en train de naître; la théocratie chrétienne d'Occident s'exténuait: tout laissait penser que la suprématie du Saint-Siège serait remise en cause à bref délai.

Philippe le Bel s'occupait de son parlement. Il en modifiait l'organisation et le fonctionnement. Il décida, en 1291, que trois conseillers siégeraient chaque jour pour recevoir les requêtes des plaignants. Quatre autres jugeraient les enquêtes, les lundi, mardi, mercredi et jeudi de chaque semaine. Quatre ou cinq autres jugeraient les causes et requêtes des pays de droit écrit (Languedoc et Aquitaine française). C'étaient là les prémices de la division de ce haut tribunal en chambres des Requêtes et des Enquêtes. Cette réforme concrétisait aussi la spécialisation des juges. Elle marquait un net progrès, d'autant qu'elle s'assortissait de garanties en faveur des plaignants.

Philippe se souciait aussi de l'état de sa trésorerie. Il manquait d'argent pour exécuter ses projets. Il avait emprunté de grosses sommes à deux banquiers italiens: Biccio et Murciatto, que l'on appelait par commodité Biche et Mouche. Il les remboursa en les autorisant à lever eux-mêmes les tailles de plusieurs provinces. Et, pour leur assurer le monopole de la banque, il fit arrêter leurs concurrents, dans la nuit du 1er mai 1291, qui durent racheter leur liberté à prix d'or.

II

# ÉDOUARD Ier D'ANGLETERRE

Fils d'Henri III Plantagenêt et d'Éléonore de Provence, il était né en 1239 et régnait depuis 1272. Ce prince de quarante-sept ans[1], au passé militaire glorieux (il avait pris part à la seconde croisade de saint Louis, puis était allé combattre en Terre Sainte), plein de sagesse et d'expérience, n'hésita pas à s'agenouiller devant le jeune homme qui venait à peine de ceindre la couronne de France. Il prononça de bonne grâce la formule rituelle, par laquelle le vassal engageait sa foi et sa personne envers son suzerain, contre la protection de celui-ci:

– «Sire, je deviens votre homme, pour les terres que je tiens de vous deçà la mer, selon la forme de la paix qui fut faite entre nos ancêtres.»

Cette «forme» de paix n'était autre que le traité passé jadis par Henri III et Louis IX, traité par lequel le saint roi restitua au monarque anglais une partie de l'ancien empire des Plantagenêts, mais en modifiant fondamentalement la nature de leurs possessions françaises. Je m'explique: en vertu de ces nouvelles dispositions, le roi d'Angleterre détenait le duché de Guyenne non comme héritier des Plantagenêts, mais comme vassal du roi de France. Il ne pouvait donc en revendiquer la propriété pleine et entière. Il ne possédait qu'une sorte de droit d'usufruit héréditaire. Il était à craindre que cette situation ne pourrait se prolonger indéfiniment, puisqu'elle était essentiellement liée aux bons rapports existant entre les deux couronnes. En sa qualité de duc de Guyenne, le roi d'Angleterre était pair de France, mais il contractait envers son suzerain les obligations

1. En 1286.

d'obéissance, de conseil et d'aide militaire prévues par la coutume féodale. Les conséquences, en cas d'infraction, pouvaient être extrêmement graves. De plus, les actes administratifs et juridiques de Guyenne devaient être datés non du règne du roi d'Angleterre, mais de celui du roi de France, ce qui était logique, mais humiliant. Édouard acceptait toutes ces clauses en se déclarant vassal de Philippe. Cependant l'Anglais Rymer ajoute une précision. Il dit que l'évêque de Bath et de Walls, parlant au nom de son maître, déclara:

– «Sire roi de France, le roi Henri, père de notre seigneur le roi d'Angleterre, fit certaines demandes au roi Louis votre aïeul, sur lesquelles fut fait un traité de paix entre eux. Henri, suivant cette convention, fit hommage non seulement de l'Aquitaine, mais encore des provinces qu'on s'était engagé à lui remettre par cette même paix. Le roi, mon seigneur, qui est ici présent, rendit les mêmes devoirs au roi Philippe votre père, sur les mêmes conditions. Cependant, sire, le traité n'a pas été fidèlement observé. Or, quoique par raison, comme il est avis à plusieurs de son conseil, il pût débattre cet hommage, néanmoins il ne veut pas ACTUELLEMENT entrer en dispute sur ce sujet, si vous lui faites, comme bon seigneur la paix entériner, et toutes surprises ôter et amender.»

Les intentions d'Édouard ne pouvaient être plus explicites bien qu'elles fussent enrobées de formules diplomatiques. Il se réservait le droit de revendiquer la rétrocession du Quercy, différée par Philippe le Hardi, mais seulement lorsque la conjoncture lui serait favorable. Il est bien certain que cette question restait en suspens depuis le traité de 1259. En utilisant cette sorte de chantage, Édouard avait déjà obtenu de Philippe III la restitution de l'Agenais. Le jeune roi ayant encore les affaires aragonaises, castillanes et italiennes sur les bras, il essayait de profiter de son embarras, toutefois en se donnant le beau rôle. Mais Philippe le Bel ne ressemblait en rien à son père. Il jugea préférable de vider l'abcès, et d'autant qu'il était informé des difficultés personnelles du roi d'Angleterre. On négocia. Philippe s'y entendait à merveille et peut-être y était-il déjà plus habile que son compétiteur. Entrant dans le jeu, il feignit de rechercher les moyens susceptibles d'apaiser les «inquiétudes» de son très cher et féal cousin, sans céder sur l'essentiel. Les lettres patentes qu'il délivra à Édouard, en juillet

1286, sont un chef-d'œuvre du genre. Rymer les reproduit dans leur intégralité. Je regrette de ne pouvoir en citer qu'un bref extrait, faute de place. Philippe y confirmait, point par point, le traité de 1259 et la restitution de l'Agenais, mais en ajoutant tous les éclaircissements souhaitables. Il en arrivait ensuite au Quercy: «Une chose nous arrêtait et semblait former une difficulté insurmontable; le roi d'Angleterre prétendait que la terre possédée dans le Quercy par le comte de Poitiers était comprise au nombre des provinces qu'on devait lui restituer, attendu qu'il n'avait pas tenu au roi son père qu'on ne fît les enquêtes prescrites par le traité de paix et que ses témoins étaient morts pendant les délais qu'on y avait apportés. Nous soutenions au contraire que le duc d'Aquitaine n'y avait aucun droit; que le feu roi, notre seigneur et père, ni ses gens, n'avaient formé aucun obstacle aux éclaircissements qu'on avait exigés; qu'ils avaient été constamment très disposés, que nous étions nous mêmes prêts, à lui faire droit sur cet article, S'IL POUVAIT PROUVER LA LÉGITIMITÉ DE SES PRÉTENTIONS. Enfin, par l'avis des gens de bien et des seigneurs, nous sommes convenus de ce qui suit: Nous, Philippe, promettons de payer audit roi d'Angleterre et à ses héritiers une pension annuelle de trois mille livres tournois, que nous nous obligeons de lui assurer sur quelques-uns de nos domaines. Le roi d'Angleterre, de son côté, EN RECONNAISSANCE DE CETTE FAVEUR, renonce pour lui et pour ses successeurs à toutes demandes ultérieures, nous remettant à perpétuité le fief de Quercy....» Autrement dit, faute de preuves suffisantes, et celles-ci étant, par la mort des témoins, impossibles à administrer, Philippe le Bel conservait le Quercy à titre définitif. Mais, connaissant les besoins d'argent d'Édouard, il lui concédait une rente annuelle en dédommagement! De plus, pour mettre un peu de baume sur la plaie, il accordait une autonomie, relative et temporaire, à la Guyenne en matière de justice.

Les négociations n'avaient pas duré moins de six mois, pendant lesquels Édouard fut l'hôte de la Maison de France. Il se retrouvait en famille, puisque la vieille reine Marguerite de Provence était la sœur d'Éléonore d'Angleterre. Il eut ainsi tout le loisir d'étudier son cousin Philippe. Ce n'était pas la première fois qu'un roi d'Angleterre se trouvait, dans son âge mûr, confronté avec un roi français à peine sorti de l'adolescence.

Les entretiens privés d'Édouard et de Philippe le Bel rappellent l'entrevue, sous le chêne de Gisors, d'Henri II Plantagenêt, alors maître de l'empire anglo-angevin, et du jeune Philippe Auguste, encore roitelet d'Ile-de-France. Édouard admira peut-être lui aussi le jeune monarque. Très certainement ils se découvrirent des points communs: l'ambition tempérée par la prudence, la finesse intellectuelle, l'esprit d'organisation, la volonté de réforme, le sens de leurs responsabilités de rois. Il est singulier que l'un et l'autre exploitassent la coutume féodale au mieux de leurs intérêts du moment, tout en la jugeant périmée et en projetant de la remplacer par un droit écrit inspiré du code de Justinien. On dit que leurs relations furent empreintes de courtoisie, voire même amicales. L'attachement d'Édouard à sa parenté était connu, mais il n'allait pas jusqu'au désintéressement!

Le jour de Noël, il se trouvait à Bordeaux et, comme on l'a indiqué plus haut, il présidait une conférence internationale afin d'essayer de rétablir la paix. Ce rôle d'arbitre déplaisait à Philippe le Bel. S'ensuivit quelque froideur entre les deux cours, mais qui ne dura pas. Édouard ne tenait nullement à se brouiller avec Philippe le Bel. Ses tractations avec les Espagnols et les Italiens servaient son prestige personnel. Elles n'occultaient pas cependant ce qui était la grande idée de son règne et son objectif principal: la réunification de l'Angleterre et son accession au rang des grandes puissances. En 1283, il avait soumis le pays de Galles et obligé son chef, le prince Llervlyn, à lui prêter serment. Llervlyn se révolta, fut battu et tué. Son frère, David, releva le défi, fut capturé et livré à Édouard, qui le fit supplicier. La population réclamant un prince, Édouard désigna son fils, le futur Édouard II. C'est depuis cette époque que l'héritier de la couronne britannique porte le titre de prince de Galles. Néanmoins, les Gallois étaient encore peu sûrs.

En 1286, nouveau pas en avant. Le roi d'Écosse, Alexandre III, était mort en léguant son royaume à sa petite fille, la princesse Marguerite, fille d'Éric de Norvège. Édouard la fiança à son propre fils, escomptant par ce mariage annexer l'Écosse et sinon, la placer sous tutelle. Marguerite tomba malade et mourut avant la fin du voyage. Les Écossais ne purent s'entendre sur le choix du successeur d'Alexandre. Une douzaine de compétiteurs se disputaient le trône. Les Écossais commirent l'imprudence de choisir Édouard comme arbitre, car sa réputation d'intégrité était grande. Il désigna Jean Baliol (ou Jean de Bailleul: il était d'origine normande), mais le contraignit à lui prêter serment. Les Écossais n'admirent pas que leur souverain fût vassal du roi d'Angleterre et se rebellèrent. Ce fut le début d'une lutte sanglante qui accapara les forces d'Édouard, empoisonna la fin de son règne et ne s'acheva que sous Édouard III. Les affaires d'Écosse avantagèrent Philippe le Bel. Elles lui procurèrent ultérieurement un allié au sein même de l'Angleterre et paralysèrent, partiellement, les initiatives d'Édouard en immobilisant ses forces. Elles assurèrent d'abord plusieurs années d'une paix relative entre les deux royaumes. Relative, parce que les agents de Philippe le Bel ne cessaient de multiplier leurs intrusions, si ce n'est leurs provocations, dans le duché de Guyenne et que les seigneurs locaux n'hésitaient guère, pour se soustraire à l'autorité d'Édouard, à en appeler à la justice du roi de France. Toutefois Édouard supportait ces avanies sans trop récriminer et surtout sans proférer de menaces précises. Les historiens anglais accusent Philippe le Bel de duplicité et de mauvaise foi. Ils affirment, sans apporter de preuves convaincantes, qu'il cherchait des prétextes pour s'emparer de la Guyenne. Il est bien certain que cette terre fertile, productrice de vins réputés, devait faire envie au jeune roi. Mais il régnait depuis trop peu d'années pour envisager un conflit; au surplus la question de Sicile n'avait pas encore reçu de solution. En réalité, l'évolution des mentalités creusait déjà le fossé entre les Français et les Anglais et, la centralisation du pouvoir royal s'accentuant, la vassalité d'Édouard posait des problèmes quasi insolubles.

Tout débuta par une rixe entre marins. Inutile de préciser que les gens de mer des deux nations se haïssaient, ne fût-ce qu'en raison de la concurrence acharnée qu'ils se livraient à Bayonne, à Bordeaux, en Bretagne et en Normandie. En 1292, pendant le carême, près de la pointe Saint-Mathieu, un matelot bayonnais poignarda un Normand. Les compagnons de celui-ci assaillirent la nef bayonnaise et massacrèrent l'équipage. Les marins de Bayonne étaient également détestés par les Bretons et par les Normands, car ils s'appropriaient les sécheries de poissons. Déjà, en 1289, leur établissement du Conquet avait été pillé et ravagé; les incidents de cette nature étaient fréquents, mais on les mettait sur le compte de la piraterie. Peu après la rixe de la pointe Saint-Mathieu, quatre nefs de Bayonne furent coulées et leurs équipages massacrés. Le connétable de Bordeaux, Itier d'Angoulême, crut devoir temporiser, probablement sur ordre du roi d'Angleterre. Sur ces entrefaites, quatre-vingts navires normands embouquèrent l'estuaire de la Gironde et vinrent accoster dans le port de Bordeaux. Par prudence et dans un évident souci de conciliation, le connétable réunit les capitaines et leur fit jurer de ne perpétrer aucun dommage à l'encontre des nefs anglaises et bayonnaises chargeant elles aussi leurs cargaisons de tonneaux. Ces dernières sortirent du port par petits groupes. Les Normands appareillèrent de conserve. A peine sortis de l'estuaire, ils dressèrent les châteaux de proue et de poupe et arborèrent leur pavillon de guerre. Tout le long de la côte jusqu'à Cherbourg, ils amarinèrent les navires concurrents, les coulant à fond ou les capturant et bien entendu exterminant les équipages. Bientôt les Dieppois imitèrent les Normands et manifestèrent la même férocité. Incroyable paradoxe: les deux royaumes étaient en paix, mais leurs ressortissants s'étrillaient en mer. Tout d'abord les Anglais furent terrorisés; ils n'osaient plus se rendre à Bordeaux; mais ils se ressaisirent promptement. Édouard ne pouvait laisser les Normands molester ses équipages et ruiner le commerce extérieur de son royaume. Il protesta auprès de Philippe de Bel, qui de son côté ne pouvait que faire droit à la requête. Les historiens anglais prétendent qu'en la circonstance l'attitude du roi de France fut équivoque. Cependant Philippe fit publier l'interdiction aux navires normands et bretons de continuer leurs déprédations. Il était à la vérité trop tard! De soi-disant pirates massacraient les marchands et les marins normands en leur infligeant d'horribles supplices. Ils molestèrent les collecteurs royaux. Ils jetèrent à fond de cale les envoyés du sénéchal de Toulouse. Les Normands ripostèrent en pourchassant les Bayonnais. Le vieux fond viking se réveillait en eux. De leur propre initiative, ils réunirent trois cents nefs qu'ils divisèrent en trois escadres: la première gardait la pointe Saint-Mathieu; la seconde couvrait la Manche; la troisième stationnait à l'île de Batz. Une centaine de navires anglo-bayonnais furent interceptés, dont les équipages furent pendus aux vergues, parfois écorchés vifs.

La perte infligée à la marine britannique était si considérable (plus de 20 000 livres sterling) qu'Édouard ne pouvait plus atermoyer. Il était contraint de répondre par la force, s'il ne voulait pas perdre la face. Il mobilisa donc les vaisseaux des Cinq-Ports et lança ses escadres contre les Normands. Le combat eut lieu au large de la pointe Saint-Mathieu et fut un désastre pour les «pirates». Exploitant aussitôt la situation, les Bayonnais prirent et saccagèrent La Rochelle. Philippe le Bel demanda des comptes à Édouard. Quand bien même les Normands avaient bravé son interdit, il exigeait réparation. A vrai dire, ce qui l'irritait surtout, ce n'était pas la défaite de la pointe Saint-Mathieu, mais le fait que les Anglais détenaient à nouveau la maîtrise de la mer. Se souvenant des victoires de l'amiral de Loria, il mesurait l'inconvénient de ne pas avoir de flotte de guerre structurée, disciplinée et entraînée, dans l'éventualité d'un conflit. Il haussait néanmoins le ton pour impressionner Édouard; aussi parce qu'il détenait un prétexte juridiquement inattaquable contre lui. Édouard étant son vassal pour la Guyenne, Philippe le cita à comparaître. La citation, envoyée le 7 octobre 1293, s'achevait en ces termes:

«...c'est pourquoi nous vous mandons et ordonnons péremptoirement, sous les peines que vous avez pu et pourrez encourir, que vous ayez à comparaître devant nous à Paris, le vingtième jour après la Nativité de Notre-Seigneur, afin de répondre sur tous ces forfaits et sur toute autre chose que nous jugerons convenable de proposer contre vous, pour ensuite obéir au droit, entendre ce qui sera juste, et vous y soumettre; vous signifiant de plus par ces présentes que, soit que vous comparaissiez, ou non, aux dits lieu et jour, nous procéderons néanmoins comme nous le devons, nonobstant votre absence.»

En adressant cette mise en demeure, Philippe usait de sa qualité de suzerain; il faisait application pure et simple du droit féodal. Mais, en Angleterre, Édouard procédait de même à l'égard des Gallois et des Écossais. Il ne pouvait donc se soustraire à la comparution devant le roi de France à peine de condamner ses propres méthodes. Toutefois il pouvait penser que la mise en demeure n'était qu'un avertissement de la part de Philippe, persuadé que ni l'un ni l'autre n'étaient pleinement responsables des batailles et pirateries de leurs marins. Il ne comparut pas en personne, mais envoya son frère, Edmond, comte de Lancastre, avec les pouvoirs de «redresser et amender les torts faits au roi de France et aux siens». Edmond faisait partie de la famille, et d'autant plus qu'il avait épousé Blanche d'Artois, veuve du roi de Navarre et mère de la reine de France: il se trouvait donc être beau-père de Philippe le Bel! Muni d'instructions précises, il fit droit aux demandes de celui-ci. Elles étaient pourtant exorbitantes: l'occupation temporaire, en gage de soumission, de Bordeaux, d'Agen, de Bayonne et des principaux châteaux de Guyenne. Il fut convenu qu'Édouard épouserait Marguerite (une des sœurs de Philippe) et que les deux rois se rencontreraient à Amiens en vue de sceller la paix. Philippe s'empressa d'annuler la citation et... d'envoyer le connétable de France en Guyenne avec une armée!

III

# LE DUEL FRANCO-ANGLAIS

Le roi d'Angleterre persistait à croire que l'occupation de la Guyenne n'était qu'une formalité. Philippe entendait convertir le séquestre en confiscation. Il ne pouvait plus tolérer qu'Édouard régnât sur une partie du royaume, non plus que le roi d'Angleterre ne pouvait souffrir l'autonomie de l'Écosse et du pays de Galles. L'occupation de la Guyenne devait être symbolique; or ce furent de véritables corps d'armée qui se dirigèrent vers Bordeaux. Philippe manœuvra pour que l'entrevue d'Amiens n'eût pas lieu. Le 19 mai 1294, il fit prononcer la confiscation du duché; pour non-comparution de son titulaire! C'était plus qu'une provocation; une telle décision valait déclaration de guerre. Inutile de souligner son caractère frauduleux, encore qu'elle revêtît toutes les apparences du droit. Inutile aussi d'ajouter que Philippe le Bel avait d'excellentes raisons d'agir de la sorte: nous verrons que la Flandre lui donnait des inquiétudes sérieuses et qu'il n'entendait pas combattre sur deux fronts. Édouard comprit enfin qu'il avait été joué. Il envoya ses hérauts d'armes déclarer au roi de France, «qu'il renonçait à son allégeance, et n'entendait plus être son homme, puisque Philippe n'avait point observé les conditions de la paix jurée entre leurs ancêtres». La rupture était consommée. Mais Édouard avait-il les moyens de reconquérir la Guyenne? Il manquait d'argent. Son baronnage et ses prélats lui refusaient des subsides. Les Gallois secouaient le joug. Les Écossais menaçaient les frontières anglaises. Il ne put expédier en Guyenne que des renforts insuffisants. Ils parvinrent cependant à reprendre quelques places, mais, en 1295, Charles de Valois s'empara de la quasi-totalité du duché.

Sur mer, la guerre s'amplifiait. Édouard avait organisé trois grandes escadres; elles étaient embossées à l'entrée du canal Saint-Georges, à Yarmouth et à Portsmouth. L'écrasement récent de la flotte normande à la pointe Saint-Mathieu lui laissait le champ libre. Il reprit donc l'initiative. Un corps de débarquement saccagea nos côtes de Ponant jusqu'à l'île de Ré, et rallia Bayonne.

Philippe le Bel n'avait pas de flotte de guerre pour empêcher ces ravages. Il fut sans doute le premier de nos rois à comprendre l'utilité d'une marine d'État et résolut de la créer, en dépit de l'énorme dépense qui en résulterait. Il faut bien comprendre qu'il ne disposait ni d'un seul vaisseau armé en guerre, ni d'un seul capitaine expérimenté, ni même de matériel et encore moins d'installations portuaires adéquates. Tout fut improvisé en un an, mais telle est l'inappétence des Français pour les choses de la mer, que ce tour de force est en général passé sous silence, et sinon à peine évoqué. Malheureusement, jugeant en terrien et se référant au souvenir de la guerre d'Aragon, Philippe crut que les fines galères méditerranéennes rendraient les mêmes services que les gros vaisseaux de Ponant. Il oubliait que ces bâtiments légers auraient à affronter les lourdes et longues lames de l'Atlantique et les redoutables courants de la Manche. Il avait en matière de marine, et pour des raisons identiques, les conceptions erronées qui seront plus tard celles de Napoléon! Les galères furent construites à Gênes et à Marseille. Montées par des équipages languedociens et provençaux, elles arrivèrent en Normandie en juin 1295. Un arsenal fut installé à Rouen. En même temps, Philippe achetait une soixantaine de nefs de haut bord à la Ligue Hanséatique. Galères et vaisseaux reçurent le renfort de deux cents galiotes normandes, radoubées ou construites en toute hâte. Flotte cosmopolite, rassemblant aux côtés de marins rouennais et honfleurais quasi tous les peuples de l'Occident méditerranéen. Mais il manquait un amiral pour coordonner les mouvements. Philippe le Bel en nomma deux, et qui n'étaient pas hommes de mer: Jean d'Harcourt et Mathieu de Montmorency; ils reçurent le titre bizarre de «conduiteurs». Étant égaux en grade, ils se partagèrent la flotte et agirent séparément.

Le 1er août, Mathieu de Montmorency appareilla en direction de la Flandre, puis cingla vers Douvres. Quinze mille hommes furent débarqués et, malgré la hauteur des falaises, surprirent la ville et l'incendièrent. Mais la garnison du château contre-attaqua. Les assaillants refluèrent vers la côte, en abandonnant cinq cents des leurs. C'était une demi-réussite. Le 24 août, Jean d'Harcourt appareillait à son tour, avec la seconde flotte. Sans oser s'éloigner de la côte, il rejoignit Mathieu de Montmorency à Calais en vue d'une action concertée sur l'Angleterre. Elle n'eut pas lieu. Les deux flottes se contentèrent de surveiller le détroit, dans l'attente de renseignements qui ne vinrent pas. L'informateur, qui était un chevalier anglais, avait été capturé et supplicié. Il devait indiquer les points faibles de la défense côtière. Au début d'octobre, Philippe le Bel ordonna aux deux amiraux de regagner leur port d'attache et leur retira leur commandement. La rumeur publique les accusait d'impéritie, sinon même de couardise.

Le bilan s'avérait tristement négatif, sans proportion avec le coût de l'opération: le sac de Douvres, quelques bâtiments coulés! L'escadre que l'on envoya en novembre pour surprendre Berwick sombra dans la tempête. La présence de la double flotte française n'avait même pas empêché les Anglais de tenir la Manche quasi impunément. Les deux amiraux de Philippe n'osaient pas livrer bataille, obnubilés par le projet de débarquement en Angleterre. La question se pose de savoir si Philippe le Bel, à l'instar de son aïeul Louis VIII, avait réellement l'intention de débarquer une armée en Angleterre, bref, s'il envisageait de conquérir ce royaume. Mais Louis VIII avait conduit lui-même le corps de débarquement et le baronnage anglais, en révolte contre Jean sans Terre, réclamait instamment sa venue. Philippe le Bel donnait ses directives de Paris, ou de ses résidences d'Ile-de-France. En sorte que l'on est porté à croire que son but était seulement de terroriser les populations britanniques et d'augmenter les embarras d'Édouard en faisant peser sur son pays la menace d'une invasion. Par voie de conséquence, il le mettait aussi dans l'impossibilité d'intervenir en Guyenne. Force était donc à Édouard de renoncer à défendre son duché. Mais les flottes anglaises, pour venger l'affront de Douvres, ravagèrent Cherbourg et le Cotentin et lancèrent des raids jusqu'au littoral flamand. La course succéda à la guerre navale; elle convenait mieux aux marins français qui, sous les ordres de l'amiral Zaccaria, un Génois, remportèrent de fréquents succès. Il n'empêche que l'objectif principal du roi de France était manqué : la marine britannique avait montré sa supériorité ; la menace d'invasion était écartée ; le prestige d'Édouard restait intact ; l'abandon de la Guyenne apparaissait dès lors comme un simple épisode du duel qui opposait les deux souverains.

Ce duel avait d'ailleurs pris une autre forme. Il menaçait de s'étendre à l'Europe entière. La situation rappelait à s'y méprendre celle de 1214, l'année de Bouvines. Car Édouard, incapable de vaincre Philippe le Bel, utilisait les mêmes moyens que son aïeul Jean sans Terre à l'encontre de Philippe Auguste. Il s'efforçait de nouer les fils d'une vaste coalition. Ses démarches auprès des souverains espagnols avaient échoué : Jayme d'Aragon avait fait sa paix avec la France et Sanche de Castille luttait à la fois contre les partisans des infants de La Cerda et contre les princes maures. Mais il eut meilleure fortune auprès des princes rhénans. Le duc Jean II de Brabant, les comtes de Flandre, de Gueldre et de Bar adhérèrent à la ligue, ainsi qu'Albert de Nassau, empereur d'Allemagne et successeur de Rodolphe de Habsbourg. Certains agissaient par ambition, la plupart parce qu'ils redoutaient l'expansion française ; l'empereur Albert, parce qu'il ne pouvait tolérer les empiétements de Philippe. De même que naguère Ferrand de Portugal, le comte de Flandre cédait à la pression de son peuple et ne s'engageait qu'avec précaution. Tous faisaient fond sur la participation en hommes et en argent de l'Angleterre. Mais la politique audacieuse d'Édouard ne rencontrait pas l'adhésion de ses sujets. La lutte qu'il soutenait (livres sterling contre livres tournois) vidait son trésor et portait dommage au commerce de son royaume. Il réussit pourtant un coup de maître en gagnant le duc Jean de Bretagne à son parti. De la sorte avait-il comme alliés les deux plus grands feudataires de Philippe.

Ce dernier lui rendait coup pour coup. Connaissant l'impécuniosité d'Albert de Nassau, il acheta sa neutralité. Il remit Jean de Bretagne dans le droit chemin en le nommant pair de France. Enfin, sous un prétexte futile, il attira le comte de Flandre dans un guet-apens et le fit emprisonner. L'arrestation de Gui de Dampierre désarticula la ligue. Édouard ne provoquerait pas un nouveau Bouvines ! D'ailleurs Philippe le Bel poursuivit son avantage. Il conclut en 1295 un traité d'alliance offensif et défensif avec le roi d'Écosse et avec le roi de Norvège qui promit le concours de sa flotte en cas de besoin. Le roi Jayme d'Aragon avait pris le même engagement secret d'envoyer ses galères de combat en Ponant. Édouard dut parer au plus pressé. Il attaqua l'Écosse en 1296, s'empara de Berwick, défit Bailleul à Dunbar et l'envoya à la Tour de Londres.

Le pape Boniface VIII s'entremit. Il somma les rois d'Angleterre et de France de suspendre les hostilités pendant trois ans, sous peine d'excommunication. Édouard eût volontiers cédé aux injonctions du Saint-Siège. Philippe n'en tint aucun compte, ou plutôt il changea de tactique. Ce fut au commerce de l'Angleterre qu'il s'en prit et, dans ce but, il s'efforça d'établir une sorte de «blocus continental» avant la lettre. Cet acharnement de Philippe le Bel serait inexplicable et injustifiable, si les intrigues d'Édouard n'avaient entraîné la Flandre dans le conflit. Il avait enlevé la Guyenne à Édouard. Ce dernier faisait l'impossible pour séparer la Flandre du royaume. Le dessein de Philippe était au contraire de préserver l'unité de la France.

Or il se trouvait dans la même situation que Napoléon après Trafalgar, toutes proportions gardées. N'ayant pu vaincre l'Angleterre sur mer, il cherchait à la ruiner. Et le système qu'il conçut atteste son modernisme, sinon son génie! L'Angleterre ne pouvait vivre sans exporter ses laines et ses cuirs. Philippe obtint des villes hanséatiques la promesse d'arrêter leurs importations. Il contraignit la Flandre à pratiquer le même embargo: mais sans les laines anglaises les draperies flamandes ne pouvaient fonctionner! Bientôt la Hollande ferma aussi ses ports aux navires anglais. Le blocus s'étendit à tout le littoral français jusqu'à Bayonne. Des escadres légères, sillonnant la Manche et l'Atlantique, assuraient un contrôle permanent. Elles pourchassaient et amarinaient les vaisseaux marchands à la recherche d'un point de débarquement clandestin. Un concert de plaintes s'éleva en Angleterre. Le Parlement fit à Édouard de sévères représentations. Les stocks de laine brute s'amoncelaient et se détérioraient; la misère gagnait les campagnes. Mais les ateliers flamands chômaient et la population grondait: il était inévitable que le comte de Flandre se laissât gagner par les promesses du roi d'Angleterre. La rupture de son allégeance envers Philippe le Bel mit un terme au blocus et déplaça le centre des opérations. On ne peut savoir si le roi d'Angleterre en prévit les conséquences. Peut-être ne vit-il dans la guerre franco-flamande qu'une diversion. Elle fut pourtant pour Philippe et pour le royaume de France la source de complications infinies, mais aussi de pertes énormes et de sacrifices finalement inutiles. On doit la regarder comme le prolongement du duel avec l'Angleterre, encore qu'elle en paraisse distincte.

Les circonstances qui déterminèrent le revirement de Gui de Dampierre, comte de Flandre, le développement du conflit, font l'objet de la quatrième partie du présent ouvrage. J'admets volontiers l'arbitraire de telles divisions, répondant toutefois à un souci de clarté. Car, en cette fin du XIIIe siècle, les événements n'ont plus la relative simplicité des premiers âges historiques; ils s'enchevêtrent et se compliquent d'interférences à tous les niveaux. C'est d'ailleurs en cela qu'ils apparaissent tellement proches de nous! Par exemple, on ne saurait comprendre certaines attitudes de Philippe le Bel, sans connaître les circonstances de sa lutte contre Boniface VIII: laquelle fera elle aussi l'objet d'une partie distincte pour la commodité du lecteur.

Le conflit franco-anglais tirait à sa fin. Lorsque Gui de Dampierre rompit son hommage, en 1297, à l'instigation d'Édouard, Philippe le Bel mobilisa 60 000 hommes, tant piétons que cavaliers. Il sépara cette armée en deux corps. Il prit la tête du premier et investit Lille; il confia le commandement du second à Robert d'Artois qui envahit l'ouest du comté. Les Flamands, soutenus par un contingent allemand, tentèrent en vain de débloquer Lille; le connétable de Nesle les détruisit à Commines. Un autre corps essaya d'enrayer l'avance de Robert d'Artois; il les écrasa à Furnes. Lille ouvrit ses portes. Philippe le Bel entra sans résistance à Courtrai et à Bruges. Édouard venait de débarquer, mais avec un millier d'hommes, piètre renfort! Il courut s'enfermer dans la ville de Gand, où Gui de Dampierre s'était lui-même réfugié. On était au mois d'octobre, période peu propice pour amorcer un siège. Philippe accorda la trêve sollicitée par Édouard et par le comte de Flandre. On convint de s'en remettre à la médiation du pape.

Au mois de juin 1298, Boniface VIII rendit une sentence dont la Flandre était exceptée. Elle prorogeait indéfiniment la trêve entre les deux rois, en tout cas jusqu'à la signature du traité de paix. Elle prévoyait qu'Édouard serait remis en possession d'une partie des terres qu'il tenait auparavant de Philippe le Bel. Elle engageait les deux monarques à cimenter leur réconciliation par un double mariage: Édouard épouserait Marguerite, sœur de Philippe le Bel et fiancerait son fils (le futur Édouard II) avec Isabelle, fille de Philippe. Le pape se donnait le droit de décider ultérieurement quelle partie de la Guyenne serait rétrocédée au roi d'Angleterre et il demandait que la garde de cette province fût provisoirement confiée à ses envoyés.

Édouard s'empressa d'accepter; il regagnait, contre tout espoir, le duché qu'il n'avait pu défendre. Il épousa Marguerite et les deux petits princes furent fiancés. A la même époque, le terrible William Wallace, se donnant pour lieutenant de Jean Baliol et régent d'Écosse, menait la vie dure aux soldats anglais. L'arbitrage du pape avantageait donc Édouard. Mais, de son côté, et s'il manifestait de compréhensibles réticences, Philippe le Bel n'était pas fâché d'être débarrassé de la sujétion anglaise. Le cynique abandon de Gui de Dampierre par son allié lui ouvrait en effet la perspective d'une conquête rapide et aisée du magnifique comté de Flandre. Les deux rois convinrent que chacun d'eux conserverait jusqu'à la paix le territoire qu'il occupait. Philippe tenait les trois quarts de la Guyenne! Il s'abstint désormais d'envoyer des secours à ses alliés écossais: le pauvre Wallace fut vaincu à Falkirk, jugé et décapité. Quant à Édouard, il s'abstint d'intervenir en faveur de Dampierre, son ami, mais ce dernier ne pouvait plus lui servir de rien! Le traité de paix fut signé à Montreuil, l'année suivante. Il se traduisait par la restitution à Édouard de toute la Guyenne, sauf Bordeaux.

Ainsi, tant d'efforts, de peines, de dépenses, aboutissaient au statu quo ante. C'était pour le fier roi de France un piètre résultat! Cependant jamais Philippe le Bel n'avait eu le projet de détruire la puissance anglaise, ou de s'approprier l'Angleterre. Il voulait affaiblir Édouard, afin d'annexer la Guyenne. Il avait échoué, par la faute de Boniface VIII, et bien qu'il fût victorieux. De toute manière, le duel franco-anglais n'était que le prologue de la guerre flamande.

# IV

## LE ROI QUI RÈGNE À PRÉSENT

Philippe le Bel avait alors trente ans. Il y avait déjà quinze ans qu'il régnait. Il était sans conteste le premier souverain d'Europe, infiniment plus riche et plus puissant que l'empereur germanique. Le chroniqueur Barbarino s'étonnait qu'un si grand roi s'aventurât presque seul dans les rues de Paris et qu'il ne crût pas déchoir en rendant leur salut à trois «ribauds» comme s'il se fût agi de grands seigneurs! Mais l'Italien jugeait sur la mise en scène et le décorum pratiqués par les podestats de sa nation. Il ignorait que ces promenades parisiennes s'inscrivaient dans la tradition capétienne: ouvriers, marchands, bourgeois, mendiants et badauds de la capitale avaient pareillement côtoyé et salué au passage Philippe Auguste et saint Louis. Ces contacts directs entretenaient la bonne amitié entre le peuple de Paris et ses rois. Ils ranimaient au besoin le zèle. Pour autant, à ce point de son règne, Philippe le Bel était-il populaire? Était-il aimé? Qu'on le respectât, cela est sûr; l'attachement des Parisiens était tel qu'ils préféraient charger les conseillers royaux des méfaits et des injustices afin d'innocenter la personne du prince. Cependant Philippe le Bel était trop avare de paroles pour séduire les foules, abolir la distance qui le séparait d'un pauvre homme. En outre, il avait déjà demandé trop de sacrifices pécuniaires et bouleversé trop d'habitudes acquises pour échapper aux critiques, ne pas éveiller de craintes. Sans doute les Parisiens étaient-ils satisfaits d'être gouvernés par une main aussi ferme. Ils se demandaient pourtant jusqu'où iraient les exigences du jeune roi.

La noblesse ne le portait pas dans son cœur. Il suffit pour

s'en persuader de relire ces quelques lignes des *Mémoires* de Joinville:

«Que le roi qui règne à présent, prenne garde; il a échappé à de grands périls; qu'il amende ses méfaits en telle manière que Dieu ne le frappe pas, lui et ce qui est à lui, cruellement.»

Pourquoi cet avertissement sous la plume du vieux compagnon du saint roi, il est vrai d'âme toute féodale? C'est que, précisément, Philippe le Bel ne voulait pas être le roi des seigneurs, mais celui des Français. C'est aussi, on le répète, qu'il était moins un roi-chevalier qu'un roi légiste doublé d'un négociateur hors de pair. Les fastes, les coutumes, le code d'honneur, qui distinguaient le monde chevaleresque, lui paraissaient surannés et superflus. Prétexte pris des nécessités de la guerre, il avait réédité les interdictions publiées par saint Louis quant aux guerres privées et aux tournois. Jamais il n'eût toléré le sanglant pas d'armes de Voeringen! Son décrochage habile après la mort de Philippe le Hardi, son abandon des infants de La Cerda, son indifférence feinte à l'égard de la Maison d'Anjou, ne pouvaient que décevoir ces hommes de guerre friands de conquêtes et de beaux coups d'épée. Ils se rendaient compte que le beau temps était passé; que désormais ils n'emporteraient plus seuls les décisions, parce que les politiques prenaient le relais des combattants. Ils s'interrogeaient sur le dénouement de la crise franco-anglaise, ne pouvant saisir les motifs pour lesquels Philippe, malgré ses victoires, lâchait finalement la Guyenne. Ils lui en voulaient surtout de s'entourer de conseillers issus de la bourgeoisie ou de la petite noblesse, ces chevaliers ès lois dont on insinuait qu'ils dirigeaient en fait le royaume. Mais Philippe Auguste et ses successeurs avaient-ils procédé différemment? Ils ne comprenaient pas davantage que la notion de «défense nationale» se substituât au bon vieux service d'ost limité à quarante jours et permettant toutes les libertés: y compris celle de désobéir aux ordres reçus. Ils croyaient percevoir dans les mesures qui les frappaient l'intention niveleuse des chevaliers ès lois encore mal débarbouillés de leur roture, et reprochaient au roi de laisser faire. Mais pour lui, «la nation» formait un tout indivisible, malgré ses différences de clivage. Ce concept impliquait à ses yeux des sacrifices proportionnés à la fortune de chacun, car tous les Français bénéficiaient finalement des mêmes sûretés, de la même protection et de la prospérité qui en découlait. Mais la noblesse formait une caste, un milieu distinct, chargé de souvenirs glorieux et traversé de nostalgies d'indépendance. Elle n'osait plus se rebeller, mais rebrassait ses amertumes, ne pouvant révérer ce prince dont la mentalité lui échappait. Mais aussi, dans son incessant et poignant souci de faire de l'argent, de remplir à tout prix le Trésor, quelles initiatives étranges, sourcilleuses, inouïes, ne prenait-il pas! Il avait interdit à ceux qui ne possédaient pas un revenu de six mille livres tournois d'utiliser, «pour boire, manger et autres usages» , la vaisselle d'or ou d'argent. L'interdiction visait d'ailleurs les riches bourgeois autant que les nobles dont beaucoup ne disposaient que d'assiettes et de gobelets d'étain. Les malveillants crurent que Philippe voulait réserver la vaisselle d'or et d'argent à la seule table royale. Mais il enjoignit à ceux qui possédaient ces objets précieux d'en déposer le tiers dans les hôtels des monnaies, contre remboursement de leur valeur. On manquait de métal pour battre monnaie!

Toutefois, l'ordonnance de 1294 était encore plus rigoureuse et, dans un certain sens, despotique, car elle prétendait réglementer le nombre de plats que l'on devait servir à chaque repas, le nombre d'habits que l'on pouvait s'offrir par année, avec les prix à ne pas dépasser, l'état que chacun devait tenir en fonction de sa naissance et de son rang social.

Elle ordonnait de limiter les soupers à un potage au lard et à deux mets; les dîners (que l'on appelait petits mangers) à un mets et un entremets. Pour les jours de jeûne (qui étaient plus nombreux qu'aujourd'hui et strictement observés), elle prévoyait deux potages aux harengs et deux mets, ou bien un potage et trois mets, sans jamais dépasser quatre plats. De crainte qu'on ne multipliât les mets sans excéder le nombre de plats, elle précisait: «On ne mettra en aucune écuelle qu'une manière de chair, une pièce tant seulement, ou une manière de poisson: mais elle n'entend pas que le fromage soit un mets, s'il n'est en pâte ou cuit en eau.»

Elle décidait que les ducs, les comtes, les barons de six mille livres de terre, ne pourraient acquérir plus de quatre vêtements par an, ainsi que leurs femmes. Les prélats et les chevaliers n'avaient droit qu'à deux; mais les chevaliers de trois mille livres de terre pouvaient aller jusqu'à trois. Les écuyers devaient se contenter de deux robes et les bacheliers d'une seule. Pour restreindre la coquetterie féminine, elle édictait: «Nulle demoiselle, si elle n'est châtelaine ou dame de deux mille livres de terre, n'en aura qu'une.» Elle limitait aussi le nombre de «robes» (vêtements) qu'il était d'usage, à Noël, de donner à ses familiers et à ses serviteurs.

Elle déclarait: «Nul prélat, ni baron, ne pourra avoir robe pour son corps de plus de vingt-cinq sous tournois l'aune de Paris: les femmes des barons à proportion, c'est-à-dire à peu près un cinquième de plus. Le banneret, ainsi que le châtelain, ne doit pas passer plus de dix-huit sous l'aune; l'écuyer, fils de baron, quinze; l'écuyer qui se vêt de son propre, dix; le clerc en dignité, ou le fils de comte, seize; le simple clerc, douze et demi; le chanoine d'église cathédrale, quinze. Le taux des bourgeois est douze sous six deniers l'aune; leurs femmes peuvent aller jusqu'à seize: mais il faut qu'ils aient la valeur de deux mille livres tournois de biens; les autres sont fixés à dix sous, leurs femmes à douze au plus.» Pour les robes que l'on distribuait, l'aune d'étoffe ne devait pas dépasser dix-huit sous pour les compagnons du comte ou du baron; quinze pour ceux du banneret ou du châtelain; six ou sept pour les écuyers.

Faut-il voir la main de la reine et des dames de la cour dans les dispositions particulières qui concernaient les bourgeoises, dont on sait qu'elles rivalisaient d'élégance avec les femmes des seigneurs et menaient un tel train de vie qu'on se méprenait sur leur état? «Nulle bourgeoise n'aura voiture; elle ne se fera point accompagner la nuit avec la torche de cire, ce qui est également défendu à l'écuyer, au simple clerc, à tout roturier. Elle ne portera enfin, ainsi que son mari, ni vair, ni gris[1], ni hermine, ni or, ni pierres précieuses, ni couronne d'or ou d'argent...» Les orfèvres, les fourreurs, les tailleurs, les brodeurs, n'avaient plus qu'à fermer boutique!

Pareille ordonnance était évidemment inapplicable et ne fut d'ailleurs pas appliquée, en dépit des menaces d'amende qui l'accompagnaient. Elle ne peut d'ailleurs se justifier que par le souci de freiner l'évasion de l'or et de l'argent, les plus belles fourrures, les étoffes et les pierres précieuses étant importées de l'étranger. Bien que cet extraordinaire document fût en somme resté lettre morte, je m'y suis attardé parce qu'il reflète

1. Vair et gris: variétés de fourrures.

les habitudes de luxe prises par les gens riches, nobles et bourgeois. Que l'on était loin de la frugalité et de la simplicité des siècles précédents! Ces «signes extérieurs de richesse» heurtaient les principes d'économie du roi, et l'incitaient à augmenter la pression fiscale. Car le problème crucial de son règne, quels que fussent les réussites ou les revers de sa politique, fut toujours la pénurie du Trésor. Pour cette cause, il ne parvint jamais au bout de ses projets ni de ses entreprises. Cette situation l'obligeait à faire argent de tout. Il empruntait à Biche et Mouche, les deux banquiers florentins qui avaient sa confiance. Il contraignait les bourgeoisies citadines à consentir des prêts théoriquement remboursables et des dons gratuits. Il empruntait de même aux prélats, aux courtisans, aux fonctionnaires royaux, à ses propres conseillers! Ces contributions, volontaires ou forcées, il les justifiait par les nécessités de la guerre. Il réorganisa et généralisa le système de rachat du service militaire; il en augmenta le taux. Il frappa d'une taxe exceptionnelle toutes les transactions commerciales: c'était une T.V.A. avant la lettre, mais dont la perception donna lieu à de vives contestations. A partir de 1294, on commença à lever des subsides, qui n'étaient autres que des prélèvements sur le capital ou des impôts sur le revenu, tantôt du centième, tantôt du cinquantième et tantôt du vingtième, selon la conjoncture. Cet impôt était également requis à titre exceptionnel, en cas de guerre ou de menace de guerre. En réalité, il fut levé presque chaque année, parce que, jusqu'à la fin du règne, il n'y eut pas de paix véritable, mais assouplissement des conflits. Agissant de la sorte, Philippe le Bel n'innovait que dans le détail; il accentuait les tendances de ses prédécesseurs et généralisait leurs expériences. Sous leurs règnes successifs l'impôt restait lié à la notion de péril extérieur: il fallait doter le roi des moyens de défendre le royaume. L'intention de Philippe le Bel différait substantiellement; elle visait à rendre l'impôt permanent et à le faire accepter comme tel par l'ensemble du royaume. Inutile de dire que les esprits n'y étaient pas préparés: d'où un mécontentement qui ira croissant et obscurcira la fin du règne. Philippe ne concevait pas davantage que l'Église échappât à la loi commune, quant à son domaine temporel. On se souvient qu'il avait augmenté les droits d'amortissement qu'elle supportait et, même, rendu cette augmentation rétroactive. En principe, les biens ecclésiastiques étaient exemptés de toute contribution publique, privilège exorbitant que Philippe battit en brèche par les moyens légaux dont il disposait. Ne pouvant faire mieux, il s'efforça de transformer les décimes en prélèvements annuels, autrement dit de les assimiler à un impôt sur le revenu. Ce fut ainsi qu'il obtint des synodes provinciaux l'octroi presque régulier d'une décime, parfois de deux décimes, et, dans une circonstance particulièrement grave, d'une quadruple décime. Il obtint pareillement des évêques l'excommunication des récalcitrants. Les décimes ne dispensaient pas les prélats, les grands abbés et les clercs, du centième et du cinquantième. La contribution des gens d'église «à la défense commune» devait être, selon le droit canon, autorisée par le pape. Il n'est donc pas surprenant que Philippe soit entré en conflit avec le Saint-Siège. Si grande que fût la compréhension des papes envers la France, tôt ou tard un Boniface VIII devait s'opposer à l'arbitraire de Philippe et tenter de mettre fin à ce que l'Église considérait comme une spoliation. On verra pourtant que la lutte entre Boniface et le roi de France eut une motivation autrement plus grave et profonde que l'octroi des décimes.

# TROISIÈME PARTIE

# *LE PAPE*

# I

## CÉLESTIN V

Pour saisir les causes réelles du conflit entre Philippe le Bel et Boniface VIII, il convient de remonter le cours de l'histoire de plusieurs siècles. L'Église avait pris la suite de l'empire romain après l'effondrement de celui-ci. Les papes apparaissaient comme les chefs suprêmes d'une république d'Occident, les maîtres d'une théocratie dont les rois n'étaient que les auxiliaires. Le pouvoir spirituel et la puissance temporelle se trouvaient alors réunis dans la même main. Les princes, n'agissant que par délégation des papes-césars, pouvaient dès lors être déposés comme de simples fonctionnaires. Mais les pontifes ne pouvaient assumer matériellement l'exercice d'un pouvoir aussi exorbitant. La solution fut trouvée, lorsque Charlemagne reconstitua l'empire d'Occident et se fit couronner à Rome. On sait comment, après sa mort, l'empire fut morcelé et réduit à néant sous les derniers Carolingiens. Les papes crurent ensuite pouvoir utiliser le Saint Empire romain germanique comme glaive temporel pour imposer leurs verdicts aux rois. Mais l'autorité des empereurs d'Allemagne, non héréditaires mais élus, resta plus nominale que réelle. Elle ne s'exerça jamais réellement sur le royaume de France. L'interminable lutte contre les Hohenstaufen avait montré la précarité du système. Les prétentions théocratiques des papes en sortaient amoindries, peu dignes de crédibilité. Elles allaient à contre-courant de l'Histoire. Cependant le Saint-Siège ne pouvait se résoudre à l'abandon de ses théories de domination universelle. Il faut reconnaître que, pendant presque tout le treizième siècle, le droit d'intervention des papes dans les rapports réciproques des princes fut accepté. Malheureusement, selon le caractère des pontifes, leur humeur et leurs passions, l'impérialisme romain s'immisçait dans les problèmes intérieurs des États. Ces interventions se traduisaient le plus souvent par un zèle excessif, voire insupportable, à défendre les Églises nationales contre de soi-disant empiétements du pouvoir séculier. C'était un prétexte pour contrôler plus étroitement les rois et, en fin de compte, pour les assujettir à la curie romaine. C'était aussi une méthode pour drainer une part substantielle de leur revenu.

Touchant à la France, la situation s'avérait épineuse. Ses monarques, se targuant d'être de droit divin, se reconnaissaient pour «lieutenants» du pape, mais prétendaient ne relever que de Dieu. Les prélats et les abbés, détenant de vastes fiefs inclus dans l'échiquier féodal, étaient en même temps vassaux du roi sur le plan temporel et soumis à l'autorité du Saint-Siège sur le plan spirituel. L'ambiguïté de cette situation avait engendré un esprit particulier, que l'on qualifiera par commodité de «gallicanisme». Le clergé français, s'il reconnaissait volontiers le pouvoir spirituel du pape, contestait son omnipotence temporelle et, dans ce domaine, se reconnaissait un seul chef: le roi. Cette indépendance relative, il est à peine besoin de dire que les rois de France l'avaient plus ou moins suscitée, encouragée et défendue. Elle avait pour résultat de soustraire le clergé à une influence étrangère, à même de le politiser en cas de crise et sous couleur de religion. Les conflits avaient été fréquents, malgré la bienveillance (souvent intéressée) des papes envers les Capétiens et le dévouement (non moins intéressé) de ceux-ci envers ceux-là. Ils se dénouaient par des accommodements. Jadis les évêques étaient élus par la population de leur diocèse; ils l'étaient désormais par les membres des chapitres institués dans les églises cathédrales. Les rois surveillaient ces élections, quand il ne les influençaient pas! Le Saint-Siège s'efforçait d'imposer des nominations directes; il n'avalisait les élections que contre espèces sonnantes. De leur côté, les rois n'avaient que trop tendance à récompenser leurs serviteurs en leur octroyant des évêchés ou de riches abbayes. On parvenait malgré tout à un arrangement: le roi laissait le pape pourvoir certaines vacances et le pape cédait quelques évêchés en faveur des protégés du roi. En matière de juridiction, le désaccord était plus grave. Le Saint-Siège défendait âprement et systématiquement les immunités ecclésiastiques. Les rois voyaient dans cette attitude une atteinte à leur autorité. En matière de finances, la situation était analogue. Les papes s'efforçaient de drainer le maximum d'argent vers Rome. Les rois avaient besoin de décimes, faute de ressources suffisantes. Quant aux prétentions du Saint-Siège à la royauté universelle, elles restaient théoriques, généralement discrètes, bien que, de temps à autre, certains papes en rappelassent les principes avec force. Tant que les rois de France restèrent princes de la petite Ile-de-France et souverains nominaux du royaume, le statu quo se maintint tant bien que mal: on évitait d'aller au fond du problème. La situation changea avec Philippe Auguste, lequel, fort de sa victoire de Bouvines, n'hésita guère à défier l'autorité du pape. En plus d'une circonstance, saint Louis montra la même fermeté à l'encontre des empiétements ou des manœuvres tortueuses du Saint-Siège. En règle générale, les rois de France acceptaient l'arbitrage des papes, mais défendaient pied à pied leur autorité non seulement sur leurs sujets laïcs mais sur les membres du clergé. Néanmoins les crises, parfois aiguës, n'avaient pas abouti à de véritables ruptures, même au temps où Philippe Auguste avait été frappé d'excommunication. Il n'en fut pas de même avec Philippe le Bel. Le conflit qui l'opposa à Boniface VIII, brutal, pernicieux, empreint d'une duplicité réciproque, stupéfia l'opinion européenne, causant un scandale inouï et sans doute un irréparable dommage: la fille aînée de l'Église trahissant celle-ci! Un Capétien reprenant à son compte la tentative de Frédéric II de Hohenstaufen d'assujettir le souverain pontife à sa volonté, et triomphant là même où l'empereur avait échoué! Autant dire tout de suite que la tragédie par laquelle se dénoua le conflit, Boniface VIII en fut largement responsable. C'était un homme d'un autre âge, méconnaissant l'évolution des idées, obnubilé par sa propre réussite et par les chimères de son imagination, emporté par un instinct despotique, faisant fond sur une intelligence hors du commun pour assouvir son ambition et brûlant de laisser un grand nom dans l'histoire de l'Église, bref la plus dangereuse espèce d'homme.

Son accession au pontificat est en elle-même significative. Il avait alors soixante-deux ans, étant né en 1232, à Anagni, patrie d'Innocent III, de Grégoire IX et d'Alexandre IV. Sa famille, les Caetani, était l'une des premières de cette cité. Sa mère semble être la sœur d'Alexandre IV. Benoît Caetani, puisque tels étaient son prénom et son patronyme, s'initia au droit à Todi, dont son oncle était évêque. Il devint avocat à la cour romaine. Le futur Martin IV le choisit comme chancelier. Il participa à plusieurs missions diplomatiques, qui lui permirent de s'initier aux affaires de France, d'Angleterre et d'Espagne. Martin IV récompensa ses services en le nommant cardinal. Il collabora ensuite aux tentatives de Nicolas IV pour réconcilier les princes d'Occident, notamment les rois de France et d'Angleterre, en vue d'une nouvelle croisade. Saint-Jean d'Acre venait de tomber; la Terre Sainte était perdue; l'idée que le Saint Sépulcre restait aux mains des Infidèles, désespérait le pape. Ce fut, lors de sa légation à Paris, que Benoît Caetani eut l'occasion de connaître Philippe le Bel et son conseil de légistes. Nicolas IV mourut brusquement le 4 avril 1292. Une fois de plus le Sacré Collège était divisé, les Orsini et les Colonna se disputant la tiare. Les cardinaux se séparèrent sans avoir décidé, cependant que l'anarchie s'installait à Rome et dans la campagne romaine. La vacance du Saint-Siège permit à Philippe le Bel d'occuper la Guyenne; ce fut la rupture entre la France et l'Angleterre. Elle inquiétait d'autant plus Charles II d'Anjou qu'il était menacé par Frédéric de Sicile. Or, au début de 1294, il avait rendu visite à un pieux ermite nommé Pierre de Morrone. Entré très jeune dans l'ordre des Bénédictins, il était devenu abbé de son couvent. Mais il avait résilié sa charge au bout d'un an pour mener la vie érémitique. Imitant le petit saint d'Assise, il s'était installé dans le rude pays des Abruzzes, prêchant la bonne parole, recrutant des disciples épris comme lui de pauvreté et de charité, distribuant les dons qu'il recevait. Il jouissait dans cette contrée sauvage d'une réputation de sainteté et sa popularité était immense. Il se dérobait à la foule autant qu'il le pouvait, vivant soit dans une misérable cellule, soit au fond d'un ravin solitaire. A certaines périodes de l'année, il se murait dans un silence total. Charles II d'Anjou l'apprivoisa. Son long séjour dans les geôles d'Aragon avait accru son mysticisme; il avait une pensée, il parlait un langage, proches de ceux de l'ermite. Il incita ce dernier à écrire à un cardinal, pour déplorer le scandale que le Sacré Collège donnait à la chrétienté et le menacer du châtiment céleste s'il ne désignait le successeur du défunt Nicolas avant la Toussaint. Cette lettre appela l'attention sur lui, et l'incroyable survint. Mais je laisse ici la parole à un témoin[1]:

«Un matin, le Sacré Collège était réuni; il n'y manquait qu'un cardinal, malade de la goutte, et Napoléon Orsini, occupé à pleurer son frère tué par une chute de cheval. Les cardinaux s'entretenaient de cette mort qui avait fauché dans leurs germes tant d'espérances, et leurs âmes étaient ainsi amenées à de graves pensées, quand Jean Buccamazi s'écria: «Pourquoi tarder plus longtemps à essuyer les larmes de notre mère? Pourquoi ne pas donner au monde le pontife qu'il attend? Qui peut nous inspirer cette discorde?» On ne faisait pas attention à ces réflexions et on se préparait à quitter ce sujet de conversation; mais, veillant dans son cœur, dominé par l'amour et la crainte de Dieu, le cardinal Latino y revint: «Je n'ai cessé, dit-il, de songer cette nuit à une chose dont la pensée me poursuit et que je tiens à dire. L'Esprit puissant qui révèle les secrets aux cœurs pieux et qui dévoile l'avenir aux siens vient de se manifester. Il a dit à un homme de Dieu que, si nous ne nous hâtons de choisir un pontife, la colère de Dieu éclatera. Le temps presse, le délai de la vengeance divine ne s'étend pas au-delà de quatre mois, jusqu'à la Toussaint. Frères! songez à cet avertissement et tâchez de vous remettre en grâce avec Dieu.

«– Éminence, dit en souriant Benoît Caetani, n'est-ce pas là une vision de Pierre de Morrone?

«– De lui-même, répliqua l'évêque d'Ostie auquel le pieux ermite avait écrit pour lui révéler que, prosterné une nuit devant l'autel, il avait reçu de Dieu l'ordre de ne pas se laisser intimider par la dignité des cardinaux et de leur dire, comme à ses frères, qu'ils n'échapperaient pas à la vengeance divine, s'ils ne se hâtaient pas d'élire le Souverain Pontife. Aussitôt la conversation s'engagea sur la vie et les vertus du saint ermite. Le cardinal Latino prononce le premier son nom pour la dignité pontificale; six autres cardinaux suivent son exemple. Tandis que les cardinaux Colonna demandent qu'on recueille le vote de Pierre Perego malade, on fait venir Napoléon Orsini, qui se range à l'avis des premiers votants; Matteo Orsini s'y rallie aussi: dès lors le nombre des voix nécessaires à l'élection est atteint; celle de Pierre Perego vient s'y ajouter, et bientôt

1. Jacques Stefaneschi.

l'évêque d'Ostie peut annoncer à la foule étonnée l'élévation de Pierre de Morrone à la chaire de saint Pierre.»

C'était plus qu'une élection; c'était une exaltation! Les cardinaux Orsini et Colonna avaient adhéré à la majorité plutôt que de céder à la faction adverse. Toutefois la désignation du pieux ermite ressemblait fort à une aventure. Il passait pour inculte; les Orsini et les Colonna se flattaient de le diriger. Une délégation se rendit à l'ermitage de Sulmone, où Pierre de Morrone s'était retiré. On imagine ce cortège de prélats, dans leurs robes d'étoffes précieuses, brodées, et rebrodées d'or, progressant dans ces sentiers escarpés, ces éboulis de roches parsemés de broussailles. Pierre de Morrone avait été prévenu. Ils le trouvèrent en prière, le visage baigné de larmes. On lui lut le décret du Sacré Collège. L'ermite commença par refuser; il se jugeait indigne du trône de saint Pierre. On lui rappela sa prophétie. Pierre Colonna joignit ses instances aux supplications de ses compagnons. Pierre de Morrone se laissa convaincre, difficilement, et finit par accepter. Il demanda seulement d'être couronné à Aquila. Il s'y rendit, en se servant d'un âne, ce qui était une entorse au protocole. Les difficultés ne tardèrent pas. Célestin V – puisque c'était le nom qu'avait choisi Pierre de Morrone – n'était pas aussi inculte qu'on le disait, mais il n'avait aucune connaissance des affaires et il se retrouvait seul au milieu des princes de l'Église, tous théologiens, canonistes, diplomates, la plupart issus des premières familles d'Italie et certains étant, par hérédité et l'occasion s'offrant, à moitié chefs de guerre. Sa Sainteté n'en imposait guère à ces pharisiens. Il n'avait pas non plus l'autorité naturelle qui lui eût permis de dominer les factions. Ce que certains avaient prévu, ne manqua pas d'arriver. Il se laissa séduire par le dévot Charles II d'Anjou et par ses amis les Colonna. Le chancelier du roi de Naples, Barthélemy de Capone, devint même notaire apostolique. Charles II l'incita à nommer douze nouveaux cardinaux à sa dévotion. Par l'intermédiaire des Colonna, ce roi dirigea la politique du Saint-Siège, en plein accord avec la cour de France. Il voulut plus et parvint à attirer Célestin V à Naples, malgré l'opposition de Benoît Caetani. Ce dernier guettait les fautes de l'ex-ermite; il agissait en secret, tout en feignant de collaborer au gouvernement de l'Église. Célestin V suivait ses inspirations. Elles lui firent commettre plusieurs irrégularités, dont la nomination d'un cardinal sans l'assentiment du Sacré Collège, qui éleva une protestation solennelle. Une opposition se forma, discrètement orchestrée par Caetani, bien que Charles II eût essayé de gagner ses faveurs par des cadeaux substantiels, mais Caetani mangeait à tous les râteliers tout en poursuivant son but. Célestin voulut se retirer dans sa pauvre cellule, comme il était accoutumé pendant l'Avent. Redoutant l'influence de Caetani, le roi de Naples persuada le vieux pape de déléguer ses pouvoirs à trois cardinaux. On lui démontra qu'il violait le droit canonique. Il annula la bulle. Cet incident acheva de le décourager. Il se dit que son incompétence et son ignorance nuisaient à l'Église. L'idée chemina en lui, jour après jour, de renoncer à la tiare. Jamais pareille situation ne s'était présentée et le droit canon était muet sur cette éventualité. Célestin consulta plusieurs cardinaux, parmi lesquels Benoît Caetani et Gérard Bianchi, son comparse. Ils le poussèrent à se démettre. Charles II s'émut. Les Colonna, prenant fait et cause pour le roi de Naples, accusèrent Caetani de manœuvres dolosives. Était-ce nécessaire? Il semble que non. Célestin V avait trop d'humilité pour ne pas avoir renoncé de lui-même à une charge qui l'écrasait. Il redoutait d'y perdre son âme. Sa décision était donc prise. Il ne cherchait qu'un moyen légal de déposer la tiare, afin de regagner le plus vite possible son ermitage des Abruzzes. Cependant, un peu plus tard, l'archevêque de Bourges, Simon de Beaulieu, envoyé en France comme légat par Caetani (devenu Boniface VIII), reprendra les calomnies des Colonna contre ce dernier. Il déclarera à Philippe le Bel et à ses conseillers que Caetani était hérétique, qu'il adorait les idoles avant et après son cardinalat, qu'il avait usurpé le trône de saint Pierre, y étant parvenu par dol et violence, réveillant le pauvre Célestin V en pleine nuit, avec une trompette, et lui criant qu'il irait en enfer s'il n'abdiquait pas, lui faisant croire que c'était un ange qui parlait! Il dira encore que le roi Charles II songeait à faire poursuivre Caetani pour hérésie avant la renonciation de Célestin.

Quoi qu'il en soit, ce dernier resta sourd aux pressions de Charles II, des Colonna et du peuple napolitain. Le 13 décembre 1294, il parut revêtu des ornements pontificaux et promulgua solennellement la décrétale constatant sa propre abdication. Dix jours après, le Sacré Collège se réunit dans une salle du château de Naples. Charles II suscita la candidature d'un Orsini, qui refusa. Au deuxième tour de scrutin, Benoit Caetani fut élu. Les Colonna votèrent pour lui par opportunisme. Caetani prit le nom de Boniface VIII. Ce choix était étrange, car Boniface VII, pape de 974 à 985, avait été élu irrégulièrement et même accusé de la mort de ses prédécesseurs, Benoît VI et Jean XIV. Le nouveau pape s'empressa de quitter Naples et, malgré les rigueurs de la saison, il se rendit à Rome, en passant par sa ville natale d'Anagni, d'illustre mémoire! Son couronnement eut lieu le 23 janvier 1295, à Saint-Pierre de Rome. Son premier ouvrage fut d'envoyer en France le légat Simon de Beaulieu pour réconcilier Philippe le Bel et Édouard d'Angleterre. Ce fut aussi de reprendre fermement le gouvernement de l'Église. Il annula les dispositions prises par Célestin V, disgracia ses fidèles et ceux de Charles II, sans oublier les cardinaux Colonna. Selon les habitudes, il s'empressa de pourvoir sa famille. Ce n'était qu'un commencement, mais déjà l'on murmurait que son élection était illégale, parce que la renonciation de Célestin V était non valable selon le droit canon et qu'elle lui avait été extorquée. Il faut dire que son attitude envers son prédécesseur ne fut pas de nature à apaiser les calomnies. A peine élu, Boniface VIII avait vu l'ex-pontife se mettre à genoux devant lui et solliciter humblement la permission de regagner sa cellule de Sulmone. Boniface refusa; il redoutait les manœuvres du roi de Naples et, plus encore, la popularité du vieil ermite. Ce dernier s'échappa, sans doute à la faveur de complicités intéressées. Boniface expédia son camérier avec ordre de ramener le fugitif, au besoin par la force. Célestin protesta. Il rappela sa déclaration solennelle au Sacré Collège: il s'était démis afin de retourner à la solitude. Il supplia, avec des larmes, jura de respecter un éternel silence, de ne plus voir personne. Ému, le camérier s'en fut prendre les ordres de Boniface. L'ermite avait promis d'attendre son retour, mais, comprenant enfin que rien n'apitoierait le nouveau pape, il s'enfuit. Pendant des mois, il erra dans la montagne, partout reconnu et révéré comme un saint. Se voyant perdu, il essaya de s'embarquer pour la Grèce, espérant se retirer dans une petite île, disparaître enfin de ce monde qui le tourmentait! Il trouva une barque et partit au hasard. Une tempête le força à s'abriter dans le port de Vesti. Il fut encore reconnu.

Mais, cette fois, le capitaine de la ville le fit arrêter et reconduire à Rome. Boniface VIII l'interrogea, voulant comprendre les raisons de cette fuite éperdue. Étant fort peu mystique, il ne pouvait croire aux appels de la foi, aux angoisses d'une âme exceptionnelle. La sainteté de l'ermite l'impressionnait modérément. Où n'était que l'amour pour Jésus-Christ, il apercevait des intentions politiques. Il tint le pauvre Célestin en surveillance étroite, puis l'envoya habiter le donjon du château de Fulmone, sous la garde de trente soldats. Le vieil homme demanda comme une faveur que l'on construisît, dans la salle de ce donjon encore trop luxueux pour son humilité, une cellule aussi misérable que celle de Sulmone. On se désintéressa de lui. Il mourut le 4 mai 1296. Boniface VIII lui fit faire des obsèques grandioses. La mort de Célestin laissait place nette; Boniface croyait qu'elle désarmerait ses adversaires. Elle eut l'effet contraire: Célestin devint un martyr et une victime; Boniface fut tenu pour responsable de sa mort misérable; on l'accusa ouvertement de l'avoir hâtée. Boniface méprisait ces attaques. Imbu de sa supériorité, impatient de jouer un grand rôle, il balayait les obstacles, écartait les importuns, et dominait le Sacré Collège en oubliant un peu trop qu'il avait naguère brigué ses suffrages. Il se voulait l'égal de Grégoire le Grand et d'Innocent III. Sa grande idée était de lancer la chrétienté dans une nouvelle croisade. Pour cela, il avait besoin de l'appui du roi de France. D'où son souci de rétablir promptement la paix entre Philippe et Édouard. Le reste, c'est-à-dire les intrigues des Colonna et du Sacré Collège, l'animosité des Romains et des Napolitains, n'était à ses yeux que mesquineries.

## II

# LA BULLE «CLERICIS LAICOS»

Dans le palais du Quattrosanti, que Boniface VIII occupait, près du Latran, une suite de fresques retraçait la vie de saint Sylvestre et montrait en particulier Constantin abandonnant l'héritage de l'empire d'Occident au successeur de saint Pierre. Pour Boniface cette peinture était autre chose que l'évocation d'un passé légendaire, autre chose même qu'un symbole; c'était une réalité vivante, actuelle! Elle lui montrait simplement ses devoirs, en ce qu'il y voyait d'essentiel. Il pensait que le pape devait être non seulement le chef spirituel de l'Occident, mais le roi des rois. En tant que vicaire du Christ, il estimait avoir le droit d'imprimer à l'Occident les impulsions qui lui semblaient nécessaires, par conséquent celui d'influer sur la politique internationale et, dans ce contexte, d'intervenir personnellement dans le gouvernement des États. Cette thèse n'était pas nouvelle; elle s'inscrivait au contraire dans une longue tradition. Un pape comme Innocent III ne concevait pas différemment sa mission, mais ses talents hors de pair et la conjoncture l'y autorisaient. Boniface VIII ne comprenait pas que les temps avaient changé. Les troubles de l'Italie, la ruine du royaume de Jérusalem, la rébellion des Siciliens refusant de perdre leur roi aragonais, l'opposition des Colonna, les progrès du Joachimisme divisant l'ordre des Franciscains, les tumultes qui agitaient l'Europe, n'étaient à ses yeux que de simples problèmes politiques, alors qu'ils traduisaient une mutation profonde des mentalités. Quand bien même Boniface VIII aurait été un pape génial et véritablement inspiré, il n'eût pu restaurer la suprématie temporelle du Saint-Siège. L'âge en était passé.

Les nations avaient déjà pris conscience d'elles-mêmes. Les États s'étaient dotés de trop de structures laïques. Certes, nul ne songeait à contester la mission sans pareille confiée au Souverain Pontife. Mais elle devait se spiritualiser pour atteindre sa plénitude et son but. On admettait volontiers, et l'on souhaitait même, l'arbitrage du pape dans les conflits ou dans les menaces de conflits, à condition qu'il ne fût pas imposé. Ces nuances, Boniface VIII ne les percevait pas et, sinon, il les dédaignait. Il était très intelligent, instruit et cultivé. C'était un dialecticien de premier ordre. Mais l'orgueil, aggravé par une confiance excessive, occultait ses qualités. Il souffrait de la pierre. Dans ses périodes de crise, il avait des emportements irrémissibles, des colères fracassantes, étant incapable de maîtriser ses nerfs. De plus, son autorité morale n'était pas telle qu'elle effaçât ses défauts. Son accession au pontificat, l'éviction et la mort de son prédécesseur, le rendaient suspect. On le percevait moins comme le père spirituel de la chrétienté que comme un prince souverain de l'espèce la plus commune.

La querelle avec Philippe le Bel survint sur une question d'argent, transformée en question de principe par le manque de pondération de Boniface VIII. Les impositions extraordinaires sur le clergé, ou décimes, que les papes accordaient aux rois, étaient en principe destinées à financer les croisades. C'est ainsi que Philippe le Bel avait continué à percevoir les décimes octroyées pour la croisade contre l'Aragon, quand bien même il eût renoncé à la guerre contre ce royaume. Avant de mourir, Nicolas IV lui avait cependant refusé son accord, estimant que les fonds d'Église étaient détournés de leur destination. Pendant la longue vacance du siège apostolique et l'incertain pontificat de Célestin V, Philippe le Bel recourut à la complaisance de conciles provinciaux et se fit de la sorte octroyer de nouvelles décimes. Il faut dire qu'en raison même de leur fragmentation les conciles provinciaux pouvaient difficilement s'opposer aux exigences des envoyés du roi. Lorsque débuta la guerre franco-anglaise, Philippe le Bel voulut davantage qu'une ou plusieurs décimes. Il réunit une assemblée d'évêques et de barons, qui donna son accord pour la perception d'un impôt général du cinquantième. Cet impôt s'ajoutait à la décime votée, non sans réticences, par les synodes provinciaux. Des protestations furent adressées à Rome dans lesquelles les prélats trop dociles étaient aimablement comparés aux «chiens muets» de l'Écriture et Philippe le Bel à Pharaon! Boniface VIII fut saisi d'un manifeste-supplique, donnée comme émanant de l'ensemble du clergé de France. On y rappelait les principes de l'immunité ecclésiastique; on y accusait les princes de spolier les biens «des pauvres du Crucifié» et les clercs de ne pas oser dire la vérité «par crainte de perdre les faveurs du monde», en d'autres termes de mal conseiller les rois. On suppliait le pape de mettre fin à cette iniquité. Boniface VIII ne sut pas faire la part des choses. Il vit dans ces plaintes l'occasion d'affirmer son autorité et prit feu aussitôt. Toutefois, comme il était excellent juriste, il voulut appuyer la décrétale qu'il projetait d'envoyer aux évêques d'une argumentation solide. Il la trouva dans un ouvrage de Guillaume Durand, canoniste distingué, pour lequel il n'existait aucune distinction entre les biens patrimoniaux des clercs et les biens d'Église. Guillaume Durand allait plus loin: il rejetait toute contribution du clergé aux dépenses d'intérêt général, comme une servitude insupportable. Il se référait à un texte de Gratien faisant état de la «haine» des laïcs à l'encontre des clercs. Le 24 février 1296, Boniface publia, après en avoir délibéré avec le Sacré Collège, la décrétale connue sous le nom de Clericis laicos. Reprenant les canons des conciles de Latran sous Innocent III, il rappelait l'obligation du consentement pontifical pour imposer de nouvelles sanctions. Rédigeant en juriste et non pas en pontife, il n'essayait même pas de démontrer le caractère sacré des biens ecclésiastiques, ni de faire valoir les raisons d'exempter les clercs des contributions fiscales. Imitant Guillaume Durand, il se bornait à constater l'hostilité séculaire entre les laïcs et les clercs. Il en administrait pour preuves les impositions du cinquantième, du vingtième ou du dixième de leurs revenus qu'on leur avait récemment infligées, et qu'il présentait comme une tentative de réduire les gens d'Église en servitude! En foi de quoi, il interdisait au clergé de payer toute contribution quelle que soit sa forme (aide, prêt, subside, don), sans l'autorisation du Saint-Siège. Il menaçait les contrevenants d'excommunication, qu'il s'agît de princes, podestats, capitaines de villes, ou de leurs délégués. Les prélats et dignitaires coupables d'acquiescer à ces exactions seraient déposés.

Ni les rois de France et d'Angleterre, ni les princes italiens n'étaient nommément désignés. Ils n'étaient pas destinataires de la bulle. Philippe le Bel en apprit l'existence par des prélats. Il ne broncha pas. Un témoin rapporte qu'il n'entendit «sortir de la bouche du roi aucune parole incorrecte, bien qu'au dire de certains la Constitution eût été dirigée spécialement contre lui». Cette parfaite maîtrise de soi était l'une des vertus majeures de Philippe, et une arme redoutable. Il ne disait que ce qu'il avait décidé et ce qu'il convenait de dire en chaque circonstance. Ses colères étaient rentrées; ses haines, inapparentes. Il laissa le pape savourer sa trop facile victoire. Il n'éleva même pas une protestation, comme si la bulle ne le concernait pas. Boniface crut la partie gagnée; pourtant il était prêt à faire quelques concessions, ne fût-ce que pour montrer ses bonnes dispositions envers le roi de France. Les évêques français n'osaient pas publier la décrétale. En juin, à l'instigation de Philippe, les archevêques de Reims, Sens, Narbonne et Rouen tinrent une réunion à Paris. Ils avaient invité de nombreux prélats. L'assemblée décida d'envoyer une députation à Rome pour plaider la cause de l'Église française se déclarant menacée dans son existence. Une lettre commune fut adressée à Boniface. Elle appelait l'attention du pontife sur les conséquences imprévues de la bulle. En effet, si l'on admettait que le clergé français devait être exempté de toute participation aux charges communes, il perdait du même coup la protection dont il jouissait. Ses biens risquaient d'être pillés ou spoliés. Ses fiefs, d'être confisqués. Les prélats français demandaient en conséquence au pape de rétablir l'harmonie ainsi compromise.

Philippe lui réservait une autre surprise. Par un édit du 17 août 1296, il interdit toute exportation d'or et d'argent sans son autorisation. Il connaissait les besoins de trésorerie du pape et savait que celui-ci était en relations avec les banquiers Biche et Mouche. Cependant Boniface VIII ne semblait pas visé personnellement. Par le même édit, prétextant les besoins du pays pour sa défense, Philippe le Bel interdisait également l'exportation des destriers, des armes et des équipements de guerre.

La paix définitive intervint entre les royaumes de Naples et d'Aragon. Boniface avait promis au roi d'Aragon de lui verser une somme considérable pour l'attirer dans son parti. La manœuvre échouait par la faute de Philippe le Bel. Le ressentiment du pape fut extrême et sa réaction immédiate. Il envoya l'évêque de Viviers, Guillaume de Falguières, porter au roi de France la bulle *Ineffabilis amor.*

Dans le préambule, tiré du Cantique des Cantiques, il rappelait l'union du Christ avec l'Église et il attribuait en dot à celle-ci la souveraineté universelle:

«Toute attaque contre sa liberté, poursuivait-il, est une injure à Dieu même, au Seigneur Tout-puissant, dont le marteau réduit en poudre ses adversaires. Le récent édit du roi, dans l'intention de ceux qui l'ont inspiré, sinon de celui qui l'a promulgué, attente à cette liberté et semble vouloir la violer dans un royaume où elle a toujours été à l'honneur en ce qui touche les biens des églises et des personnes ecclésiastiques, pour ne pas parler du pape et des cardinaux.»

Il passait ensuite à des attaques précises:

«Les sujets du roi ne peuvent que souffrir de ses rigueurs et ces sujets sont écrasés du poids de charges si diverses que leur obéissance et leur dévouement ordinaire se refroidissent et se refroidiront à mesure qu'ils seront plus accablés. Ce n'est pas une médiocre perte que celle du cœur de ses sujets. Cet édit n'est pas de ceux qu'une coutume déjà abusive autorise les princes à porter pour empêcher leurs ennemis de tirer des ressources de leur territoire et leurs sujets de passer sur les terres des adversaires et de leur porter leurs biens. Par sa généralité, il vise non seulement les nationaux, mais les étrangers de tous pays. Si l'intention de son auteur a été d'atteindre le pape, ses frères les cardinaux, les prélats des églises elles-mêmes, les biens du pape et des prélats habitant ou non le royaume, il a été non pas seulement imprudent, mais insensé de porter des mains téméraires sur ceux qui ne relèvent ni du roi de France. ni d'aucune puissance séculière. Une telle violation de la franchise ecclésiastique tomberait sous l'excommunication portée par les canons.»

N'ignorant pas la menace de coalition qui pesait sur la France, il proférait cette menace:

«Tu ne devrais pas oublier qu'il nous suffirait de te retirer nos faveurs, nous et l'Église, pour que toi et les tiens en soyez affaiblis au point de ne pouvoir résister aux attaques de l'étranger, sans parler des autres inconvénients qui en résulteraient pour toi. Du jour où tu nous compterais, nous et l'Église, comme adversaires principaux, le poids de cette inimitié et de celle de tes voisins serait tel que tes épaules ne pourraient le supporter.»

Il l'exhortait donc à revenir sur sa décision, dont il voulait croire qu'elle lui avait été plus ou moins extorquée. Ensuite il adoucissait perfidement le ton:

«Si, en effet, ce dont Dieu nous préserve, ce royaume se trouvait dans un cas de nécessité grave, non seulement le Saint-Siège autoriserait et encouragerait les prélats et les dignitaires ecclésiastiques du royaume à fournir des subsides, mais encore, si cela était nécessaire, il mettrait la main sur ses calices, sur ses croix, sur ses vases sacrés avant d'exposer ce grand royaume, celui qui lui est le plus cher et le plus anciennement dévoué, en ne lui donnant pas le secours d'une protection efficace...»

Il en arrivait à l'essentiel, au droit qu'il s'arrogeait de juger la politique de Philippe le Bel:

«Mais aujourd'hui, très cher fils, cherche quel est le roi, quel est le prince qui attaque ton royaume sans avoir été attaqué ou offensé par toi. Le roi des Romains[1] ne se plaint-il pas de ce que toi ou tes prédécesseurs avez occupé des cités, pays et territoires appartenant à l'empire; en particulier, le comté de Bourgogne, qui est notoirement un fief d'empire et qui doit être tenu de lui? Notre cher fils d'Angleterre ne porte-t-il pas les mêmes plaintes au sujet de certaines terres de Gascogne? Refusent-ils tous deux d'ester en justice sur ces différends? Récusent-ils le jugement et la décision du Saint-Siège QUI A AUTORITÉ SUR TOUS LES CHRÉTIENS? Du moment qu'ils t'accusent de t'être rendu coupable de péché envers eux à cette occasion, il est certain que le jugement appartient audit juge.»

Ainsi, dans son irréalisme, Boniface VIII prétendait-il s'ériger en juge suprême des rois et les contraindre à exécuter ses arrêts. Il ne se posait pas en arbitre et en conciliateur; il s'arrogeait le droit exorbitant de décider sans appel. Une telle prétention mettait en cause l'indépendance des États, et d'abord celle du royaume de France. Cela, Philippe le Bel ne pouvait le tolérer.

1. L'empereur d'Allemagne.

III

# ROMANA MATER ECCLESIA

La bulle *Ineffabilis amor* (Ineffable amour!) fut remise à Philippe le Bel aux alentours de la Toussaint 1296. Selon ses habitudes, le roi ne se hâta pas de répliquer en dépit du caractère inacceptable de ce document. Il laissa ses légistes préparer tout à loisir leurs arguments. Il est cependant probable que des copies de la bulle furent livrées en pâture à l'opinion, où elles suscitèrent de très vives réactions. L'imprudent Boniface ne se rendait pas compte qu'en s'en prenant au roi il réveillait le gallicanisme et allait à l'inverse du but qu'il recherchait. Un anonyme écrivit un pamphlet plein d'ironie et de vigueur, en forme de dialogue entre un clerc et un chevalier. Le clerc se lamente sur le changement des mœurs, la ruine des lois et de la justice, les abus du roi à l'encontre des gens d'Église. Le chevalier (ès lois) défend au contraire la position de Philippe le Bel et dégage les principes de sa politique. Il déclare:

«Le pouvoir législatif est attaché à la souveraineté territoriale; le roi de France ne peut statuer sur l'Empire, ni l'empereur sur le royaume de France. De plus, si les princes temporels ne peuvent légiférer dans les matières spirituelles sur lesquelles ils n'ont pas de pouvoir, par une juste réciprocité les représentants de l'Église doivent s'abstenir de régler ce qui concerne le domaine temporel sur lequel Dieu ne leur a pas donné autorité. S'il en était autrement, et si Boniface VIII était vraiment, comme il l'a prétendu récemment, au-dessus de toutes les principautés et de tous les royaumes, il n'aurait qu'à vouloir pour avoir un droit; il n'aurait qu'à écrire: je veux revendiquer mon droit, quand il désirerait un château, un domaine, un champ, de l'argent, un trésor. Le Souverain Pontife n'est pas le vicaire du Christ glorieux qui, après la résurrection, a pu dire: «Toute puissance m'a été donnée au ciel et sur la terre», et qui participe dans le ciel à la souveraineté de Dieu créateur et maître de toutes choses, mais du Christ Rédempteur qui lui a délégué sa puissance en vue de la mission qu'il a remplie lui-même sur terre – non l'action qui est maintenant la sienne dans le ciel – et dans la mesure où cela est utile au salut de chacun. Les pontifes peuvent s'occuper de soins temporels, mais il est évident qu'ils ne peuvent s'absorber dans le gouvernement temporel de royaumes terrestres et de souverainetés qui réclament tout l'homme. Le Christ n'a exercé aucun pouvoir temporel; il l'a repoussé loin de lui; il a institué Pierre son vicaire, pour les choses qui ont rapport à notre salut et non pour les autres; il ne l'a pas armé chevalier ni couronné roi, mais sacré prêtre et évêque. »

La suite du dialogue était de cette encre. Il est évident que les conseillers royaux ne pouvaient adopter le même ton péremptoire. La prudence les incitait à plus de modération. Une réponse à Boniface VIII fut rédigée. Elle ne semble pas avoir été notifiée officiellement au pape. Elle fut probablement diffusée dans son entourage, à titre officieux, ce qui permettait à Philippe le Bel de la désavouer le cas échéant.

«Avant qu'il y eût des clercs, déclarait-on avec franchise, le roi de France avait la garde de son royaume des entreprises insidieuses des ennemis, et pour leur enlever toutes les ressources dont ils pouvaient se servir pour rendre leurs attaques plus redoutables. En conséquence, le roi a défendu d'exporter hors du royaume des chevaux, des armes, de l'argent, mais il s'est réservé de délivrer des licences d'exportation avec la ferme intention d'en accorder quand il serait constaté que les objets exportés appartenaient à des clercs et que leur sortie du royaume ne servirait pas aux ennemis. Le roi d'Angleterre, «le fils très cher du pape», arrête non seulement les biens des clercs mais leur personne, et pourtant le seigneur pape ne le déclare pas excommunié. La sainte mère l'Église, épouse du Christ, ne se compose pas seulement des clercs, mais des laïques; de même qu'il n'y a qu'une foi, qu'un baptême, il n'y a qu'une Église qui comprend tous les fidèles...»

»...Quant aux nombreuses libertés particulières, non pas de

l'Église, épouse du Christ, mais de ses ministres, elles ont été concédées par les constitutions des Souverains Pontifes, avec l'autorisation ou la tolérance des princes, mais elles ne peuvent enlever à ceux-ci le droit de gouverner et de défendre leurs royaumes et de prendre les mesures jugées, de l'avis des hommes sages, nécessaires ou utiles à ce gouvernement ou à cette défense, suivant le mot de Notre-Seigneur aux pontifes du Temple: "Rendez à César ce qui est à César et à Dieu ce qui est à Dieu...»

Le rédacteur de cette réponse, ou de cette note argumentaire, s'étonnait ensuite que le vicaire de Jésus-Christ interdît aux clercs d'aider le roi à défendre son royaume, alors qu'il ne les empêchait pas de dissiper leurs biens dans le luxe et de donner par là le mauvais exemple. Très habilement, il demandait pourquoi les clercs ne contribueraient pas à la défense du royaume, ne fût-ce que pour éviter la dévastation de leurs propres biens et de ceux de l'Église.

Il répondait aussi aux attaques directes de Boniface relativement à la politique d'expansion du roi de France:

«Nous rendons à Dieu un culte de foi et d'adoration, nous honorons son Église et ses ministres, MAIS NOUS NE CRAIGNONS PAS LES MENACES DES HOMMES DÉRAISONNABLES ET INJUSTES, car en face de Dieu, grâce à son aide, on trouvera toujours en nous la justice. Le roi d'Angleterre, jadis notre homme lige, n'a pas répondu à notre citation, ses terres sont justement confisquées[1]; quant au roi d'Allemagne, que peut-il demander de plus raisonnable que l'offre qui lui a été faite d'une délimitation par quatre arbitres, dont deux choisis par lui? S'il se plaint au sujet du comté de Bourgogne, c'est sans aucune raison; nous l'avons acquis après une déclaration de guerre officielle, où il nous faisait les plus graves menaces. N'avons-nous pas accordé à l'Église, nous et nos prédécesseurs, ces faveurs et bénéfices immenses qui assurent à ses ministres une situation plus large et plus glorieuse que dans les autres royaumes? Qu'elle craigne d'encourir le reproche d'ingratitude...»

Philippe le Bel jouait gagnant. Il disposait sur place d'une sorte d'agent secret, en tout cas d'un informateur fort attentif:

1. Allusion à la citation à comparaître d'Édouard et à la confiscation de la Guyenne.

Pierre de Paray, abbé de Chézy. Il était exactement informé des difficultés de Boniface VIII, de la dégradation de la situation à Rome et des complots ourdis par les Colonna. Ces derniers reprenaient à leur compte les accusations d'hérésie contre le pape. Ils contestaient sa légitimité et suggéraient au roi de France de défendre «l'honneur de Dieu» et la foi. Les conseillers royaux constituaient d'ores et déjà un dossier contre Boniface, recueillaient avidement tout ce qui pourrait servir ultérieurement à le perdre et même à fustiger sa mémoire. Certes, il y avait quelque chose d'implacable, de sinistre, dans leur zèle envers le roi; tout sentiment paraissait exclu de leurs méthodes.

Feignant d'oublier la bulle *Ineffabilis amor* et les reproches blessants qu'elle contenait et de se comporter en fils soumis de l'Église, Philippe le Bel envoya l'abbé de Chézy à Rome, afin de mettre Boniface en garde contre les rumeurs fâcheuses dont il était l'objet. Boniface ne fut pas dupe, mais ne put se contenir:

–«Ribaud, hurla-t-il, mauvais moine, va et quitte ma cour! Dieu me confonde si je ne confonds pas l'orgueil des Français! Je te vois, au nom de ton roi, en relations d'amitié avec les Colonna. Après leur ruine, je perdrai ton roi et j'en mettrai un autre sur le trône de France! Mon fils, le roi Charles, qui est ici, et tous les autres rois chrétiens seront avec moi contre ton roi.»

Tels sont du moins les propos qui furent rapportés par Pierre de Paray. Si peu maître que Boniface fût de ses colères, il est quand même douteux qu'il les ait tenus, sous cette forme du moins. D'ailleurs sa colère s'apaisa rapidement. Il redoutait les entreprises des Colonna et il dut se dire que, s'ils menaçaient sa sécurité, son meilleur appui serait encore le roi de France! En outre, pour en finir avec les affaires siciliennes, il avait besoin d'argent. Mais, de son côté, Philippe le Bel n'avait pas moins besoin des décimes. Boniface prit donc la décision de faire le premier pas et il envoya Charles II d'Anjou en France avec une lettre au ton singulièrement radouci. Elle était datée du 7 février 1297 et commençait en ces termes:

«Très cher fils, parmi les instants qui te sont concédés par la Divine Piété, ton Altesse Royale voudra bien nous accorder un jour où, sous l'œil de Dieu, elle examinera attentivement la sincérité de notre affection et consacrera son attention et sa sagesse aux conseils salutaires et aux reproches paternels que nous lui avons adressés. Et alors, Celui qui est l'auteur du salut des rois nous en donne la confiance, tu y trouveras un nouveau motif de reconnaissance envers nous, ton père spirituel et l'Église romaine, ta mère...»

Il exposait ensuite les raisons qui l'avaient amené à dicter la décrétale *Clericis laïcos:*

«Lassé d'entendre des prélats et des dignitaires ecclésiastiques se plaindre d'être illicitement grevés d'impositions, au mépris de la franchise ecclésiastique, le pape a publié une constitution générale pour renouveler la défense portée par les canons contre cet abus, en l'appuyant de sanctions plus rigoureuses. Mais c'est en vain qu'on voudrait faire passer ce rappel aux principes du droit pour une mesure dirigée contre la couronne ou inspirée par le désir de lui faire tort...»

Il est certain qu'en apparence la bulle ne visait pas exclusivement les abus de Philippe le Bel, puisque le roi d'Angleterre montrait les mêmes exigences envers son clergé.

Évoquant ensuite la bulle *Ineffabilis amor*, objet du conflit, il en donnait une interprétation surprenante: tout en reconnaissant à Philippe le droit de prendre les mesures utiles à la défense de son royaume, il essayait de justifier l'admonestation «miséricordieuse» qu'elle contenait. Il concluait ainsi:

«A moins que tu ne montres une hostilité excessive, cette même Église ta mère, t'ouvrant ses bras comme à son fils bien aimé, TE DONNERA VOLONTIERS LES SECOURS DONT TU POURRAS AVOIR BESOIN et te prouvera son affection par l'abondance de ses grâces.»

Était-ce assez clair? Dans une autre lettre, Boniface laissait entendre que, s'il obtenait satisfaction, il ne refuserait pas d'accorder la dispense qui permettrait à l'un des fils du roi d'épouser l'héritière du comté de Bourgogne, NI D'INSCRIRE ENFIN LOUIS IX, SON AIEUL, AU CATALOGUE DES SAINTS.

La bulle *Romana mater Ecclesia*, qui accompagnait ces lettres, donnait une interprétation si extensive des précédentes décisions (*Clericis laïcos* et *Ineffabilis amor*) que, dans la pratique, elle les annulait. Elle autorisait en effet les agents royaux à solliciter amicalement et les prélats à accorder tous dons et prêts: à condition que ceux-ci ne fussent pas imposés systématiquement d'une quote-part de leurs revenus. Les fiefs d'église, les régales ressortissaient au droit commun, ainsi que les revenus et biens des clercs qui s'étaient mariés pour échapper à la fiscalité. Dans le cas de péril extrême, le roi était dispensé de l'autorisation du Saint-Siège. Bref, le pape reculait sur toute la ligne. Toutefois, dans une autre missive, adressée au confesseur de Philippe et à l'évêque d'Auxerre, il prescrivait d'absoudre le roi, dont certains prétendaient qu'il avait encouru l'excommunication pour s'être opposé à la sortie des fonds d'église. La sentence serait maintenue, s'il persistait dans son refus. On le constate, le pape cédait sur l'essentiel, mais il s'efforçait de sauver la face. Philippe le Bel décida de se soumettre, c'est-à-dire de donner satisfaction à Boniface sur les exportations d'argent à destination de Rome. De plus, cette décision était conforme à son intérêt du moment. Le comte de Flandre, entraîné par Édouard, venait en effet de rompre son serment d'allégeance. La guerre flamande s'ajoutait au conflit avec l'Angleterre. Philippe ne pouvait donc se permettre de s'aliéner le Saint-Siège.

Le 31 janvier 1297, les principaux évêques français, endoctrinés par les conseillers de Philippe ou par lui-même, écrivirent au pape pour lui donner tous éclaircissements sur l'affaire flamande:

«Violant le serment par lequel il s'était engagé à servir le roi dans la présente guerre, il (le comte de Flandre) avait profité de la présence d'envoyés des rois d'Angleterre et d'Allemagne, qui feignaient de venir prendre part aux négociations de paix, auxquelles le roi se prêtait par révérence pour l'Église romaine, pour conclure des alliances et des arrangements qui vont faire de sa terre, située aux frontières du royaume et au milieu des ennemis, la place d'armes de ceux qui aspirent de toutes leurs forces à la dévastation et à la ruine définitive du royaume et des églises de France. Lui-même fait des préparatifs de guerre. Le roi et ses barons ont demandé aux prélats présents et à tous ceux du royaume de contribuer à la défense commune si nécessaire, si urgente...»

Boniface s'empressa de leur répondre par la bulle *Coram illo fatemur* (28 février 1297). C'était une véritable déclaration d'amour pour «la fille aînée de l'Église»:

«Devant Celui qui sonde les cœurs et connaît tous les secrets, nous en faisons l'aveu: le souci de tous les membres de la religion chrétienne et la protection de l'Église universelle s'imposent à notre cœur, occupent notre pensée; mais l'illustre royaume de France et ses princes très chrétiens, ses églises, ses ecclésiastiques, ses habitants catholiques ont été pour nous, dès notre jeunesse, l'objet d'une affection spéciale, sincère et manifeste. Tout ce qui touche leurs prospérités et leurs malheurs nous émeut, nous intéresse, nous préoccupe et nous fait éprouver du trouble ou de la joie, car nous savons que l'Église romaine, notre mère, y rencontre plus qu'ailleurs la plénitude du dévouement et du respect...»

Après ce préambule emphatique, il accordait tout ce qu'on voulait, mais «pour cette fois» seulement. S'inquiétait-il réellement de la situation du royaume de France, ou cherchait-il à se donner bonne conscience? En tout cas, quoique juriste habile, il n'apercevait pas toujours les conséquences de ses déclarations! Philippe le Bel prit acte de ces bonnes dispositions et les interpréta à sa manière. Boniface avait prescrit, de sa propre autorité, une trêve entre la France et l'Angleterre qui expirait en 1296. Il avait enjoint à ses légats de la proroger jusqu'en 1298. Jusqu'ici, par crainte d'offenser Philippe le Bel, les légats n'avaient pas osé la publier. Ils se présentèrent au quartier général du roi, en avril 1297, et demandèrent l'autorisation de lire la bulle. Le roi la leur accorda et, sans prendre lui-même la parole, fit lire sa réponse par un de ses conseillers. Il déclarait que la trêve ne concernait que les agresseurs de son royaume, mais ne le liait en rien. Arguant de la sollicitude particulière du pape pour la France, il réaffirmait son indépendance à l'égard du Saint-Siège dans le domaine temporel, et son droit de prendre les mesures de sauvegarde qu'il jugerait indispensables. Pour les questions spirituelles, il s'en remettait humblement à l'autorité du souverain pontife. Les légats n'osèrent pas protester!

Boniface avait d'autres préoccupations. Les Colonna le menaçaient d'un schisme, avec l'appui secret de Philippe le Bel, «défenseur de la foi» ! Ils contestaient la validité de la renonciation à la tiare de Clément V et, par voie de conséquence, l'élection de Boniface. C'étaient des adversaires d'autant plus dangereux qu'ils tenaient, par leurs possessions, les environs de Rome et, par leurs talents, contrôlaient une grande partie de l'opinion. Le despotisme et la cupidité de Boniface provoquaient le mécontentement général. Le plus sûr allié des Colonna paraissait être le roi de France. Ils croyaient, étant donné les assurances qu'ils avaient reçues de ses agents, pouvoir compter sur son aide. Boniface n'était pas homme à se sacrifier pour le salut de l'Église. Il préféra recruter une armée pour abattre la puissance de ses adversaires. Mais l'un de ceux-ci tendit une embuscade et s'empara du trésor que le pape avait entreposé à Anagni. On ne saurait entrer ici dans le détail de la procédure qui permit à Boniface de dégrader les deux cardinaux Colonna, de détruire les maisons et les châteaux de cette famille qui dut, tout entière, partir pour l'exil... Une ambassade française, conduite par Pierre Flote, garde des Sceaux, se trouvait à Rome dans la période cruciale de la crise. Flote abandonna les Colonna à la vindicte du pape, en échange de substantielles concessions. Deux nouvelles bulles furent promulguées; elles élargissaient les possibilités précédemment accordées et donnaient à Philippe le Bel toute latitude pour imposer le clergé français. Plus encore: Boniface accordait au roi la moitié des legs consentis pour le secours de la Terre Sainte, le produit de la succession des clercs morts sans héritiers, et autres avantages pécuniaires.

Le 11 août 1297, le décret de canonisation de saint Louis fut promulgué. L'enquête préalable n'avait pas duré moins de vingt-quatre ans!

## IV

# LE JUBILÉ DE 1300

Tout réussissait à Philippe le Bel dans ce moment de son règne. En 1296, l'ultime tentative d'Édouard Ier avait échoué: le corps expéditionnaire anglais s'était fait écraser par Robert d'Artois; son chef, Edmond de Lancastre, était mort de ses blessures; la Guyenne semblait irrémédiablement perdue. En 1297, le duc de Bretagne avait fait défection et s'était donné au roi de France, contre la pairie. Les Flamands avaient été battus à Lille et à Furnes. Édouard avait été contraint de fuir, puis de solliciter une suspension d'armes. La coalition qu'il avait nouée contre Philippe se disloquait. L'empereur d'Allemagne s'était laissé acheter par le banquier Mouche. En Écosse, Wallace remportait d'inquiétantes victoires. Enfin, pour couronner des succès si constants, Philippe avait contraint le fier Boniface VIII aux pires complaisances.

Pourtant, lorsque ce dernier fit connaître son intention de réunir une conférence internationale dans le but de conclure la paix, Philippe le Bel accepta d'envoyer ses ambassadeurs à Rome. Il avait autant d'intérêt à prolonger le conflit que le roi d'Angleterre à l'abréger. Mais Philippe ne voulait pas abuser de sa victoire. En outre, comme on l'a dit plus haut, il avait résolu d'annexer la Flandre. La paix avec Édouard lui était donc utile. Ses envoyés étaient porteurs d'une lettre par laquelle il déclarait accepter l'arbitrage, non du pontife, mais de Benoît Caetani, restriction majeure et discrète flatterie. On négocia, avec cette agilité d'esprit et cet art des nuances qui caractérisent les plénipotentiaires de ce temps. Boniface VIII lâcha le pauvre comte de Flandre, déjà abandonné par Édouard d'Angleterre. Il rendit sa sentence arbitrale le 30 juin 1298 entre la France et l'Angleterre. C'était une cote mal taillée, un semblant de paix qui ne résolvait pas réellement le conflit, mais laissait à Philippe le Bel toute facilité pour déposséder le comte de Flandre. Sans doute Boniface VIII s'en rendait-il compte lui-même et espérait-il rectifier la situation dès que les événements le permettraient! Au surplus, sa nature orgueilleuse s'accommodait mal des compromis.

Il supporta néanmoins avec assez de patience le manque de ménagement des agents royaux qui, dans leurs excès de zèle, ne faisaient rien pour éviter les conflits avec le clergé français. Les griefs, encore mineurs, s'accumulaient. Boniface prit feu en apprenant l'alliance contractée, sans son autorisation, entre l'empereur d'Allemagne et le roi de France. Les deux souverains se rencontrèrent à Vaucouleurs, au lieu dit Quatrevaux, le 8 décembre 1299, pour sceller l'accord passé par leurs ambassadeurs respectifs au cours de l'été. Ils se jurèrent d'être «de vrais et fidèles amis». L'empereur s'engageait à marier son fils aîné, Rodolphe, à Blanche de France, sœur de Philippe le Bel, qui recevrait l'Alsace et le pays de Fribourg. Or l'empereur était Albert de Habsbourg. Il avait détrôné Adolphe de Nassau et le pape l'avait excommunié. L'alliance entre la France et l'Allemagne pouvait être redoutable pour le Saint-Siège. Boniface perdait sur tous les tableaux.

Pour redorer le blason de la papauté, il institua un grand jubilé pour célébrer l'ouverture du quatorzième siècle. Le succès passa de loin les espérances et malheureusement égara le pape sur sa propre puissance. Il se crut tout de bon le maître du monde, parce que deux cent mille pèlerins affluèrent à Rome et le contemplèrent dans sa gloire d'un jour. Les gibelins prétendirent qu'il osa paraître revêtu des insignes impériaux et s'écrier: «Je suis César!» et qu'il faisait porter devant lui les deux glaives symboliques. Il s'agit bien entendu d'une légende. Mais ce qui est certain, c'est que Boniface se laissa gagner par ses chimères de domination universelle, quand il vit cette foule immense prosternée devant lui. Dès lors son orgueil n'eut plus de bornes. Par surcroît, son entourage abondait dans son sens. Le cardinal d'Acquasparta, dans un sermon prêché à Saint-Jean de Latran, démontra que le pape était souverain temporel et spirituel, comme vicaire de Jésus-Christ, et que le devoir de l'Église était de combattre avec les deux glaives ceux qui résisteraient à sa double autorité. Ce sermon était l'aboutissement des travaux de canonistes réputés qui s'efforçaient d'annuler la thèse des légistes de Philippe le Bel. Les ambassadeurs du comte de Flandre, qui assistaient au jubilé, crurent le moment opportun pour demander à Boniface de revenir sur ses positions. Se référant au sermon d'Acquasparta, ils lui rappelèrent qu'il était effectivement le maître suprême et que le roi de France lui devait obéissance, comme aussi les autres rois. Ils lui remirent un mémoire par lequel ils invoquaient sa protection et le suppliaient d'accorder son appui au comte de Flandre. Cette manœuvre flatta l'amour-propre de Boniface; elle corroborait ses dangereuses illusions.

C'est ici que Guillaume de Nogaret apparaît pour la première fois dans l'Histoire. Il était originaire de Saint-Felix de Caraman, bourg voisin de Toulouse, naguère tout acquis au catharisme. On disait que plusieurs membres de sa famille avaient été brûlés comme hérétiques. Il n'avait pas une sympathie particulière pour Rome, bien qu'il se prétendit bon chrétien et même croyant exemplaire! Professeur de droit à Montpellier, il devint juge-mage de la sénéchaussée de Beaucaire vers 1290. Les services qu'il avait rendus à la couronne en diverses circonstances appelèrent l'attention de Pierre Flote, qui le fit entrer au parlement. Il y avait siégé jusqu'en 1298. Il fut ensuite chargé de missions de confiance, en qualité de chevalier ès lois. C'était ce «fils de patarins» (de cathares), juriste éminent et d'un loyalisme agressif, que Philippe le Bel envoyait à Boniface pour lui notifier officiellement son alliance avec l'empereur d'Allemagne! Le pape s'obstinait à nommer «duc d'Autriche» le nouveau maître de l'Allemagne. Il ne voulait pas admettre qu'Albert de Habsbourg et Philippe le Bel se fussent alliés dans la perspective d'une croisade, car tel était le motif invoqué par les envoyés des deux partis; on comprend que Boniface l'ait récusé! Mais il n'admettait pas davantage qu'Albert de Habsbourg eût usurpé le trône impérial. Il eut le tort d'éclater en reproches véhéments, dont Philippe le Bel avait sa part. Nogaret prétend qu'il l'invita à plus de modération, lui rappela les bruits qui entachaient sa réputation et portaient un grave dommage à l'Église, et l'incita à s'amender. Alors, toujours selon le témoignage de Nogaret, la colère de Boniface eût redoublé et l'algarade de l'abbé de Chézy se fût renouvelée. Le pape eût appelé des témoins et demandé à Nogaret s'il parlait au nom du roi ou en son nom. Nogaret eût alors répondu que c'était en son nom, en raison de son zèle pour la foi et de sa sollicitude envers l'Église gallicane. Fureur de Boniface, qui injuria et menaça Nogaret. «Le cœur percé de douleur», Nogaret pleurait, la chère âme, sur les malheurs de l'Église! Il y a beaucoup à rabattre de ce témoignage entaché de passion partisane. D'ailleurs les négociations se poursuivirent, ou plutôt commencèrent. Il fallait essayer de régler les affaires contentieuses: plaintes des clercs contre les abus des agents royaux, plainte de l'archevêque de Narbonne frustré de l'hommage du vicomte au profit du roi, plainte de l'évêque de Maguelonne. Mais, quelle que fût son envie de rompre avec la France, Boniface ne le pouvait pas. La ferveur, l'enthousiasme du jubilé n'avaient été qu'un feu de paille. Les cérémonies terminées, l'agitation, les complots continuaient. L'incroyable rigueur que Boniface avait montrée à l'encontre des Colonna manquait son but. L'opposition se durcissait. Florence en prenait la tête où le patricien Dante Alighieri, dans un essai fameux, refusait au Saint-Siège le droit à la souveraineté suprême et même à toute possession temporelle. «La fin de l'humanité, écrivait-il, c'est l'application de tout ce que les âmes recèlent de puissance au service de la vérité spéculative et à sa réalisation pour que cette fin puisse être atteinte, c'est la paix universelle et celle-ci ne peut être conçue sans un pouvoir suprême, élevé par sa supériorité même au-dessus de toutes les tentations de l'intérêt personnel, seul capable par là même de faire régner l'ordre et de donner des lois protégeant contre la tyrannie des mauvais gouvernements. Dans les vues providentielles, ce pouvoir est celui de l'Empereur, héritier de la suprématie romaine, et son exercice est indépendant de l'investiture pontificale.» Autrement dit, poète génial, piètre politicien et historien plus médiocre encore, Dante préconisait la restauration de l'empire carolingien, fût-ce contre le gré du pape. Le pouvoir que revendiquait Boniface VIII, Dante l'attribuait à quelque impossible Charlemagne! Boniface était résolu à traiter l'arrogante cité florentine et la Toscane comme il avait traité les Colonna, leur ville de Palestrina et leurs autres possessions. Il projetait d'utiliser les services de Charles de Valois, le roi de Naples n'ayant pas les moyens de vaincre à lui seul les Toscans. Mais Charles de Valois était le frère de Philippe le Bel, et son lieutenant dévoué. Boniface se voyait donc contraint à supporter, le temps nécessaire, les exactions et les abus de pouvoir des Français.

A propos de l'usurpation des droits de l'Église sur le comté de Melgueil (relevant jusqu'ici de l'évêque de Maguelonne), il écrivit fort doucement à Philippe le Bel:

«Souviens-toi, illustre roi, des actes de tes ancêtres, pense à leurs mérites, songe que Dieu, l'honneur et la gloire des souverains, adonné ton grand-père, le bienheureux Louis, en modèle aux rois et en exemple aux peuples, et, comme un fils très cher, toi, son petit-fils, tu sauras l'imiter...»

Il devait pourtant savoir que Philippe le Bel ne songeait point à «imiter» saint Louis, mais davantage à exploiter sa sainteté pour accroître son propre prestige. Il avait organisé une grandiose cérémonie pour la translation du saint corps et distribué comme des reliques insignes les ossements de son aïeul. Mais le pape faisait feu de tout bois. Il savait aussi, par lui-même, que le mal et le bien se mêlent dans la créature.

«...Troublé par des renseignements contradictoires, il (saint Louis) demanda conseil à notre prédécesseur Clément IV, qu'il croyait pouvoir le renseigner à ce sujet, et il en reçut la réponse que nous t'envoyons avec cette lettre. Depuis, l'église de Maguelonne a été à l'abri des entreprises des officiers royaux. De longtemps, elle a tenu et elle tient le comté de Melgueil. Les plus vieux documents, notamment ceux conservés aux archives du Saint-Siège, en font foi. Aussi nous avons un juste sujet de nous plaindre et de nous émouvoir en apprenant, si les faits sont exacts, que tes officiers font tort, au sujet de ce comté et de ses habitants, à notre frère l'évêque Gérard, au chapitre de Maguelonne, et par là même à nous et au Saint-Siège. Dieu, dans sa miséricorde, et non sans que nous et ce même Siège y ayons contribué de plusieurs façons, a assez élargi les bornes de ton royaume et l'étendue de tes droits, pour qu'il te soit inutile d'usurper les biens et les droits d'autrui. Nous faisons ici appel à ta prudence royale et nous te demandons d'ordonner à tes officiers de cesser leurs entreprises...»

Cette lettre resta sans effets. A propos de la suzeraineté de l'archevêque sur la vicomté de Narbonne, l'avertissement se faisait plus sévère et s'assortissait d'une menace précise. Boniface mettait d'abord Philippe en garde contre ses conseillers:

«... Puisse Dieu t'inspirer la sagesse, la prévision de l'avenir; puisses-tu juger les suggestions qui te sont faites comme par de mauvais anges et ne pas prêter trop facilement l'oreille aux donneurs d'avis clandestins et aux mauvais conseillers. Sois-en persuadé, ce que les flatteurs, comme de faux prophètes, te font voir, n'est que fausseté et folie, orgueil et déception. Ils oublient qu'entre la nature et la gloire il y a un intermédiaire, la grâce, dont le secours est nécessaire pour passer de l'une à l'autre. Prends garde que les conseils de ceux qui te trompaient par leurs adulations te conduisent à une fin funeste...»

Dans la conjoncture où il se trouvait, il était fort imprudent et encore plus maladroit de qualifier les conseillers royaux de faux prophètes et de mauvais anges. Par surcroît, il n'était pas dans les habitudes de Philippe le Bel de désavouer ses collaborateurs. Mais, une fois de plus, Boniface VIII jugeait d'après lui-même.

«...Pour nous, du moins, afin que le préjudice causé à l'église de Narbonne ne reste pas impuni et que cette détestable entreprise n'en provoque pas de semblable, nous avons résolu de procéder d'office et de la plénitude de notre puissance contre Amaury[1] et les autres intéressés, en forme sommaire, sans procédure ni formalités solennelles, et nous citons Amaury à comparaître en notre présence. Quant à ton Altesse, puisque les sujets de plainte s'accumulent, que la douceur ne sert de rien, et que les erreurs ne se corrigent pas, nous lui faisons savoir que les lettres que nous lui adressons sur ce sujet et sur d'autres semblables figureront dans notre registre.

»Que résultera-t-il de tout cela? Des représentations qui t'ont déjà été faites et de celles qui viennent d'être confiées à tes ambassadeurs? Celui-là seul sait qui connaît le secret des cœurs et qui voit l'avenir.» Mais Philippe le Bel se moquait de figurer au registre papal. Il était parfaitement informé de la situation en Italie et savait que Boniface, sans toutefois cesser ses récriminations et ses reproches, céderait sur tous les points tant que Charles de Valois se laisserait attendre. Pour financer la guerre contre Florence, le pape se voyait réduit à accorder une décime au frère du roi, et toutes les dispenses qui restaient en suspens. Cela ne l'empêchait pas de lancer à l'intention de Pierre Flote:

1. Amaury, vicomte de Narbonne.

– Nous avons les deux puissances!

Et Pierre Flote de répliquer:

– Peut-être, mais la vôtre est un mot et la nôtre une réalité.

Ce qui résumait assez bien les positions respectives. Rien pourtant ne laissait encore prévoir l'éclatante rupture qui allait survenir, et dont Bernard de Saisset, évêque de Pamiers, serait l'occasion.

# V

# BERNARD DE SAISSET

C'était un curieux personnage que Bernard de Saisset, fils d'un chevalier du Languedoc, comme tel hostile aux Français. Devenu abbé de Saint-Antonin de Pamiers, à trente-cinq ans, il se signala par ses démêlés avec ses moines et par son humeur procédurière. La ville de Pamiers relevait de l'autorité des comtes de Foix, lesquels avaient précédemment concédé à l'abbaye de Saint-Antonin des droits à l'administration de la cité. Pendant la révolte de Roger-Bernard de Foix, Philippe le Hardi avait provisoirement confisqué ses biens, y compris sa suzeraineté partielle sur Pamiers. Il les lui avait rendus par la suite. Mais Saisset voulut profiter de la circonstance pour émanciper son abbaye de la tutelle du comte. Ce fut vainement que Roger-Bernard essaya la conciliation. Saisset rétorqua que l'abbaye Saint-Antonin était plus ancienne que le comté! Il requit l'arbitrage du pape, qui était alors Nicolas IV. Ce dernier chargea le cardinal Benoît Caetani de procéder à une enquête sur place. Saisset était donc une vieille connaissance pour le futur pape. A l'époque, sans partager les outrances de l'abbé, il avait apprécié la fougue avec laquelle il revendiquait les droits de l'Église. Le roi cita l'abbé à comparaître, sur la plainte du comte de Foix. Saisset ne se présenta pas. Le roi lui ayant laissé toute liberté d'action, Roger-Bernard mit l'abbaye de Saint-Antonin à sac et sans doute, dans sa colère, eût-il fait un mauvais parti à Bernard de Saisset si ce dernier n'avait pris la fuite. Boniface étant devenu pape, Saisset s'en fut à Rome demander asile et secours. Boniface se fit un plaisir d'anathémiser le comte de Foix. Pour consoler Saisset et le rendre inviolable, il le promut évêque, prétexte pris des trop vastes dimensions du diocèse de Toulouse. Le nouvel évêque rentra glorieusement dans sa ville, bien décidé à faire valoir ses droits. Pour en finir, l'arbitrage du conflit fut confié au seigneur de Lévis, qui décida le rétablissement du paréage entre le comte et l'évêque. Saisset s'offrit la satisfaction de voir le fier comte de Foix agenouillé devant lui, de l'entendre demander pardon de ses fautes, à la suite de quoi il lui donna son absolution, ne pouvant d'ailleurs la lui refuser. Mais la tranquillité ne convenait pas à sa bouillante nature. Étant en paix avec son puissant voisin, il chercha pouilles à l'archevêque de Toulouse relativement aux limites du nouveau diocèse. En même temps il se laissait aller à des propos inconsidérés, ne se gênant pas pour critiquer Philippe le Bel, auquel il en voulait d'avoir soutenu naguère le comte de Foix. Par exemple, il racontait qu'étant abbé de Saint-Antonin, il avait rencontré Louis IX et que le saint roi lui avait dit que le royaume de France serait détruit et passerait en d'autres mains à la dixième génération (c'est-à-dire celle de Philippe le Bel). Il reprochait à celui-ci la bâtardise de son ascendance aragonaise, tout en se déclarant partisan du roi d'Aragon. Ces vantardises l'entraînèrent insensiblement vers le rôle d'agitateur politique, exploitant le mécontentement des Languedociens encore mal «francisés». Il se mit à rêver inconsidérément d'une principauté méridionale indépendante de la France et dont les contours seraient à peu près ceux de l'ancien comté de Toulouse.

Tel était l'homme que Boniface VIII soutenait de ses faveurs, lui octroyant de nouveaux privilèges à chaque demande et lui donnant systématiquement raison contre ses adversaires. Fort de cet appui – suffisant, croyait-il, pour lui assurer l'impunité – Saisset fit un pas de trop. Rêvant toujours de séparer le Languedoc de la France, il offrit au comte de Foix d'en être le prince, comme descendant de l'ancienne Maison de Saint-Gilles-Toulouse. Il lui suggéra, pour l'appâter, de fiancer son fils avec une princesse d'Aragon, au lieu de lui faire épouser la fille de Robert d'Artois, une Capétienne! Il proposa même ses services pour négocier le mariage. Il lui remit le plan d'une vaste conspiration dans laquelle il se flattait d'inclure le comte de Comminges. Puis il reprit sa mercuriale contre Philippe le Bel et ses conseillers. Le comte de Foix l'écoutait en silence. Il feignit d'entrer dans le jeu, mais avertit l'archevêque de Toulouse, en le priant d'informer le roi. Ce dernier vit tout le parti qu'il pourrait tirer de cette prétendue conspiration, de la connivence (inexistante en réalité) de l'évêque de Pamiers avec l'Angleterre et l'Aragon, et de l'embarras dans lequel cette affaire mettrait Boniface VIII: son protégé complotant contre le roi de France! Quelle occasion d'organiser un retentissant procès pour Pierre Flote, Nogaret et autres chevaliers ès lois! On décida de procéder à une enquête approfondie. Deux conseillers du roi en furent chargés: Richard Leneveu, archidiacre d'Auge à Lisieux et Jean de Picquigny, vidame d'Amiens. Pour ne pas éveiller les soupçons de Saisset, on leur donna le titre de «réformateurs» du Languedoc. Dès leur arrivée à Toulouse, en mai 1300, ils se hâtèrent de susciter et d'enregistrer les dépositions: celles du comte de Foix et de ses familiers, des évêques de Béziers et de Maguelonne, d'un chanoine de Narbonne, de dominicains. Tous confirmèrent les propos tenus (après boire!) par l'évêque de Pamiers: il répétait fréquemment la prédiction de saint Louis sur la perte du royaume de France par les Capétiens; il accusait le roi d'être faux-monnayeur, au dire de Boniface VIII lui-même; il reprochait à Philippe le Bel de préférer la chasse aux séances du conseil et de laisser ses conseillers agir à leur guise; il disait encore, et fréquemment, toujours après boire: «Les gens de ce pays-ci n'aiment ni le roi ni les Français, qui ne leur ont fait que du mal. Avec les Français, tout va bien d'abord et tout finit mal. Il ne faut pas s'y fier. Le roi veut s'agrandir per fas et nefas. La cour est corrompue; c'est une prostituée. Pierre Flote ne fait rien sans qu'on lui graisse la patte. Dans le royaume des aveugles, les borgnes[1] sont rois.» Il répétait aussi à satiété, au grand émoi de ses interlocuteurs, que Philippe était bâtard par sa mère, fille de Jacques d'Aragon; qu'il ne descendait point de Charlemagne, comme on le voyait à sa façon de régner; que ce n'était qu'une statue:

«Ce Philippe le Bel n'est ni un homme ni une bête, c'est une image et rien de plus. . . Les oiseaux, dit la fable, se donnèrent pour roi le duc[1], grand et bel oiseau il est vrai, mais le plus vil de tous. La pie vint un jour se plaindre de l'épervier, et le roi ne répondit rien. Voilà votre roi de France; c'est le plus bel homme qu'on puisse voir, mais il ne sait que regarder les gens.»

1. Pierre Flote était borgne.

Il y avait plus grave que ces propos, sans doute inacceptables, mais peut-être dus à l'intempérance. Le comte de Foix confirma point par point le projet de Saisset d'ériger le Languedoc en royaume indépendant et de lui en donner la couronne, sans attendre que la paix fût signée avec l'Angleterre. Il confirma également l'offre de mariage avec une princesse d'Aragon comme le plus sûr moyen pour que le comte de Foix devînt le vengeur de la nation occitane sans cesse trahie et opprimée par les Français.

C'en était plus qu'il ne fallait pour perdre l'audacieux évêque. Les deux «réformateurs» donnèrent l'ordre au sénéchal de Toulouse de mettre son temporel sous séquestre et d'arrêter ses collaborateurs immédiats. Sans plus attendre et sans aucune appréhension, Saisset se rendit à Toulouse. Il protesta avec force contre le séquestre et l'arrestation. On le laissa regagner Pamiers. Il expédia l'abbé du Mas d'Azil à Paris, pour demander l'autorisation, «à titre gracieux et sans y être obligé», de partir pour Rome. Cette initiative précipita les événements. Dans la nuit du 12 juillet, le vidame d'Amiens arriva à Pamiers, fit lever l'évêque et le cita à comparaître devant le roi au 12 août. L'évêché fut perquisitionné. Des papiers furent saisis, irrégulièrement. On arrêta le camérier de Saisset, malgré sa qualité de prêtre, son viguier et le damoiseau Raymond de Benagues, l'un de ses familiers. Les prisonniers furent conduits à Toulouse, interrogés et torturés. Le damoiseau mourut sans avoir parlé: peut-être le malheureux ne savait-il rien! Les aveux des captifs ne suffirent pas aux «réformateurs». Poursuivant leurs interrogatoires, ils obtinrent d'autres témoignages, accablants pour Saisset. Un certain Bonnet de Rieux déclara que Saisset l'avait envoyé auprès du comte de Comminges pour lui proposer le titre de comte de Toulouse s'il adhérait au mouvement. Le comte ratifia cette déposition.

L'archevêque de Narbonne, Gilles Aycelin, fut averti des violences perpétrées par les enquêteurs. Il se rendait à Clermont aux obsèques de son frère et fit un crochet par Château-Neuf-sur-Loire, où le roi chassait. Philippe le Bel réunit son conseil secret et déclara à Gilles Aycelin que, «bien qu'il eût été informé des crimes graves et énormes imputés à l'évêque de Pamiers contre sa majesté royale, il ne pouvait y croire. Son

1. Le grand duc.

désir le plus vif avait été et continuait d'être que ce prélat pût démontrer son innocence. En conséquence, il voulait que l'évêque comparût devant lui à l'octave de la Saint-Michel pour présenter sa justification et, d'ici là, il révoquait tout ce qui avait été fait par le vidame en ce qui concernait l'arrestation de ses familiers et la saisie de ses biens».

On reconnaît ici l'astuce de Philippe le Bel. Il était assez expérimenté pour savoir que le vidame avait violé le droit canon sur plusieurs points. S'agissant d'un dignitaire ecclésiastique, cette erreur était lourde de conséquences. Cependant l'abbé du Mas d'Azil était arrivé à Château-Neuf. Le roi ne fit aucune difficulté pour lui remettre une instruction péremptoire à l'intention du vidame. Mais quel message fit-il tenir à ce dernier personnellement, secrètement? Car, lorsque l'abbé du Mas d'Azil remit la lettre au vidame, il s'attira cette réponse:

– Lettres ouvertes ou lettres closes, je n'obéirai ni aux unes ni aux autres avant d'avoir vu le roi et reçu de sa bouche la confirmation de ces ordres!

Néanmoins l'évêque s'estima hors de cause. Battant le fer quand il le croyait encore chaud, il consigna tous ses griefs dans un mémoire qu'il fit porter par l'abbé du Mas d'Azil à l'archevêque de Narbonne, son métropolitain. N'ayant pas reçu de nouvelle citation, il ne s'attendait pas à voir soudain paraître Jean de Burlas, maître des arbalétriers, lequel l'invita à le suivre. Burlas et le sénéchal de Toulouse le conduisirent au donjon de Dourdan. L'archevêque de Narbonne écrivit au roi, à son confesseur et à ses principaux conseillers pour les avertir des peines canoniques encourues du fait de l'arrestation de Saisset. Le seul résultat de cette démarche fut le transfert du prisonnier à Paris, puis à Senlis. Dans cette ville, le 24 octobre 1301, l'évêque fut introduit devant une assemblée composée de prélats, de barons et de clercs, en présence de Philippe le Bel, de Gilles Aycelin et du légat du pape. Un conseiller donna lecture de l'acte d'accusation: hérésie, trahison, sédition et autres méfaits, sans oublier les insolences proférées par Saisset à l'encontre de la majesté royale. Philippe le Bel prit alors la parole. Il déclara détenir les preuves de la culpabilité de l'évêque et demanda à Gilles Aycelin de le tenir en captivité pour l'empêcher de mettre ses crimes et sa trahison à exécution. Si l'archevêque opposait un refus, dans ce cas seulement, il se chargerait de la garde de Saisset.

Cette demande embarrassa Gilles Aycelin. Il était à la fois archevêque et membre du conseil royal. En tant qu'archevêque, il ne pouvait se permettre de violer les règles canoniques. En tant que membre du conseil, il lui était difficile de ne pas obéir au roi. Il s'en tira en indiquant qu'avant de se décider, il voulait consulter divers prélats et le souverain pontife. Cette réponse provoqua un tumulte. Des cris de mort furent poussés à l'adresse de Saisset. Le roi s'interposa et fit placer des gardes autour de l'évêque, pour le protéger. Ensuite il requit à nouveau Aycelin de se charger du prisonnier. Les jours suivants, l'archevêque de Narbonne et le légat demandèrent au roi que Saisset fût remis au jugement du pape, à défaut de le renvoyer à Pamiers sous surveillance– Seigneur évêque, répondit ironiquement Philippe, si vous le désirez, j'ôterai mes gardes et vous le garderez vous-même comme vous l'entendrez.

Ce fut alors que Robert de Courtenay, archevêque de Reims, entra en scène. Il revendiqua l'immunité ecclésiastique en faveur de Saisset. Selon lui, l'évêque ne pouvait être détenu en dehors de son diocèse en attendant que le pape prononçât contre lui. Philippe le Bel convoqua Gilles Aycelin; il lui rappela son serment de fidélité (prêté en qualité de membre du conseil) et son manque de zèle dans l'accomplissement de ses fonctions. L'archevêque répondit qu'il se conformerait à l'avis des prélats. Le lendemain, le roi réunit ces derniers. Connaissant leur loyalisme, il ne prenait pas grand risque! Les prélats émirent l'avis que Gilles Aycelin pouvait garder le prisonnier, mais à condition de respecter certaines règles qu'ils définirent. L'évêque de Senlis accorderait la concession d'un territoire fictif à l'archevêque de Narbonne; ainsi le prisonnier serait-il détenu dans le ressort de son supérieur. Grâce à ce subterfuge, les principes étaient saufs. Le jour même, l'archevêque acceptait la garde de Saisset.

Des ambassadeurs partirent aussitôt pour Rome, afin de remettre à Boniface VIII une lettre où il put lire:

«Des personnes graves et dignes de foi nous ont fait savoir que cet évêque était un simoniaque manifeste; il a répandu plusieurs paroles erronées et hérétiques contre la foi catholique, spécialement contre le sacrement de Pénitence, soutenant que la fornication même commise par les personnes revêtues des saints Ordres n'est pas un péché, et beaucoup d'autres erreurs.

Il a même dit, plusieurs fois, en blasphémant Dieu et les hommes, que Notre Saint-Père, le seigneur Boniface, Souverain Pontife, était le diable incarné et que, contre Dieu, la vérité et la justice, il avait canonisé saint Louis qui était en enfer, et il a répandu beaucoup d'erreurs contre la foi, en outrage à Dieu, au Saint-Père et à toute l'Église. Ces outrages sont plus sensibles au roi que ceux mêmes que cet évêque a commis contre Sa Majesté royale, car il est plus grave de blesser la Majesté éternelle que temporelle...»

## VI

## L'ASSEMBLÉE DE 1302

Ce chef-d'œuvre d'hypocrisie ne servit à rien. Le pape avait déjà pris ses mesures. Il était las de céder, de perdre la face et par là de discréditer un pouvoir qu'il avait prétendu restaurer après l'interrègne du moine de Sulmone. Le contraste était absolu entre les prétentions qu'il avait affichées lors de son accession au pontificat et les échecs cuisants qu'il n'avait cessé d'essuyer et qui ruinaient sa crédibilité. Ni l'empereur d'Allemagne, ni le roi d'Angleterre, encore moins le roi de France, ne se souciaient le moins du monde de ses décisions ou de ses avertissements. Le seul prince qui lui gardât sa confiance – l'infortuné comte de Flandre – avait été abandonné du Saint-Siège. En faisant arrêter l'évêque de Pamiers, Philippe le Bel avait commis une faute: il donnait à Boniface VIII le prétexte qui lui manquait. Quelles que fussent les accusations portées contre Bernard de Saisset, le comportement du roi de France était non seulement une violation du droit canon, mais un défi à l'autorité du pape. Les 5 et 6 décembre 1301, Boniface, prévenu de ce qui s'était passé à Senlis et de la détention de Saisset dans cette ville, promulgua une série de décrétales, dont la principale s'intitulait *Ausculta filii*. Cet ensemble de bulles, destinées les unes au roi, les autres aux évêques de France, concrétisaient le revirement total du Saint-Siège. C'était plus qu'une riposte, après tout normale; c'était une contre-attaque et sur tous les fronts!

Dans la bulle *Ausculta filii*, Boniface réaffirmait l'omnipotence du Saint-Siège, avec une force et une précision qui ne laissaient aucune place à l'interprétation:

«L'Église, descendue du ciel, destinée par Dieu à son divin époux, ne peut avoir plusieurs chefs. Le seul qu'il soit possible de reconnaître pour ce corps mystique qui comprend tous les fidèles est le pontife romain, élevé comme jadis Jérémie sous le joug de la servitude apostolique, AU-DESSUS DES ROIS ET DES ROYAUMES, pour arracher, détruire, perdre, dissiper, édifier et planter en son nom et dans sa doctrine... QUE PERSONNE DONC NE TE PERSUADE, FILS TRÈS CHER, QUE TU N'AS PAS DE SUPÉRIEUR ET QUE TU N'ES PAS SOUMIS AU CHEF SUPRÊME DE LA HIÉRARCHIE ECCLÉSIASTIQUE...»

Il énumérait ensuite ses griefs contre Philippe. Ils nous sont déjà connus, mais il y ajoutait: «Tu cites devant ton tribunal des prélats et d'autres membres du clergé régulier ou séculier de ton royaume dans des causes personnelles sur des droits et des biens immobiliers qui ne sont pas tenus comme des fiefs dépendant de toi; tu les contrains à comparaître, tu procèdes à des enquêtes, tu les arrêtes, bien que les laïcs n'aient aucun pouvoir sur les clercs et les personnes ecclésiastiques.» Il faisait aussi une allusion voilée à la politique de Philippe contre l'Inquisition en Languedoc.

Il offrait cependant au roi la possibilité de se rédimer. Feignant de croire qu'un monarque oint et sacré ne pouvait attenter à ce point aux droits de l'Église, il lui suggérait à nouveau de se débarrasser de ses mauvais conseillers:

«Ce sont de faux prophètes, qui donnent des conseils mauvais et insensés parce qu'ils n'ont pas eu leur mission de Dieu; ils dévorent les habitants du royaume; c'est pour eux, non pour leur maître, que ces abeilles font leur miel; ce sont les cachettes secrètes par lesquelles les prêtres de Baal faisaient disparaître les sacrifices apportés pour le roi. Ce sont eux qui, sous l'ombre de la main royale, dévastent les biens du roi et des autres, qui sous le couvert de sa justice oppriment ses sujets, accablent les églises et pillent le revenu d'autrui, qui, au lieu de veiller sur la veuve et l'orphelin, s'engraissent des larmes du pauvre, qui suscitent et enveniment les désordres, attisent la guerre et ne craignent pas de chasser la paix du royaume.»

Que Boniface fustigeât les conseillers et les agents royaux ne pouvait guère émouvoir Philippe. Mais il y avait plus grave: le pape voulait réunir, à Rome, un concile pour «discuter, établir, arrêter et régler ce que nous jugerons utile pour l'honneur de Dieu et du Saint-Siège, le progrès de la foi catholique, la sauvegarde de la franchise ecclésiastique, LA RÉFORME DU ROYAUME, LA CORRECTION DES FAUTES PASSÉES DU ROI ET LE BON GOUVERNEMENT DE CE MÊME ROYAUME» . Ainsi le pape prétendait s'ingérer dans l'administration du royaume et juger la conduite du roi ! Le fait même que le concile dût se tenir à Rome soulignait l'intention de mettre le clergé gallican en condition, surtout de le soustraire à l'autorité royale. Subsidiairement Boniface intimait l'ordre de libérer l'évêque de Pamiers et suspendait toutes les concessions qu'il avait faites, notamment en ce qui concernait les décimes. Bref, ce n'était rien moins qu'une déclaration de guerre, mais Boniface, s'il voulait faire un exemple, choisissait bien mal sa cible.

Il avait chargé Jacques des Normands, archidiacre de Narbonne, de notifier les bulles à Philippe, en lui laissant la latitude de les publier ou non. Philippe, dès qu'il en eut connaissance, réunit un conseil restreint. On dit qu'au cours de la séance Robert d'Artois jeta les bulles au feu! Philippe avait parfaitement saisi que l'arrestation de Saisset n'était qu'un prétexte. Il remit donc l'évêque de Pamiers à Jacques des Normands, auquel il ordonna de quitter le royaume immédiatement. Ainsi libérait-il, symboliquement, Saisset, mais en même temps il le chassait hors de France. Il fit ensuite convoquer, pour le dimanche précédant les Rameaux, les barons, les évêques, les abbés, prévôts et doyens des chapitres et les représentants du tiers état à raison de deux ou trois bourgeois par commune. C'est en raison de la participation de ces derniers que l'on a voulu voir dans cette assemblée l'origine des États généraux, et de quelque manière ce l'était! Pourtant Philippe le Bel n'avait nullement l'intention de consulter les trois ordres, encore moins d'établir un dialogue entre le pouvoir et les représentants de la nation, mais tout au contraire d'associer les trois ordres à sa politique par une approbation inconditionnelle et globale. En attendant cette réunion, Pierre Flote et ses légistes résumèrent la bulle *Ausculta filii* en quelques propositions. On leur reprocha par la suite d'avoir faussé et aggravé le sens de la décrétale. Quand on compare les deux textes, on constate que, si l'argumentaire est simplifié, voire omis, les conclusions sont identiques. Bien entendu, les omissions étaient volontaires; elles portaient sur les griefs énumérés par Boniface qui risquaient donc d'impressionner l'auditoire.

Les trois ordres se réunirent à Notre-Dame de Paris le mardi 10 avril 1302, en présence de Philippe le Bel. Pierre Flote prit la parole en son nom. D'emblée, il assena cette affirmation:

«Boniface VIII a fait signifier au roi par son représentant qu'il lui était soumis au temporel pour le royaume de France, qu'il ne tenait pas sa couronne de Dieu seul comme lui et ses ancêtres l'avaient toujours cru, et qu'il devait désormais se considérer comme son vassal. Ce n'était pas là une pure revendication de forme. La convocation appelant à Rome tous les prélats et tous les docteurs du royaume pour en réformer les abus ne faisait que mettre à exécution cette prétention inouïe. D'ailleurs cet ordre exorbitant qui prétendait attirer à Rome les collaborateurs les plus précieux du roi et les auxiliaires les plus utiles de la vie nationale n'était qu'un prétexte habile pour dépouiller le royaume de ses meilleures ressources et pour le livrer, appauvri et désolé, à toutes les aventures...»

Retournant l'argumentaire du pape, Flote exposa les griefs du roi contre le Saint-Siège: collation arbitraire d'archevêchés et d'évêchés, attributions de bénéfices à des étrangers, ponctions toujours croissantes du revenu de l'Église de France, et autres abus.

Sa conclusion, en forme d'exhortation, remua l'assistance. Elle était, il faut le dire, d'une extrême habileté:

«LE ROI N'A PAS DE SUPÉRIEUR AU TEMPOREL, le monde entier le sait, et les autorités les plus graves sont unanimes sur ce point. Il veut sauvegarder la franchise traditionnelle, l'intégrité et l'honneur du royaume et de ses habitants, réparer les griefs qu'on vient d'énumérer, réformer le royaume et l'Église de France à la gloire de Dieu et à l'honneur de l'Église universelle. Il prendra dans ce but des mesures efficaces, comme celles qu'il avait déjà préparées avant l'arrivée de l'archidiacre pour réparer les torts qui ont pu être causés par ses officiers ou d'autres aux églises et aux ecclésiastiques du royaume, mais dont il a dû suspendre l'exécution pour ne pas avoir l'air de céder à la peur ou à des ordres venus de Rome. Il est prêt à sacrifier à cette noble cause non seulement tous ses biens, mais sa vie et celle de ses enfants; il vous ordonne comme un maître, il vous supplie comme un ami, de l'aider dans cette œuvre de bien public. Assistez-le de vos conseils et de votre secours, ainsi que vous y oblige votre allégeance, et donnez-lui promptement une réponse précise et définitive sur les graves questions qu'il vous soumet. »

L'artifice était admirable: c'était Boniface lui-même qui, par ses menaces, empêchait le roi de promouvoir les réformes qu'il avait préparées! Mais le but était atteint, car la noblesse et le tiers état adhérèrent d'enthousiasme à la thèse développée par le garde des Sceaux. Parlant au nom des deux ordres, Robert d'Artois prit l'engagement solennel de défendre les libertés du royaume. Détail symptomatique: dans les réponses rédigées par la noblesse et le tiers état le pape n'était point nommé, mais désigné par des périphrases péjoratives, voire comparé à l'Antéchrist! Les représentants du clergé se montrèrent plus circonspects. Ils atermoyèrent, demandèrent des délais. Il leur fut répondu que ceux qui ne seraient pas pour le roi, seraient contre lui. Ils s'engagèrent donc à contribuer, par leurs conseils et leurs secours, à la défense de la couronne, mais sollicitèrent la permission de se rendre à Rome pour prendre part au concile et se heurtèrent à un refus. Ils écrivirent alors au pape pour lui suggérer d'ajourner la convocation, en lui résumant le discours de Pierre Flote et en lui rendant compte de ses conséquences.

Une députation de l'assemblée de Notre-Dame partit ensuite pour l'Italie. Boniface la reçut à Anagni, en audience solennelle. Les lettres qu'apportaient les délégués au nom des trois ordres ne l'impressionnaient nullement. En son nom, le cardinal d'Acquasparta développa la réfutation des théories de Pierre Flote. Le pape prit ensuite la parole. Il rappela d'abord l'alliance ancienne et fructueuse du Saint-Siège et des rois de France, puis évoqua la rupture qui s'était produite et en désigna le véritable auteur qui était, selon lui, non Philippe le Bel, mais Pierre Flote, digne émule de cet Architophel dont parlent les Écritures: Architophel, perfide conseiller, avait dressé Absalon contre David, son père:

«C'est l'Architophel, s'écria Boniface, c'est le démon ou cet homme inspiré du démon que Dieu a déjà puni en partie, borgne de corps, aveugle d'âme, ce Pierre Flote, cet homme plein d'amertume et de fiel, qui mérite d'être réputé hérétique et d'être condamné comme tel, la ruine de son pays, car, depuis qu'il est devenu conseiller du roi, tout a été de mal en pis, pour ce royaume et pour cette Église... Les satellites de cet Architophel sont le comte d'Artois – c'est un noble seigneur et il a été quelque temps notre ami, mais il ne l'est plus. Quel homme il est, le monde entier le sait! – et avec lui le comte de Saint-Pol. Et nous voulons que cet Architophel, ce Pierre, soit puni spirituellement et temporellement, mais nous demandons à Dieu qu'il nous le réserve à punir comme il convient...»

Il l'accusa ensuite d'avoir dénaturé sa pensée et falsifié ses décrétales, puis il exposa quelles étaient ses intentions véritables, présentes et futures, rendant hypocrisie pour hypocrisie. Il ne put toutefois s'empêcher de lever le masque et de prononcer l'irréparable:

«...Si le roi ne vient pas à résipiscence, ne veut pas s'arrêter et ne laisse pas venir les prélats, nous ne les croirons pas quand nous punirons. Nos prédécesseurs ont déposé trois rois de France[1]; ils peuvent le lire dans leurs chroniques comme nous le lisons dans les nôtres, et comme on peut le voir de l'un d'eux dans le Décret; et bien que nous ne valions pas le poids de nos prédécesseurs, comme le roi a commis tous les abus que ceux-là avaient commis et de plus grands encore, NOUS DÉPOSERIONS LE ROI COMME UN VARLET...»

Comme il était prévisible, il confirma la date de convocation du concile et l'obligation pour les prélats gallicans d'y assister. Par malheur pour Philippe le Bel, Bruges venait de se révolter et de massacrer la garnison française. Les «vêpres brugeoises», analogues aux «vêpres siciliennes», entrainèrent la rébellion de toute la Flandre. Le 11 juillet 1302, l'armée française se fit écraser à Courtrai, à la stupéfaction de l'Europe. Robert d'Artois et Pierre Flote avaient péri: les vœux de Boniface se trouvaient comblés! Mais surtout le désastre de Courtrai modifiait les rapports de forces, mettait le roi de France dans une position doublement délicate: il éveillait les espoirs des puissances étrangères (notamment d'Édouard d'Angleterre) et rendait plus vulnérable sa position à l'égard du pape. Philippe n'en demanda pas moins à ce dernier de surseoir à la convocation des évêques dont, affirmait-il, la présence était nécessaire vu la gravité de la situation du royaume. Malgré toutes ses manœuvres, il ne put empêcher la moitié de l'épiscopat français

1. Ce qui était inexact.

de répondre à l'invitation de Boniface.

Sans nommer personne, le pape déclara frappés d'excommunication ceux qui mettaient obstacle à la liberté des relations avec le Saint-Siège. Il semble bien que, nonobstant ses désirs, la délibération des évêques tourna court. Il n'en sortit qu'une déclaration emphatique et obscure connue sous le nom de bulle Unam Sanctam. Les évêques se bornaient à affirmer l'indivisibilité de l'Église et qu'en dehors de cette Église il n'y avait pas de salut possible. Sans doute conseillèrent-ils au pape de montrer plus de modération. Il consentit à envoyer auprès de Philippe le Bel un légat qui serait chargé d'effectuer une dernière tentative de réconciliation, et désigna le cardinal Lemoine, membre du Sacré Collège, picard d'origine et passant pour «ami» du roi. Mais il le munit d'instructions impératives, aux termes desquelles, selon la réponse de Philippe le Bel, il le relèverait de l'excommunication ou le menacerait d'une sanction radicale. C'était un véritable ultimatum que Lemoine devait présenter à la cour de France. Cet ultimatum, divisé en douze points, réclamait: la révocation de la défense faite aux évêques de se rendre en Italie; la reconnaissance des droits du pape quant à la collation des bénéfices; de ses droits à envoyer des légats en tout lieu, en tout temps; d'administrer comme bon lui semblait les biens ecclésiastiques et de taxer les églises; de l'obligation faite aux princes de ne pas saisir les biens de l'Église, et de ne pas abuser des régales. En outre, le cardinal-légat devait appeler l'attention de Philippe sur le danger que présentait l'altération de la monnaie et sur les méfaits commis par les agents royaux.

Philippe était aux prises avec les pires difficultés. L'année 1303 s'avérait dramatique pour le royaume, capitale pour son avenir. Flote était mort et Nogaret n'avait pas encore pris sa place. Abandonnant pour un temps les théories du défunt garde des Sceaux, le roi accueillit fort bien le cardinal Lemoine. Il ne repoussa pas l'ultimatum. Il l'examina minutieusement avec ses conseillers et s'efforça de le réfuter point par point. Il déclara qu'il désirait «de tout son cœur» la continuation de l'entente entre l'Église romaine et sa Maison. Que, si le souverain pontife n'estimait pas ses réponses satisfaisantes, il acceptait l'arbitrage des ducs de Bourgogne et de Bretagne, dont l'attachement au Saint-Siège n'était pas suspect. Le cardinal Lemoine fut-il dupe de ces bonnes dispositions, de ce revirement? Comprit-il que Philippe le Bel essayait de gagner du temps, ou de désarmer le pape aux moindres frais? Quoi qu'il en soit, il transmit la réponse à Rome. Boniface jugea la réponse insuffisante, obscure et spécieuse, et expédia une furieuse mercuriale au cardinal Lemoine, lui ordonnant de sommer le roi de répondre clairement et sans délai. «Qu'il révoque incontinent et qu'il répare ce qu'il a fait, écrivait-il; sinon annoncez-lui et publiez qu'il est privé des sacrements.»

Ce qui laisse entendre que l'excommunication frappant Philippe le Bel n'était encore qu'indirecte et théorique. Elle deviendrait effective après sa notification par le légat et sa publication dans toutes les églises. Les conséquences pouvaient en être redoutables, surtout après la défaite de Courtrai et en raison des menaces très réelles qui pesaient sur le royaume. Et c'était bien cette situation qui enhardissait le charitable Boniface.

## VII

## L'ATTENTAT D'ANAGNI

Boniface se trompait complètement. D'ores et déjà Philippe le Bel avait modifié son plan. Sa soumission n'avait été qu'une feinte. Il en revenait à la tactique préconisée par Flote et aux idées des Colonna qui s'étaient réfugiés en France. Il ne s'agissait plus désormais pour Philippe de finasser avec les légats, mais de frapper le coup décisif. Puisque le pape prétendait déposer les rois indociles, ce serait sa déposition que l'on demanderait à un concile de prononcer. L'entreprise était audacieuse! Jamais, au temps de sa toute-puissance, l'empereur Frédéric de Hohenstaufen n'eût osé la tenter. Mais Boniface avait accumulé les fautes et les imprudences; ses ennemis ne se comptaient plus. Les arguments pour obtenir sa déchéance ne manqueraient point, à commencer par son élection douteuse. Nogaret fut chargé d'établir un argumentaire, qui était aussi un acte d'accusation en forme de requête au roi. Philippe avait l'art de la mise en scène et l'astuce d'un juriste connaissant la valeur des témoignages et l'usage qu'on peut en faire. Le 12 mars 1303, Nogaret fut introduit dans une salle du Louvre, où siégeait un aréopage composé du roi, de Charles de Valois, Louis d'Évreux, le duc de Bourgogne, Jean de Chalon, Mornay, Aycelin, les évêques de Sens, de Meaux et de Nevers. Nogaret lut sa requête. Il y déclarait que la chaire de saint Pierre était usurpée par un maître menteur se faisant appeler Boniface bien qu'il ne fît que du mal: affreux jeu de mots! Que l'Église, doutant de la validité de son élection, a voulu le juger sur les fruits de son pontificat et qu'il a lui-même apporté la preuve de son illégitimité. Que le roi devait «comme l'ange, s'opposer au mal que ce nouveau Balaam s'apprêtait à faire au peuple». Nogaret appuyait sa démarche sur quatre chefs d'accusation: Boniface n'était point pape, car il n'était pas entré par la porte du bercail, mais comme un voleur et comme un larron; il était hérétique manifeste et, comme tel, séparé du corps de l'Église; il était le pire simoniaque qui eût jamais existé; il s'était chargé d'une si grande quantité de crimes que l'Église courait à sa ruine si elle ne le rejetait pas de son sein.

Quelques jours avant, le roi avait signé des lettres patentes, par lesquelles il déclarait envoyer «dans certains pays pour certaines affaires» Nogaret, le banquier Mouche, maître Thierry d'Hierson et le clerc Jacques de Jassenis. Mission secrète, car ils avaient pouvoir de traiter en son nom «avec toute personne noble ou autre, ecclésiastique ou laïque» et de verser les sommes d'argent qu'ils jugeraient convenables aux personnes ayant mérité la munificence du roi.

Philippe le Bel connaissait le prix du secret. Rien ne transpira de ses projets, ni de la requête de Nogaret, ni des travaux des légistes du Conseil. Boniface VIII avait confié ses dernières bulles à un certain Nicolas de Bienfaite. Celui-ci ne put les remettre au cardinal-légat. Il fut arrêté à Troyes; ses lettres furent saisies et portées au roi. Leur lecture incita Philippe à hâter la procédure. Le 13 juin, une assemblée de prélats, de barons, de docteurs de l'Université se réunit au Louvre. Louis d'Évreux (frère du roi), les comtes de Saint-Pol et de Dreux, Guillaume de Plaisians (ami de Nogaret) présentèrent une requête à Philippe le suppliant de convoquer un concile afin de juger le pape. Ce fut Plaisians qui porta la parole. Il reprit les chefs d'accusation mis en avant par Nogaret, en ajoutant certains détails assez ridicules, mais de nature à impressionner l'assistance: Boniface avait approuvé l'ouvrage hérétique d'Arnaud de Villeneuve (son médecin); il avait fait ériger sa statue en argent dans des églises, «induisant par là les hommes à l'idolâtrie; il osait dire publiquement qu'il préférait être un chien ou un âne plutôt que Français; il avait un démon privé dont il suivait les conseils, etc.» Plaisians fut plus convaincant quand il affirma que Boniface pratiquait un népotisme éhonté, qu'il dilapidait les fonds destinés au secours de la Terre Sainte, qu'il avait fait périr le malheureux Célestin V, persécuté et dépouillé les cardinaux qui lui étaient hostiles (claire allusion aux Colonna), ainsi que les Frères mineurs. En guise de péroraison, il s'engagea à apporter la preuve devant le concile de toutes ces imputations.

Le roi prit acte de cette déclaration. Il consentit, «sauf l'honneur et le respect dus en tout à la sainte Église romaine», à faire droit à la requête et à réunir le concile. Sauf deux récalcitrants, les prélats donnèrent leur adhésion, «pour que l'innocence du seigneur Boniface y éclate ou que les imputations portées contre lui soient discutées par le concile». Désormais le mécanisme était en marche; rien ne pourrait arrêter son mouvement. Le 21 juin, le roi réunit les maîtres de l'Université et obtint leur adhésion: chose facile, car Benoît Caetani avait jadis insulté ces roides docteurs. Le jour de la Saint-Jean, le peuple et le clergé parisiens furent admis dans les jardins du palais. Un clerc donna lecture de l'acte d'accusation contre Boniface. Un dominicain prêcha sur la nécessité d'extirper l'hérésie:

– «Sachez, s'écria-t-il, que ce que le roi fait, il le fait pour le salut de vos âmes. Et puisque le pape a dit qu'il veut détruire le roi et le royaume, nous devons tous prier les prélats, comtes et barons, et tous ceux du royaume de France, qu'ils veuillent maintenir l'état du roi et de son royaume.»

Au nom des bourgeois de Paris, Jean de Montigny, officier de justice, donna une adhésion générale. La foule applaudit. Pour Philippe, ce verdict populaire était essentiel. Restait à provoquer la réunion du concile. Le roi n'avait reçu aucune nouvelle de Nogaret ni de ses compagnons. Il convoqua le prieur de Chézy, Jean de Paray, et lui enjoignit de partir pour l'Italie avec l'ordre de signifier au pape les accusations portées contre lui et de l'inviter à convoquer un concile. Dans le cas où il ne pourrait atteindre Boniface, il devait faire publier l'acte d'accusation et le faire placarder aux portes des églises. Un des prélats qui assistaient à l'entretien s'écria:

– «Prieur de Chézy! tu sais quel mauvais homme est ce Boniface! C'est un hérétique! Il ne fait que des malheurs, il entasse les scandales et il fera encore pis si on le laisse vivre; je te le dis en conscience, tu feras une bonne œuvre en le tuant. Tue-le en péril de mon âme!»

– «A Dieu ne plaise, rétorqua le roi. Le prieur n'en fera rien, il risquerait de devenir évêque ou pape! Allez, prieur, suivez les instructions qu'on vient de vous donner et que compléteront les deux prélats que vous savez. Ce sont des hommes féaux, bien instruits et sur qui on peut compter. »

Jean de Paray arriva trop tard. Les événements se précipitaient. Ayant appris la dénonciation dont il était l'objet de la part de Nogaret et de Plaisians, l'adhésion du clergé gallican, de la noblesse, du peuple même à l'acte d'accusation et l'acceptation de Philippe le Bel, Boniface VIII rédigea quatre bulles, dont la célèbre *Super Patri Solio*, par laquelle il fulminait la sentence d'excommunication contre le roi de France. Nogaret mit tout en œuvre pour empêcher sa publication. Pour atteindre plus sûrement son but, il prit sur lui de recourir à la force et décida d'organiser un coup de main contre la personne du pape. Terrible initiative! Mais Nogaret apercevait les conséquences de l'excommunication pour le roi et pour le royaume; il ne put admettre qu'un si grand prince fût victime de l'humeur d'un pape par surcroît usurpateur et simoniaque! Il oublia ses craintes et ses scrupules et organisa de main de maître ce qu'il faut bien appeler «une opération de commando»: pardon pour l'anachronisme, mais l'attentat d'Anagni ne fut pas autre chose...

Il avait amené de France Sciarra Colonna, ce qui facilita le recrutement des Bussa, Ceccano, Sgurgola et autres nobles plus ou moins opprimés ou spoliés par Boniface. Rinaldo de Supino apporta le concours de la ville de Ferentino dont il était podestat. On acquit, sans doute à prix d'or, la complicité d'un familier du pape, Adinolfo Di Matteo, et de quelques cardinaux. On recruta aisément une troupe de six cents cavaliers et de quinze cents piétons. Nogaret dut accepter de marcher à la tête de ces volontaires, avec une bannière fleurdelisée, sans doute sous la pression de Sciarra Colonna tenant à faire partager au roi de France la responsabilité de l'opération. Cependant les objectifs de Sciarra et de Nogaret ne coïncidaient pas exactement. Le premier voulait arracher au pape à la fois l'annulation des sanctions dont il avait accablé les Colonna, la restitution de leurs biens et sa renonciation immédiate au trône de saint Pierre. Le second voulait s'assurer de la personne de Boniface en attendant son jugement par le concile. Sciarra avait la mentalité d'un condottiere et Nogaret, celle d'un juriste chevronné, respectueux de la lettre sinon de l'esprit du droit.

Dans la nuit du 7 septembre 1303, les conjurés et leur petite armée se présentèrent aux portes d'Anagni. Elles leur furent aussitôt ouvertes par les soins de Matteo, leur complice. Ils investirent la ville dont les habitants dormaient. Puis ils envahirent la maison des Caetani et bloquèrent le palais pontifical aux cris de: «Vive le roi de France! Vivent les Colonna!» Les habitants d'Anagni accoururent. Adinolfo Di Matteo se fit aussitôt proclamer podestat. Le gonfanon de l'Église fut arboré à côté de la bannière fleurdelisée. Lorsque la maison Caetani fut prise, Boniface comprit que le palais pontifical ne pourrait longtemps résister. Il demanda une trêve. Ce fut avec Sciarra Colonna que l'on parlementa; Nogaret préféra s'abstenir. Pour quelles raisons? Sciarra voulait envahir le palais et s'emparer de la personne du pape. Nogaret voulait simplement cerner le palais et «garder» Boniface. La trêve fut accordée jusqu'au milieu de l'après-midi. Le pape essaya de négocier. Quand il eut connaissance des exigences de Sciarra, il s'écria:

– «Oh! que ces paroles sont dures à entendre!»

Et les pourparlers s'arrêtèrent là. La trêve expirée, la lutte reprit avec acharnement. Les assaillants se ruèrent dans la cathédrale. Bientôt la porte du palais pontifical fut réduite en cendres. A l'intérieur du palais, les serviteurs criaient: «Vive le roi de France! Vivent les Colonna! Mort au pape et au marquis! » , en espérant sauver leur vie par cette lâcheté. Boniface conserva son sang-froid. Il retrouva même une sorte de grandeur devant le danger. Il dit à ceux qui étaient restés près de lui, ses derniers fidèles:

– «Ouvrez les portes de ma chambre; je veux souffrir le martyre pour l'Église de Dieu. » Il se fit apporter une relique de la Vraie Croix. Lorsque Colonna et sa bande entrèrent dans la chambre, ils virent Boniface étendu sur son lit, serrant la croix contre sa poitrine et offrant son cou aux épées. Ils entendirent:

– «Avancez, coupez-moi la tête; je veux souffrir le martyre; je veux mourir pour la foi du Christ.»

Au milieu des vociférations et des insultes, il répétait:

– «Voici mon cou, voici ma tête!...»

Est-il vrai, comme on l'a dit tant de fois, que Sciarra Colonna souffleta le vieillard de son gantelet de fer? Certainement pas: ce n'est là qu'une image à la Gustave Doré. Par contre, il est certain que Sciarra voulut égorger Boniface et qu'il fallut le retenir de commettre ce crime. Nogaret venait d'accourir. Il n'avait point participé au forcement du palais pontifical. En un sens, Colonna le mettait devant le fait accompli, c'est-à-dire devant l'irréparable! Pendant que les hommes de Colonna éventraient les coffres, pillaient le trésor, les objets précieux et dispersaient les archives, ce calculateur sans pareil accomplissait sa mission: il notifiait en quelques mots à Boniface l'acte d'accusation dont il était l'objet, et le citait à comparaître devant le concile pour y répondre de ses crimes. Le droit était sauf, et c'était l'essentiel pour cet implacable juriste. A la suite de quoi, il parvint à apaiser le tumulte. Les pillards sortirent de la chambre, emportant leur butin. Des gardes furent placés devant la porte. Les principaux conjurés délibérèrent: les uns voulaient que l'on exécutât Boniface sans plus tarder; les autres, qu'on le transférât en France pour le remettre à Philippe le Bel, et Nogaret, qu'on le gardât simplement prisonnier en attendant le concile. Ne pouvant s'accorder, ils remirent la décision au lendemain. Boniface resta seul dans sa chambre, à méditer sur sa chute et à supputer l'avenir. Incroyable situation: celui qui était venu pour le perdre, ce démon de Nogaret pire encore que le défunt Architophel, lui avait, provisoirement, sauvé la vie. Mais quelle serait la durée du sursis? Et par quelle manœuvre apaiser l'appétit de meurtre de Sciarra? L'ennemi le plus immédiat et le plus à craindre, ce n'était plus l'homme de Philippe le Bel, mais Colonna. Que voulait-il? Recouvrer les biens et dignités de sa parenté! Boniface apercevait là une chance ultime.

Le lendemain, 9 septembre, retournement complet de la situation! Les habitants d'Anagni s'étaient ressaisis. En apprenant qu'on voulait exécuter le pape, ils eurent peur d'être tenus pour responsables. Ayant la supériorité du nombre, il leur fut aisé de chasser la troupe de Sciarra. Nogaret, Colonna, leurs complices, les cardinaux félons, ne durent leur salut qu'à la fuite. Seul Rinaldo de Supino resta aux mains des libérateurs de Boniface, qui le jetèrent en prison. La foule se porta ensuite au palais pontifical, en criant: «Vive le pape! A mort les étrangers!» La bannière fleurdelisée, saluée la veille par des applaudissements, était foulée aux pieds et lacérée.

Boniface, la larme à l'œil, remercia ses sauveurs; puis il

réunit quelques cardinaux afin d'arrêter les mesures à prendre. Il accorda la liberté à Supino, pardonna solennellement à ses ennemis, y compris aux larrons qui avaient dérobé son trésor, à condition qu'ils rapportassent leur butin sous trois jours. Il se déclara résolu à réparer ses torts envers les Colonna, et fit proclamer cette décision par toute la ville. Cédait-il à l'émotion? Espérait-il par ce moyen reprendre la situation en main et diviser ses adversaires? Il n'avait pas fait allusion à Nogaret, non plus qu'à Philippe le Bel, qui semblaient par là-même exclus de son pardon.

Connaissant la versatilité italienne et redoutant la présence à Anagni de partisans clandestins de Colonna et de Nogaret, il décida de quitter cette ville. Au surplus, les habitants de Rome le réclamaient. Il fallut cependant attendre l'arrivée d'une forte escorte. Enfin, le 21 septembre, le pape et sa suite purent se mettre en route. L'escorte ne tarda guère à être attaquée par les hommes de Colonna, mais parvint à les repousser. A Rome, Boniface s'installa au Vatican, plus facile à défendre. Sa situation restait précaire. Le Sacré Collège l'invita à tenir les promesses qu'il avait faites à Anagni. Il retrouva assez d'énergie pour refuser: jamais il ne consentirait à rétablir les cardinaux Colonna dans leurs dignités, ni leur parenté dans ses biens. Mais en lui le ressort était brisé. L'humiliation, les outrages qu'il avait subis dans sa ville natale, la trahison même de ses compatriotes, avaient eu raison de sa résistance et de son orgueil. Sauvé comme par miracle des mains de ses bourreaux, il n'avait plus la force de lutter et s'abandonnait à la fatalité. Était-ce de sa part une résignation toute chrétienne à la divine volonté ou l'espèce de mépris hautain, le silence dédaigneux des Romains de l'Antiquité? Ou encore, méditant sur ses échecs, sur sa déchéance et sur la ruine des Caetani qui s'ensuivrait, touchait-il le fond des vanités humaines? Nul ne sait quelles furent ses réflexions intimes, ni ses dernières paroles. Son agonie morale et physique dura douze jours. On l'inhuma dans le tombeau qu'il avait fait élever dans la basilique Saint-Pierre. En dépit de ses tribulations, il emportait dans la mort sa dignité de pape, déjouant ainsi, pour la dernière fois, les machinations de ses ennemis. On ne pouvait, malgré tout, lui refuser une sorte de grandeur reposant sur la certitude absolue d'incarner la puissance de l'Église. Mais avec lui disparaissait aussi, et pour jamais, le rêve d'une suprématie universelle. Désormais, aucun pape n'osera revendiquer, au nom du Christ, le titre de roi des rois; ses successeurs ne seront plus que les chefs spirituels de la chrétienté.

Le 22 octobre suivant, le Sacré Collège élut Nicolas Boccasini, cardinal d'Ostie et ancien maître général des dominicains. Il prit le nom de Benoît XI. C'était un pondérateur, connu pour son intégrité morale. Il avait parfaitement et sereinement analysé les erreurs de Boniface VIII. Il condamnait ses outrances et sa présomption. Cependant il ne pouvait oublier les illégalités commises par Philippe le Bel, et encore moins l'attentat d'Anagni. Ce fut en vain que Nogaret tenta d'obtenir de Benoît XI la condamnation posthume de son prédécesseur. Le nouveau pape le fit rappeler en France, pour mettre fin à ses intrigues. Il abolit, dans un esprit de conciliation, à peu près toutes les mesures prises par Boniface VIII, releva Philippe le Bel de l'excommunication et, connaissant les besoins du royaume, lui octroya même une décime pour deux ans. Il promulgua une amnistie générale, dont il exclut pourtant Nogaret, Sciarra Colonna, et les principaux responsables de l'attentat d'Anagni. Il les cita à comparaître devant lui. Le jugement prononçant leur condamnation par défaut allait être publié, quand il mourut presque subitement, opportunément pour Nogaret, le 7 juillet 1304. Son successeur serait Clément V, premier pape d'Avignon.

# QUATRIÈME PARTIE

# *LA FLANDRE*

# I

# GUI DE DAMPIERRE

Le comte de Flandre était pair de France, donc vassal du roi. Mais il était aussi l'un des princes les plus importants et les plus considérés d'Europe. Il régnait «par la grâce de Dieu». Le comté de Flandre avait, en effet, une origine carolingienne, ayant été fondé par Baudouin Bras-de-Fer, lequel enleva et épousa Judith, fille de Charles le Chauve. De ce fait, les descendants du ravisseur pouvaient se targuer d'avoir du sang de Charlemagne dans les veines, et ce n'était pas alors une mince affaire! Ce passé glorieux explique que deux comtes de Flandre aient été choisis comme tuteurs des rois Philippe Ier et Philippe Auguste. Leur comté englobait alors, outre la Flandre proprement dite (ou Flandre française), le Hainaut, le Cambraisis, l'Ostrevent et l'Artois. Il s'étendait au-delà de l'Escaut, formant ce que l'on appelait «la seigneurie de Flandre», vaste fief relevant de l'Empire. Il connut son apogée sous Philippe d'Alsace, lequel par son mariage avec Élisabeth de Vermandois acquit la seigneurie du même nom, mais aussi le Valois, Montdidier et Amiens. Autrement dit Philippe d'Alsace régnait sur un ensemble de territoires commençant à la Marne et dépassant l'Escaut. Il maria sa nièce, Isabelle de Hainaut, à son pupille, le jeune Philippe Auguste, en la dotant de l'Artois. Fastueux, ambitieux, il se croyait de taille à imposer ses vues à la cour de France. Mais il trouva un maître dans le gendre qu'il s'était donné. Lorsque, en 1182, Élisabeth de Vermandois mourut, Philippe Auguste contraignit Philippe d'Alsace à se dessaisir du Valois, de Montdidier et d'Amiens; il ne lui laissa que l'usufruit du Vermandois. Première brèche dans la puissance flamande ! Philippe d'Alsace mourut à Saint-Jean-d'Acre en 1191. Il n'avait pas d'enfants, mais, avant de partir en croisade, il avait fait reconnaître pour héritier présomptif son beau-frère, Baudouin V de Hainaut. Celui-ci devança de peu Philippe Auguste, qui tentait de mettre la main sur la Flandre, et parvint à se faire investir du comté. Mais Baudouin dut céder en dédommagement au roi de France les châtellenies d'Aire, d'Arras et de Saint-Omer, les comtés de Hesdin et de Lens, les seigneuries de Boulogne, Béthune, Guines, Lillers et Saint-Pol, pour satisfaire à un soi-disant engagement souscrit par Philippe d'Alsace ! Dès lors, les comtes de Flandre s'efforcèrent de récupérer les territoires perdus, mais en vain ! Une fortune constante favorisait Philippe Auguste. Baudouin partit lui aussi en croisade, fut élu empereur de Constantinople[1] et disparut mystérieusement. Il laissait deux filles, Jeanne et Marguerite, que Philippe Auguste prit en tutelle. Il maria Jeanne à Ferrand de Portugal, en 1212. Marguerite épousa Bouchard d'Avesnes qui appartenait à une branche cadette de la Maison de Hainaut. La position de Ferrand de Portugal était inconfortable. Il devait son titre au roi de France ; par ce fait même il se heurtait à l'hostilité de ses sujets. Croyant se rédimer et reconquérir l'indépendance de son pays d'adoption, il entra dans la terrible coalition de Bouvines. Après cette bataille, il resta prisonnier pendant treize ans. Jeanne de Flandre exerça la régence sous le contrôle des Français. Ce fut le début d'une querelle dynastique aux prolongements infinis. Le beau-frère de Jeanne, Bouchard d'Avesnes, réclamait la moitié de l'héritage de Baudouin, le défunt empereur. Mais, avant son mariage avec Marguerite de Flandre, il avait reçu le sous-diaconat. Bataille de procédures ! Finalement Rome cassa le mariage, dont restaient deux enfants : Jean et Baudouin d'Avesnes. En 1223, Marguerite épousa en secondes noces Guillaume de Dampierre, dont elle eut cinq enfants. La sentence pontificale semblait avoir tranché le litige. Ferrand de Portugal, libéré en 1227 par Blanche de Castille et saint Louis, mourut en 1233. Sa veuve, la comtesse Jeanne, administra la Flandre ; elle mourut en 1244. Sa sœur Marguerite recueillit son héritage. Jean d'Avesnes revendiqua aussitôt sa part. N'obtenant pas gain de

1. Voir : *Agnès de France, sœur de Philippe Auguste, impératrice de Byzance*, par A. Colliot (Edition Pygmalion/Gérard Watelet, Paris).

cause, il sollicita l'arbitrage de saint Louis. Le saint roi attribua la Flandre aux Dampierre et le Hainaut aux d'Avesnes. Dès lors, la comtesse Marguerite corégna avec son fils, Gui de Dampierre. La Flandre était devenue tellement «française» qu'elle s'en remettait de son avenir au roi capétien!

Par la suite, Gui de Dampierre ne songea nullement à contester la suzeraineté du roi de France. Il prit même la croix pour accompagner saint Louis à Tunis, parmi les grands vassaux du royaume. Son attitude envers Philippe le Hardi fut aussi régulière. Mais c'était un prince d'esprit féodal dans un moment où la féodalité s'exténuait! De plus, il était le maître de cette Flandre dont, pendant quasi tout le XIIIe siècle, l'économie resta le fer de lance de l'Occident, avec les implications et l'évolution politiques en résultant. Les draperies flamandes tenaient le haut du pavé, mais une activité commerciale intense et diversifiée s'y ajoutait. La campagne était fertile et cultivée avec soin. Les pêcheries et sécheries de poissons procuraient un surcroît de ressources, en un temps où les journées de jeûne étaient respectées. La prospérité des villes restait sans équivalence. Elles étaient cinq, dont le rôle sera déterminant dans les événements qui vont suivre: Bruges, Gand, Ypres, Lille et Douai. Un échevinage presque héréditaire s'était constitué en chacune d'entre elles. A mesure que s'instaurait un système proche du capitalisme, le fossé se creusait entre les riches patriciens et les corps de métiers. Les grossistes, sans que l'on puisse parler encore de monopole, imposaient leurs exigences aux petits fabricants et aux détaillants. Appartenant au patriciat local, il leur était facile d'imposer en outre des charges fiscales à la population, d'où parfois des émeutes, d'ailleurs vite réprimées. Ces puissants échevins flamands font penser à leurs homologues de la sérénissime république de Venise élisant leur doge annuel et se partageant le pouvoir d'un commun accord. On comprend dès lors combien le pouvoir comtal leur était difficile à supporter! C'étaient, à leur façon, des démocrates et, à force de concessions arrachées de vive force ou achetées au comte, leurs cités étaient devenues des sortes de républiques à la vénitienne et pour les mêmes raisons de puissance économique. Par chance pour Gui de Dampierre, elles se jalousaient les unes les autres; il tenta d'exploiter leurs rivalités, mais aussi la colère des corps de métiers contre le patriciat. C'est ainsi qu'il entra en conflit avec les échevinages de Bruges, d'Ypres et de Gand, dont il prétendait restreindre les pouvoirs. Les échevins de ces villes firent appel des décisions comtales au roi de France, ainsi que le droit féodal le leur permettait. Philippe III le Hardi, en vertu de sa suzeraineté, émit divers jugements, tantôt en faveur de Gui de Dampierre et tantôt en faveur des communes. De façon générale, il permit aux échevins de racheter les droits faisant l'objet de la contestation, et fort cher, car il connaissait les besoins d'argent du comte de Flandre. Il n'avait point l'intention de nuire à un vassal aussi dévoué et ne pensait nullement à annexer le riche comté.

Tout changea à l'avènement de Philippe le Bel. Qu'il ait exigé que la noblesse et les villes flamandes garantissent le serment d'allégeance de Gui de Dampierre n'avait rien d'alarmant. Depuis Bouvines, les rois de France avaient procédé de même. Ce n'était qu'une précaution élémentaire, eu égard au système politique particulier à la Flandre: juxtaposition de seigneuries rurales, laïques et ecclésiastiques, de villes s'administrant elles-mêmes, ou partageant le pouvoir avec des seigneurs, et de fiefs relevant directement du comte et constituant son domaine propre. Philippe le Bel avait fait une analyse objective de cette situation. Cette complexité administrative et fiscale offensait en lui le goût de l'ordre; elle contrecarrait son grand dessein qui était d'unifier le royaume. Il avait également fort bien compris que le comté de Flandre était un agglomérat de populations assez dissemblables par leurs intérêts et leurs traditions, certaines regardant vers l'Empire dont elles se trouvaient artificiellement détachées, les autres ne se différenciant que fort peu des Français de langue d'oïl. Et, surtout, que le pouvoir comtal manquait d'assise pour cette raison même. Néanmoins ce pouvoir lui portait ombrage, de même que celui du roi d'Angleterre en Guyenne. Comme on l'a déjà dit, il admettait mal que les deux plus grands feudataires de son royaume fussent quasi souverains dans leur territoire. D'où les difficultés qu'il suscita à Édouard I$^{er}$, les subterfuges qu'il employa, la confiscation de la Guyenne et le conflit armé qui en résulta. Vis-à-vis de Gui de Dampierre, il usa d'une autre tactique, plus subtile et feutrée, non moins redoutable, mais dont les conséquences devaient empoisonner son règne et celui de ses successeurs. Il faut ajouter que la prospérité des villes flamandes attisait sa convoitise et que Gui de Dampierre, vieux chevalier, dont le cœur était sans détour, lui semblait une proie facile. Ce n'est pas sans une espèce de tristesse que j'écris ces lignes, sachant combien la perfidie de ce prince qui sut être si grand dans sa conception de l'État, déconcertera le lecteur. La passion d'instaurer un puissant royaume excuse-t-elle certaines méthodes indignes d'un homme ordinaire? La raison d'État exclut-elle l'honnêteté morale? Mais l'Histoire n'est pas une cour d'assises et, si tant est qu'elle en soit une, l'historien ne saurait être ni un procureur ni un avocat, mais un simple greffier.

Philippe mit tout en œuvre pour rabaisser l'autorité du comte de Flandre, tout en le traitant en hôte privilégié et en feignant de le soutenir. Dès 1287, il intervint en faveur des Trente-Neuf (les échevins de Gand) contre Gui de Dampierre. Il exigea que les actes administratifs fussent rédigés en français, afin de mieux les contrôler. Il édicta que les biens des Gantois ne pourraient être saisis en cas de désobéissance au comte et se réserva tous les actes d'appel. En élevant arbitrairement la valeur de la monnaie royale, il bloqua la circulation de la monnaie comtale. Il mit la main sur les legs consentis pour le secours de la Terre Sainte. De même qu'en France, il fit arrêter les Lombards. Or la Flandre avait l'essentiel de sa clientèle en Italie; les banques lombardes étaient donc les intermédiaires indispensables à son commerce. En même temps, il envenimait secrètement la querelle successorale avec les d'Avesnes. Bref, il faisait son possible pour discréditer Gui de Dampierre, tablant sur le fait qu'une partie de la population flamande lui était hostile.

Pendant un séjour à Paris de Dampierre, Robert de Béthune, son fils aîné[1], tenta de sauver l'autorité comtale en rétablissant l'union qui existait naguère avec les échevinages. Il déplorait amèrement que son père, par excès de droiture, manquât de clairvoyance et d'énergie, se laissât pareillement tondre la laine sur le dos. Il prit l'initiative hardie de se rendre à Gand et d'offrir aux Trente-Neuf une réconciliation sincère: il leur proposait même de soumettre leurs différends à l'appréciation des échevins de Saint-Omer. A son retour, Gui de Dampierre entérina ces propositions, bien qu'il lui fût insupportable d'être

1. De ses deux mariages, Gui de Dampierre eut huit fils et huit filles, Robert de Béthune étant l'aîné.

confronté à des bourgeois. De plus, il autorisa les villes de Bruges, Ypres et Gand à relever leurs remparts, en violation du traité de Melun signé entre Ferrand de Portugal et saint Louis. Cette alliance du comte et des échevins était une riposte habile aux entreprises de Philippe le Bel. Ce dernier changea de tactique; il se radoucit brusquement et s'efforça de persuader Dampierre qu'il avait eu tort de se méfier de lui et de s'en remettre au bon vouloir de ses villes. N'était-il pas son suzerain et, à ce titre, ne lui devait-il pas protection? Dampierre ne demandait qu'à le croire. Il laissa le roi casser la sentence des échevins de Saint-Omer. C'était pour ce dernier le plus sûr moyen d'empêcher tout rapprochement entre le comte et les bourgeois. Ensuite ses agents s'employèrent à ranimer les querelles, de telle sorte que la réconciliation devint impossible. Simultanément, Philippe s'alliait aux d'Avesnes contre Dampierre, escomptant par là mettre la Flandre en difficulté.

Se voyant trahi, Gui de Dampierre céda à la colère, fit arrêter les Trente-Neuf et nomma des hommes à lui pour administrer Gand. Le roi d'Angleterre eut connaissance de ses déboires. Le conflit avec la France menaçait. Édouard cherchait des alliés. La Flandre avait un besoin vital de l'Angleterre; elle lui achetait les laines indispensables à ses draperies. Le comte de Pembroke vint trouver Dampierre. Édouard l'avait chargé de négocier les fiançailles du futur Édouard II avec Philippine de Flandre, une des filles du comte. Les négociations aboutirent à un traité, qui fut signé le 31 août 1294. Philippe le Bel avait des espions fort actifs. Dès qu'il fut averti de la conclusion de cet accord, il invita doucereusement Gui de Dampierre à se rendre à Paris, «pour avoir conseil avec lui, et avec les autres barons, de l'état du royaume». Dampierre flaira le piège. Il répondit pourtant à la convocation et commit l'imprudence d'emmener deux de ses fils. Quand il se présenta au roi, il lui annonça les fiançailles de sa fille avec le prince d'Angleterre, mais ajouta qu'il n'en continuerait pas moins à servir loyalement son suzerain. La réponse de Philippe le Bel fut cinglante:

– «Au nom de Dieu, sire comte, il n'en sera pas ainsi! Vous avez fait alliance avec mon ennemi; vous ne vous éloignerez plus.»

Et comme l'autre se récriait, le roi lui montra des lettres à Édouard d'Angleterre. Ce fut en vain que Dampierre protesta de son innocence, soutint que les lettres étaient des faux et que l'on avait imité son sceau. Il fut arrêté et conduit au Louvre avec ses fils, là même où naguère Ferrand de Portugal avait été captif. Philippe le Bel menaçait de le mettre en jugement. Il estima plus utile de le relâcher au bout de six mois, mais à condition que les fiançailles fussent rompues et que la petite Philippine fut remise en otage. Le vieux Gui rentra tristement en Flandre. Il n'était plus entre les mains de Philippe le Bel qu'un instrument, car il espérait que sa fille lui serait rendue.

La guerre se déchaînait alors entre la France et l'Angleterre. Philippe avait besoin d'argent pour solder son armée et construire ses galères. Il obligea le comte de Flandre à appliquer dans ses États toutes les mesures fiscales, ou parafiscales qu'il infligeait au royaume: ordonnance somptuaire, interdiction d'exporter l'or et l'argent, maltôte, etc... «Le roi et son conseil m'y engageaient, déclara plus tard le comte; on me donnait à entendre que si je le faisais, de grands biens en résulteraient pour moi et ma terre; le roi et ses gens promettaient de me traiter avec douceur et amitié; le roi devait faire cesser les persécutions de ses sergents, qui causaient de grands dommages à mon peuple des saisies faites sans raison et à tort; il devait me restituer les biens des Lombards, rétablir le cours légal de ma monnaie, et permettre l'introduction en Flandre des laines anglaises qui n'y arrivaient plus depuis trois ans, ce qui mettait le pays en grande pauvreté...» La belle défense! Dampierre était un besogneux. En réalité, Philippe le Bel lui avait concédé la moitié de l'impôt, contre des promesses et des concessions illusoires. Il est vrai que Philippe remettait astucieusement aux villes flamandes une amende de 95 000 livres en dédommagement de leurs pertes avec l'Angleterre et qu'il leur garantissait l'exclusivité de la vente en France des draps et des fromages! Ainsi feignait-il de prendre à cœur les intérêts de la bourgeoisie. Mais, en même temps, il laissait carte blanche à Dampierre pour mettre les Trente-Neuf hors d'état de nuire! En acceptant d'opérer lui-même la levée d'un cinquantième, le comte accrut son impopularité et fit par surcroît un marché de dupes. Car Philippe traita directement avec les villes et consentit à les dispenser du cinquantième contre versement d'une indemnité substantielle. Il oublia d'en donner la moitié à Dampierre.

Peu après, pour faire pièce à son allié de la veille, il prétendit attribuer la possession de Valenciennes à la maison d'Avesnes, au mépris des droits du comte de Flandre. Mais les habitants de Valenciennes, constatant qu'ils cessaient d'être sous la main du roi de France, se donnèrent à Gui de Dampierre. Le 1er avril 1296, celui-ci fit une entrée triomphale dans cette ville. Philippe somma le comte d'évacuer Valenciennes et le cita à comparaître. Dampierre s'abstint. Alors le roi le déclara déchu de son comté. La sentence fut aussitôt publiée en Flandre et les villes abandonnèrent leur comte, d'autant plus volontiers que Philippe le Bel leur avait promis de veiller sur les biens et les personnes, de les dédommager de leurs pertes et de leur faire bonne justice. Gui de Dampierre se décida à comparaître.

Le malheur avait enfin réveillé sa fierté. Il osa accuser le roi d'avoir saisi ses domaines «par violence et par force, sans cause et sans raison, contre la coutume et contre le droit, sans loi et sans jugement»! Et, de fait, Philippe ne pouvait être son juge; le procès était de la compétence exclusive, reconnue, des pairs de France. Philippe ne se démonta point; il promit d'examiner cette question de compétence. Sa décision fut de remettre l'affaire au parlement, c'est-à-dire à ses fidèles juristes. Les protestations de Dampierre ne servirent à rien et, semble-t-il, aucun des pairs ne fut assez hardi pour prendre sa défense, tant on redoutait les muettes colères du roi. Comme pour corroborer la thèse de Philippe, les plaintes des échevinages contre le malheureux comte affluèrent; elles n'étaient pas de la compétence des pairs. Il fut évidemment condamné à restituer Valenciennes et à remettre à la garde du roi les villes de Gand, Bruges, Ypres, Lille et Douai. Philippe se donna l'élégance de ne conserver que la première, qui était aussi la plus importante!

A son retour en Flandre, Gui de Dampierre reçut Hugues Despenser, envoyé d'Édouard Ier. Le comte de Flandre n'avait d'autre alternative que de perdre sa terre ou de s'allier avec le roi d'Angleterre.

## II

## FURNES ET LILLE

Le traité d'alliance entre le comte de Flandre et le roi d'Angleterre fut signé le 7 janvier 1297. Gui de Dampierre était si respectueux du droit féodal qu'il tint à justifier sa décision dans les considérants du traité et ces quelques lignes, fort émouvantes, peignent assez bien son caractère et son désarroi pour qu'on les cite:

«Nous voulons que tous sachent qu'il est des personnes de haut état et de grande puissance, qui ne se conduisent point comme elles le devraient selon la raison, mais selon leur volonté, en ne s'appuyant que sur leur pouvoir. Cependant la raison doit être souveraine pour tous. Il n'est aucun homme, quelque grand qu'il soit, qui puisse empêcher de conclure des alliances, soit pour obtenir une postérité, selon la loi de la nature, soit pour s'attacher des amis avec l'aide desquels on puisse maintenir ses droits et repousser les outrages et la violence. Chacun sait de combien de manières le roi de France a méfait vis-à-vis de Dieu et de la justice; tel est son orgueil qu'il ne reconnaît rien au-dessus de lui, et nous a réduit à la nécessité de chercher des alliés qui puissent nous défendre et nous protéger.»

Édouard lui avait promis une rente de 60 000 livres pendant la durée de la guerre, outre des renforts. Ayant à peu près perdu la Guyenne, il ne risquait rien à ouvrir un second front par l'intermédiaire de Gui de Dampierre. Ce dernier n'apercevait point qu'Édouard le manipulait et qu'on ne pouvait faire fond sur le secours anglais. Il envoya son défi pour défaut de droit à Philippe le Bel, deux jours après la signature du traité avec le roi d'Angleterre:

«Nous, Gui, comte de Flandre et marquis de Namur, faisons savoir à tous, et spécialement à très haut et très puissant homme, le roi Philippe de France, que nous avons choisi pour nos ambassadeurs les abbés de Gembloux et de Floreffe, afin qu'ils déclarent pour nous et de par nous, au roi dessus nommé, qu'à cause de ses méfaits et défauts de droit nous nous tenons pour délié de toutes alliances, obligations, conventions, sujétions, services et redevances auxquels nous avons pu être obligé envers lui...»

Ce qui signifiait que Gui de Dampierre rompait son lien d'allégeance envers Philippe le Bel; qu'il ne le reconnaissait plus pour son suzerain. Dans une assemblée solennelle, le roi rejeta l'appel du comte de Flandre. Il envoya aussitôt les évêques d'Amiens et du Puy lui porter une lettre: elle était adressée «à Gui de Dampierre, marquis de Namur, se prétendant, dit-on, comte de Flandre». Ce que voyant, le comte Gui gronda:

– «Dites au roi qu'il recevra ma réponse aux frontières de Flandre!»

Mais les deux évêques avaient une mission précise à remplir. Ils commencèrent par demander à Gui si les lettres portées par les abbés de Gembloux et de Floreffe étaient authentiques et s'il avait eu réellement l'intention de rompre avec le roi. Sur la réponse affirmative du comte, ils lui proposèrent de faire juger ses griefs par la cour des pairs. C'était là un de ces coups de théâtre dont Philippe le Bel avait le secret! Gui de Dampierre ne demandait en effet rien d'autre que d'être jugé par ses pairs. Il comprit pourtant que la démarche de Philippe ne tendait qu'à rompre l'alliance avec l'Angleterre. Il répondit qu'après avoir si longtemps réclamé réparation des torts qu'on lui avait faits, il pouvait d'autant moins se fier aux dispositions du roi que celui-ci ne lui donnait même plus son titre de comte de Flandre.

– Mais vous-même, sire comte, s'exclama l'évêque d'Amiens, vous ne donnez plus le nom de seigneur au roi de France!

On en resta là. Gui de Dampierre crut embarrasser Philippe le Bel en se plaçant sous la protection de Boniface VIII. La parade était adroite, compte tenu du différend qui opposait alors le roi de France au pape. Dampierre était presque certain que l'arbitrage serait en sa faveur. Une fois de plus, son ingénuité chevaleresque l'égarait. Il ne pouvait concevoir que le pape fût un politique avant d'être le père spirituel de la chrétienté. Il se croyait encore au temps de saint Louis, c'est-à-dire au temps de l'honneur, du respect d'autrui et de la piété. Le monde qui l'entourait, cynique, implacable et masqué d'hypocrisie, lui était étranger. Tout allait lui manquer et, bientôt, il se retrouverait seul en face de Philippe le Bel et des soixante mille hommes qui s'assemblaient pour envahir la Flandre!

Le parlement anglais refusa de voter les subsides demandés par Édouard qui taxa férocement la vente des laines pour se faire de l'argent. La chevalerie anglaise refusa de s'embarquer pour la Flandre, en prétendant qu'elle ne devait le service que sur le territoire anglais. Les Écossais s'agitèrent à nouveau. Une députation de tous les ordres vint trouver Édouard pour le supplier de renoncer à l'expédition. L'empereur d'Allemagne, Adolphe de Nassau, était réduit à l'impuissance par une révolte suscitée par son rival, Albert de Habsbourg. Seuls, quelques chevaliers allemands purent se joindre, à titre individuel, aux armées flamandes. Gui de Dampierre avait été un bon soldat. Il fit ce qu'il put pour organiser la résistance, mais d'anciennes rivalités divisaient ses troupes et les villes restaient dans l'expectative!

Le 23 juin 1297, l'armée française, commandée par le roi lui-même, investit Lille. Cette place forte, naguère détruite de fond en comble par Philippe Auguste, venait à peine de se relever de ses ruines. Elle était défendue par Robert de Béthune. Les Lillois ne doutaient pas d'être promptement secourus. Mais un corps d'armée commandé par Charles de Valois et le comte de Saint-Pol s'empara du pont de Commines et barra la route de Lille. Il s'avança ensuite jusqu'à Courtrai qui ouvrit ses portes, et de là vers Ypres dont les faubourgs et les moulins furent incendiés. Un autre corps d'armée, conduit par Robert d'Artois, s'empara, presque sans coup férir, de Béthune, Saint-Omer, Bergues et Cassel. A Furnes, après le passage du pont de Buhscamp, les Français se heurtèrent à l'armée flamande, menée par Guillaume de Juliers et le sire de Gavre. Philippe, fils de Robert d'Artois, se trouvait à l'avant-garde; il fut renversé de son cheval, grièvement blessé et fait prisonnier. Son père le dégagea, dans une charge furieuse qui balaya l'infanterie de Flandre. Les chroniqueurs et les historiens flamands prétendent que le bailli de Furnes, vendu aux Français, jeta bas la bannière du comte de Juliers et provoqua la débandade. Il est plus que probable que les fantassins flamands, soldats improvisés, par surcroît mal protégés par leurs seuls corselets de cuir, ne purent tenir contre des cavaliers bardés de fer et s'enfuirent au premier choc. Guillaume de Juliers ne disposait que d'une poignée de chevaliers; ce fut en vain qu'il essaya de résister. Quand ses compagnons furent tués, il rendit son épée. Pour venger son fils, Robert d'Artois le fit enchaîner et promener dans un chariot, comme l'avait été jadis Ferrand de Portugal. Furnes fut livrée aux flammes.

Apprenant ce désastre, les Lillois ne songèrent plus qu'à sauver leurs vies et leurs biens. Robert de Béthune capitula avec les honneurs de la guerre et se retira à Gand. Cependant Édouard d'Angleterre venait, un peu tard, de débarquer à Damme, l'avant-port de Bruges. Il préconisait la guerre à outrance. Mais Gui de Dampierre, considérant les maigres renforts anglais, lui répondit, dissimulant son amertume sous la courtoisie:

– «Sire, vos troupes sont trop fatiguées pour combattre immédiatement. Il vaut mieux attendre le moment où toutes nos forces seront prêtes, et une occasion favorable. Cette ville est entourée de murailles épaisses; sa situation est des plus sûres.»

Cette retraite vers Gand, sous la protection des archers gallois, hâta le triomphe des partisans de la France, appelés «Leliaerts». L'armée de Philippe le Bel continuait d'avancer. Charles de Valois et le connétable Raoul de Nesle approchaient de Bruges, dont les habitants livrèrent les clefs. Il s'en fallut de peu que la petite flotte anglaise embossée à Damme ne fût prise; elle n'eut que le temps de gagner le large. Pour Gui de Dampierre, enfermé dans la place de Gand avec Édouard d'Angleterre, la situation tournait à la catastrophe. Son dernier allié, le comte de Bar, s'était fait battre en attaquant la Champagne et les vainqueurs dévastaient ses terres. Les Gantois exécraient les Anglais réfugiés dans leur cité sans avoir tiré l'épée. Édouard n'avait tenu aucune de ses promesses; il n'avait même pas versé au comte de Flandre la rente promise pour la durée de la guerre. Ayant reçu de mauvaises nouvelles de l'Angleterre, il parla d'une trêve. Dampierre eut beau démontrer que la saison des pluies allait contraindre les

Français à se retirer, que rien n'était encore perdu, Édouard envoya un plénipotentiaire (Hugues de Beauchamp) à Vyve Saint-Bavon pour y rencontrer les ambassadeurs de Philippe le Bel. La trêve fut accordée, puis renouvelée, enfin prorogée jusqu'en février 1298. Édouard fit serment de ne point négocier de paix séparée. Peu après, il changea d'avis et l'on apprit avec colère qu'une trêve de deux ans avait été convenue entre les deux rois. Le comte de Flandre y était compris, bien qu'on ne l'ait pas consulté! Les Anglais tentèrent d'incendier Gand, afin de piller plus commodément les riches maisons. Ils purent à grand-peine sortir de la ville. Sans l'intervention de Gui de Dampierre, les Gantois les eussent massacrés. En mars 1298, Édouard put enfin débarquer à Sandwich. Pour lui, l'aventure flamande était terminée. Pour le comte de Flandre, les tribulations ne faisaient que commencer!

Les deux rois avaient soumis leur différend à l'arbitrage de Boniface VIII, sans exclure l'affaire flamande. Dampierre plaçait donc son dernier espoir dans l'équité du pape. Dès que la trêve eut été proclamée, il envoya des ambassadeurs à Rome. Boniface les accueillit volontiers; il prêta même une oreille attentive aux doléances dont ils lui firent l'exposé. Il répondit fort doucement qu'il avait toujours porté «affection et amour» à la Maison de Flandre et qu'il s'emploierait de son mieux, avec l'aide de Dieu, à remettre les affaires du comte Gui «en bonne situation». Les envoyés flamands visitèrent ensuite les cardinaux du Sacré Collège et reçurent d'eux les meilleures paroles. Ils firent de leur mission un compte rendu optimiste, croyant qu'ils avaient cause gagnée.

Robert de Béthune et Jean de Namur, son frère, arrivèrent peu après à Rome. Ils se présentèrent au pape pour soutenir l'appel interjeté par leur père. Ils lui demandèrent d'ordonner à Philippe le Bel de libérer leur sœur Philippine et d'observer la trêve qu'il avait accordée. Ils rappelèrent que Philippine avait été fiancée au prince de Galles, fiançailles sanctionnées par traité et serments réciproques. Dans un mémoire qu'ils remirent à Boniface, les raisons de cette requête étaient exposées comme suit: «Car c'était une grande chose que d'avoir pour gendre le fils du roi d'Angleterre, et de pouvoir espérer que lorsque sa fille serait reine, des liens étroits de parenté et d'amitié l'attacheraient à un monarque puissant... C'était aussi une grande chose pour ses sujets que d'être assurés de la paix et de la concorde entre la terre d'Angleterre et celle de Flandre, dont les relations ont été si souvent interrompues, au grand dommage des personnes et de la prospérité générale ; car ces terres sont voisines, elles sont accoutumées à avoir fréquemment des rapports pour le transport des laines d'Angleterre et des draps de Flandre, et des objets innombrables que l'on trouve dans l'un et l'autre pays. »

Mais le pape avait changé d'avis. Il abandonnait la Flandre à son malheureux sort et ne s'embarrassait point des fiançailles de Philippine de Flandre. Les fiançailles d'Isabelle de France et du prince de Galles devaient en effet sceller la réconciliation des deux rois. Il cassa donc le traité concernant Philippine et annula les serments prêtés. Et, comme Robert de Béthune protestait, Boniface conseilla la soumission du comte Gui, tout en apaisant ses craintes pour l'avenir. Il se flattait encore de régler la marche des rois ! Il ne restait plus à Robert de Béthune qu'à regagner la Flandre. Le vieux comte Gui, quand il connut l'échec de son fils, en appela aux bons sentiments du roi d'Angleterre.

« Cher sire, lui écrivait-il, je suis chaque jour le témoin des grands dommages que me cause le roi de France, et c'est ce qui me porte à recourir si souvent à vous, en qui, après Dieu, je place toute ma confiance et tout mon espoir ; car, si quelque salut peut exister pour moi, c'est de vous qu'il me doit venir. » Mais Édouard n'avait plus besoin du comte de Flandre. Il s'apprêtait à le sacrifier sans le moindre scrupule. Quant à Boniface, il fit pression sur Robert de Béthune pour qu'il incitât son père à solliciter le pardon de Philippe le Bel : « Qu'il considère que ses années, penchant de plus en plus vers leur déclin, le rapprochent chaque jour du terme de la vie ; et, s'il ne doit désirer plus vivement de pouvoir laisser son héritage à ses fils et d'assurer la paix à ses sujets, qu'il cherche donc, avant d'être arrivé à la fin des trêves, à éloigner tout sujet de dissentiment. Et vous, mon fils, considérez en vous-même quels seront tous les biens qui résulteront de la paix, recherchez-la, et sachez que, si vous écoutez nos exhortations salutaires, nous vous accorderons notre généreuse faveur ; s'il en était autrement, la désobéissance du comte ne paraîtrait à tous que le résultat de son orgueil, et comme nous ne voulons point que notre appui manque au roi dans le cours de sa justice, nous n'hésiterons pas à employer notre autorité apostolique, comme nous le croirons le plus utile à sa cause.»

Ainsi, Boniface ne se contentait pas de lâcher Gui de Dampierre, mais il le menaçait d'excommunication, parce que le malheureux comte gênait ses combinaisons politiques. L'entrevue de Vaucouleurs (en 1299) entre Philippe le Bel et le nouvel empereur d'Allemagne, Albert de Habsbourg, outra Boniface de colère et provoqua de sa part une nouvelle volte-face. Ce dont le comte de Flandre tenta de profiter, en déclarant reconnaître la suprématie temporelle du pape et sa qualité de juge suprême en tant que vicaire du Christ. «Le pape, écrivait-il naïvement, ne peut-il point déposer l'empereur qui est le premier de tous les princes séculiers? N'a-t-il pas aussi le droit de déposer le roi de France qui ne reconnaît aucun prince au-dessus de lui? Le pouvoir pontifical n'a-t-il pas été, à toutes les époques, le refuge des opprimés?» Les pèlerins flamands furent nombreux à participer au jubilé de 1300, qui fut le jour de gloire de Boniface VIII. Ce dernier prolongea la trêve, de sa propre autorité et c'était pour Gui de Dampierre un gain inappréciable et un gage de justice.

Philippe le Bel ne tint aucun compte de la trêve. Charles de Valois s'empara de Douai, parut devant Bruges. Abattu par la vieillesse et par l'infortune, le comte Gui remit son autorité à Robert de Béthune et se retira, désespéré, dans son château de Rupelmonde.

## III

# L'OCCISION DE BRUGES

Sa retraite fut de courte durée. Quand il vit la Flandre menacée de destruction, il céda aux supplications de son fils Guillaume, lequel avait épousé une fille du connétable Raoul de Nesle. Guillaume le persuada d'entrer en pourparlers avec Charles de Valois. Le comte Gui crut qu'il était de son devoir de se dévouer une dernière fois. Il rencontra donc Charles de Valois qui lui conseilla de se rendre à Paris et lui promit, au nom de son frère Philippe le Bel, qu'il serait libre de rentrer en Flandre si la négociation échouait. Gui de Dampierre partit donc pour Paris. Deux de ses fils, Robert et Guillaume[1] l'accompagnaient, ainsi que des chevaliers et des bourgeois tenant à manifester leur fidélité quel que fût le risque. Quand il se présenta au roi et déclara qu'il se rendait à merci, Philippe répondit sèchement:

– «Je ne veux point de paix avec vous. Si mon frère a pris quelque engagement à votre égard, il n'en avait pas le droit.»

Et il ordonna à Robert d'Artois de conduire le comte de Flandre et sa suite au Châtelet. Ils y restèrent une dizaine de jours, puis on les sépara: le comte fut emprisonné à Compiègne, Robert de Béthune à Chinon; les autres furent répartis entre plusieurs forteresses (Montlhéry, Falaise, Loudun, Niort, etc. ). L'arrestation du comte provoqua la reddition de nombreuses villes. La Flandre cessait d'être un État indépendant! Désormais, Raoul de Nesle y commandait au nom du roi. C'était une annexion de fait, sinon de droit, et si bien assurée aux yeux de Philippe le Bel qu'il décida de visiter sa

1. Robert de Béthune et Guillaume de Crèvecœur.

nouvelle conquête. Les Capétiens avaient accoutumé de se montrer dans l'appareil de leur toute-puissance aux peuples nouvellement conquis!

Ce voyage triomphal eut lieu pendant les mois de mai et juin 1301. La reine Jeanne de Navarre accompagnait son époux. Les plus grands seigneurs du royaume, les dignitaires de la cour et les principaux conseillers figuraient dans le cortège. Rien ne semblait alors devoir freiner l'ascension du roi de France et le pape lui-même, quoi qu'il en eût, devait adoucir ses décrétales. Le 18 mai, le roi et la reine étaient à Tournai. Ils arrivèrent à Gand le jour de la Pentecôte, après avoir été reçus à Courtrai, Peteghem et Audenarde. Les Gantois les accueillirent fastueusement, encore qu'une partie de la population manifestât son hostilité en arborant les couleurs de la Flandre dans son costume. Mais Philippe le Bel négligeait ces détails. Il crut se rendre populaire en supprimant une taxe sur la bière, malgré l'opposition des Trente-Neuf. Après un séjour d'une semaine, il quitta Gand et se dirigea vers Bruges, où il fit une entrée solennelle le 29 mai. Tous les édifices publics, toutes les maisons de la riche cité étaient pavoisés. Pour honorer leurs hôtes, les Brugeois avaient revêtu leurs plus beaux costumes. On dit que Jeanne de Navarre, voyant ces bourgeoises parées de leurs plus belles robes et de bijoux magnifiques, eut cette parole malencontreuse:

– «Je croyais paraître ici comme la seule reine, et j'en vois six cents!»

Chose étrange et significative, la population restait silencieuse. On s'abstint de présenter des requêtes au roi. Hormis les «Leliaerts», on ne participa ni aux fêtes ni aux joutes.

A peine le cortège royal avait-il quitté la ville qu'un tisserand nommé Pierre Coning rameuta le parti hostile à la France. Doué d'une éloquence irrésistible, il accusa les échevins brugeois de pactiser avec l'ennemi. Les échevins le firent arrêter.

La foule brisa furieusement les portes de la prison et libéra Coning. Philippe le Bel avait confié le gouvernement de la Flandre à Jacques de Saint-Pol, troisième fils de Gui de Chatillon, comte de Saint-Pol et cousin de la reine. Saint-Pol avait accompagné le roi jusqu'à Béthune. Il apprit la sédition de Bruges et s'empressa de rallier cette ville avec cinq cents cavaliers. Il était convenu avec les «Leliaerts» brugeois qu'il entrerait dans la ville quand retentirait une certaine cloche indiquant qu'une des portes était gardée par le parti français. Insuffisamment informé, il craignait en effet d'avoir à assiéger la ville, dont les remparts avaient été récemment réparés. De son côté, la population brugeoise croyait que Saint-Pol abolirait toutes les libertés de la ville. La cloche des «Leliaerts» fut entendue. La population s'en prit aux échevins, elle en massacra quelques-uns et jeta les autres en prison. Pierre Coning était devenu le maître de la ville. Saint-Pol ne voulait pas prendre de risques. Il attendit prudemment l'arrivée des renforts qu'il avait mandés en hâte. Son armée grossissant de jour en jour, les Brugeois s'effrayèrent, malgré les exhortations enflammées de Pierre Coning. On négocia. Saint-Pol autorisa les émeutiers et leur chef à sortir de la ville. Il fit démanteler les remparts, combler les fossés et renverser les tours, par précaution. Ensuite il commit la maladresse de proclamer que Bruges avait forfait et qu'en conséquence ses droits et libertés étaient supprimés. Il permit cependant à une députation de se rendre auprès du roi. Il connaissait assez bien Philippe le Bel pour ne pas redouter un désaveu. En agissant de la sorte, il avait fait l'unanimité contre lui. Il se croyait maître de la situation et, partout, son autorité était battue en brèche. Pierre Coning osa rentrer à Bruges et commander aux ouvriers qui travaillaient à démolir les remparts, de cesser leur travail. Ils obéirent et l'on ne put, ou l'on ne voulut, arrêter le tisserand. Dans toute la Flandre, ou presque, le mécontentement progressait. Malgré les mesures prises par Philippe le Bel pour gagner l'affection des Gantois, les corps de métiers se révoltèrent contre les «Leliaerts» et le bailli du roi. Soudain, les yeux se dessillaient: ces riches patriciens férus de leurs libertés, ces populations impatientes se prirent à regretter le comte Gui de Dampierre! Ils s'apitoyèrent sur son sort, en oubliant qu'ils l'avaient largement provoqué, et se tournèrent vers ses fils: Jean de Namur, son frère Gui et leur neveu, Guillaume de Juliers. Ce dernier avait à venger l'indigne traitement infligé à son frère, le soir de la bataille de Furnes. Il gagna l'appui de Pierre Coning et de son lieutenant, le boucher Jean Breydel. La résistance flamande s'organisait. Guillaume de Juliers s'empara du port de Damme et du château de Male. Ces deux succès accrurent sa popularité. Les «Leliaerts» s'émurent. Ils engagèrent leurs compatriotes à s'assagir, afin d'écarter le fléau d'une guerre civile. Jacques de Saint-Pol envoyait aux échevins des lettres dans le même sens, pleines de modération et de douceur. Mais on savait qu'une armée se rassemblait à Courtrai, prête à intervenir, c'est-à-dire à dompter l'orgueil flamand. Pris de panique, les bourgeois de Gand refusèrent l'entrée de leur ville à Guillaume de Juliers, après l'avoir appelé. A Bruges, ils reprochèrent à Pierre Coning d'avoir provoqué la rébellion. Il dut prendre la fuite, se retirer à Damme. Mais, au cours de la nuit suivante, cinq mille partisans le rejoignirent, avec Jean Breydel. Saint-Pol accourut à Bruges, avec dix-sept cents cavaliers et un grand nombre de fantassins. Il déclara ne vouloir châtier que les fauteurs de troubles, mais son regard menaçant et surtout la présence d'une aussi redoutable escorte accrurent l'effroi des habitants. Pierre Coning les fit prévenir secrètement que, s'ils voulaient sauver leur vie et celle de leur famille, ils devaient se rassembler aux portes de la ville à la pointe du jour. Un conseil de guerre se tint dans la nuit. Les décisions furent prises et les ordres donnés. Tout se déroula ensuite dans un silence et un calme parfaits. Pierre Coning arriva de Damme avec ses partisans. Seize cents hommes se répartirent devant les quatre portes de la ville, afin de bloquer la retraite des Français. Car il ne s'agissait pas seulement pour les conjurés de chasser l'occupant, mais de l'exterminer. Il faut croire que l'humble tisserand était un chef de premier ordre et qu'il disposait d'un véritable réseau de complicités, car rien ne transpira du complot. Il est vrai que les remparts, à moitié démolis par les ordres du gouverneur, n'étaient pas gardés et que les Français étaient disséminés dans la ville. Coning divisa sa troupe en deux corps. Avec l'un il s'avança de la porte Sainte-Croix vers la place du Marché; avec l'autre, Breydel se dirigea vers l'hôtel où logeaient Saint-Pol et sa suite. Soudain des cris de mort retentirent partout. Les Français furent tirés de leurs lits et massacrés sauvagement. Quartier par quartier, maison par maison, l'extermination se propagea. Saint-Pol parvint à regrouper quelques chevaliers. Son cheval s'abattit, percé de coups. Il en fut réduit à se cacher, puis à fuir avec une poignée de survivants. Le soleil était à peine levé que quinze cents Français rougissaient de leur sang les pavés de Bruges. C'était le vendredi 18 mai 1302; et l'on appela cette journée «l'occision de Bruges» et, plus tard, «les Matines de Bruges» par comparaison avec «les Vêpres siciliennes». Cet événement eut un effet décisif sur la population flamande; il retourna l'opinion contre les «Leliaerts» et leurs amis français. Brusquement Guillaume de Juliers se trouva à la tête d'une armée de partisans. Il eut un geste spectaculaire: ayant appris que l'épée et l'armure de Gui de Dampierre étaient restées au château de Rupelmonde, il se les fit remettre. Brandissant l'épée symbolique, il s'écria:

– «Les combats seront désormais mon école; voici mon bâton pastoral; le roi regrettera bientôt sa perfidie à l'égard de ses prisonniers!»

Étudiant à l'université de Bologne et destiné à la cléricature, il avait effectivement troqué l'aumusse contre l'armure, pour sauver sa patrie. Il passa quelques jours à Bruges, afin d'organiser ses troupes auxquelles s'étaient joints des seigneurs allemands et hollandais. Puis il s'empara du château de Winendale défendu par sept cents Français. Bientôt, Ypres, Furnes, Dixmude, Nieuport et Bergues reconnurent son autorité. Il vint mettre le siège devant Cassel défendue par le «Leliaert» Jean d'Haverkerke. Désormais la révolte embrasait la Flandre entière et menaçait les frontières françaises. Jacques de Saint-Pol se rendit à Paris. La réaction de Philippe le Bel fut immédiate. Il publia un mandement par tout le royaume convoquant les feudataires et leurs sergents. Il eût été inutile de libérer le comte de Flandre et de lui arracher de vaines promesses: Gui de Dampierre lui-même n'aurait pas eu le pouvoir de stopper la rébellion; on lui eût au contraire offert une chance d'en tirer profit. Blessé dans son orgueil, Philippe le Bel avait résolu d'écraser impitoyablement ces misérables boutiquiers flamands et leurs ouvriers déguisés en soldats. Il savait que l'adversaire n'avait pas de cavalerie, hormis le mince escadron des nobles! La victoire paraissait facile et chacun se souvenait de Furnes. En outre, on surestimait l'importance et la combativité des «Leliaerts». Cependant le connétable Raoul de Nesle n'avait pu rompre le blocus de Cassel. Toutefois il n'avait avec lui que quinze cents hommes d'armes. Il jugea préférable d'attendre le gros de l'armée. Les volontaires affluaient, venus de toutes les provinces à l'appel du roi. La perspective de pillage les attirait. Ils se disaient que cette campagne ne serait qu'une promenade armée. Nul d'entre eux n'imaginait que la liberté perdue pouvait décupler les courages et changer en bêtes fauves les gens de métier. C'étaient des hommes de guerre professionnels. Ils croyaient avoir affaire à de vulgaires émeutiers. Mais d'abord et surtout, l'idée de mettre à sac les opulentes cités flamandes regorgeant d'or et de marchandises, et les grasses fermes du plat pays, les enchantait.

Gui de Namur fit son entrée à Bruges. On le reçut comme un libérateur; les rues étaient jonchées de fleurs, les cloches sonnaient à toute volée. Il installa un gouvernement provisoire, au nom de son père, organisa les armements, et prescrivit des prières publiques dans toutes les églises et les monastères de Flandre: «Veuillez, écrivit-il aux abbés, aux évêques et aux curés, ordonner des processions solennelles tant que durera la guerre que nous soutenons contre nos ennemis. Que tout le peuple y assiste, et qu'il prie Dieu avec une dévotion convenable et avec une pleine effusion de cœur, non seulement pour nous, mais encore plus pour vous, afin que le Seigneur tout puissant nous accorde la palme de triomphe.»

Gui de Namur s'en fut ensuite mettre le siège devant le château de Courtrai. Le châtelain de Lens s'y était enfermé, après avoir incendié une partie de la ville. Il envoya un appel au secours à Robert d'Artois, qui venait d'arriver à Arras avec l'armée française. Robert se mit aussitôt en marche vers Lille, en ordonnant au connétable de Nesle de le rejoindre avec ses quinze cents armures de fer. Ce qu'apprenant, Guillaume de Juliers leva le siège de Cassel et se dirigea vers Courtrai pour unir ses forces à celles de Gui de Namur. Désormais tout était en place pour l'affrontement.

## IV

# LES ÉPERONS D'OR

Les Flamands occupaient un plateau dominant la plaine de Groeninghe. Il était bordé au nord par la Lys, à l'ouest par les douves du château de Courtrai, à l'est et au sud par un ruisseau aux rives marécageuses. Il y avait là toutes les milices communales, groupées autour des chevaliers, des écuyers que l'on nommait chevaliers du Cygne et des Templiers flamands qui répondaient, eux aussi, à l'appel de la patrie. Les contingents portaient les couleurs respectives de leur cité, à la mode du temps. Si disparate que parût cette armée – que l'on évalue à vingt mille hommes – elle était bien équipée et bien armée, par surcroît résolue à mourir plutôt que de subir l'esclavage de Philippe le Bel. L'Italien Villani compare dans sa chronique les Flamands à l'armée d'Israël et les Français à celle des rois de Babylone. Il écrit: «Ce fut certainement par le jugement de Dieu que l'on vit s'accomplir des choses qui paraissent impossibles; c'est ainsi que, lorsque le peuple d'Israël était glacé de terreur à la vue de la puissance et de la multitude de ses ennemis, il entendit la voix de Dieu qui disait: Combattez avec courage, car le succès des batailles est dans ma main et non dans la force du nombre, parce que je suis le Dieu des armées.»

L'armée de Robert d'Artois quitta Lille le 8 juillet. On la disait forte de sept mille cinq cents chevaliers, de dix mille archers et de trente mille fantassins, chiffres dont on peut bien rabattre la moitié pour approcher de la réalité. Mais enfin la supériorité numérique des Français était indiscutable, surtout en cavaliers. De plus, Jean de Burlas, maître des arbalétriers, était présent avec ses tireurs aguerris et soigneusement entraînés.

On disait aussi que Robert d'Artois emmenait des chariots chargés de cordes pour brancher les prisonniers. Partout où les Français passaient, ils semaient la terreur et la dévastation, n'épargnant ni les femmes ni les enfants, selon le témoignage d'un moine flamand. Ces excès enrageaient la population de haine et l'incitaient à de terribles représailles. Au bout de deux jours de marche, les Français arrivèrent devant Courtrai, non sans avoir subi de rudes escarmouches. Robert d'Artois fit dresser les pavillons sur une colline appelée le Mossenberg. Il ne se hâtait point d'engager le combat. Il festoyait avec ses chevaliers, fort joyeusement. Tout ce monde de fervêtus méprisait cette armée de tisserands, de foulons, de teinturiers, de pêcheurs de harengs, de drapiers, d'orfèvres et d'épiciers, qu'on l'obligeait à combattre. Aucun d'entre eux ne doutait que cette piétaille ne fuirait comme lièvres au premier choc!

Vint enfin l'aube du 11 juillet 1302, qui était un mercredi. Gui de Namur et Guillaume de Juliers rangèrent leur armée en forme de croissant derrière un fossé profond de trois brasses et large de cinq, que l'on avait creusé la veille et dissimulé avec des branchages: terrible piège pour la cavalerie! Gui de Namur commandait l'aile droite et l'aile gauche était sous les ordres de Guillaume de Juliers. Les Flamands commencèrent cette journée par la prière. Puis les deux chefs donnèrent la chevalerie à une quarantaine de soldats, parmi lesquels Pierre Coning et Jean Breydel. Ils exhortèrent ensuite leurs troupes à bien faire, en ces termes pathétiques:

– «Vous voyez devant vous ceux qui se sont armés pour votre destruction. Quel que soit leur nombre, c'est en Dieu qu'il faut mettre votre confiance; invoquez sa protection! Et souvenez-vous que notre cri de guerre sera toujours: Flandre au lion!»

Un prêtre éleva le viatique. Chaque soldat prit un peu de terre et la porta à ses lèvres. Cette terre bénite était aussi celle de la patrie flamande. Les chefs firent distribuer quelques vivres. Les hommes prirent un léger repas. L'instant décisif approchait.

Les Français s'étaient rangés en bataille sur la route de Tournai. Leur armée formait dix corps principaux. Chacun d'eux était commandé par un dignitaire du royaume ou par un grand seigneur: Jean de Burlas avec ses archers gascons, navarrais et lombards, le connétable Raoul de Nesle, le comte de Clermont, le comte de Saint-Pol, Jacques de Saint-Pol, gouverneur de Flandre, les comtes d'Eu, de Tancarville et d'Aumale. La «bataille» de Robert d'Artois, accompagné du garde des sceaux Pierre Flote, ne comptait pas moins de mille chevaliers. Bref, l'élite de la noblesse se trouvait là. L'armée avait pour guide Guillaume de Mosschère, chevalier «Leliaert» , qui espérait bien s'enrichir des dépouilles de ses compatriotes.

Les chroniqueurs flamands se plaisent à évoquer les présages qui annoncèrent la défaite prochaine des Français. Ils rapportent que des vols de corbeaux tournoyaient au-dessus d'eux, alors que des colombes se posaient dans le camp de Gui de Namur. Que la louve familière de Robert d'Artois lui sauta soudain à la gorge et que son cheval se cabra trois fois, comme s'il refusait d'avancer. Sous leur plume exaltée, Courtrai devient un Bouvines flamand. Cependant il se peut que certains chevaliers se soient souvenus de la catastrophe de Mansourah et de la mort du père de Robert d'Artois. Son fils lui ressemblait en tout: impétuosité, outrecuidance, dédain de l'ennemi, avec en plus la gloire de n'avoir jamais été vaincu.

Le châtelain de Lens, toujours enfermé dans la forteresse de Courtrai, fit lancer des flèches enflammées pour indiquer la position des Flamands. Robert d'Artois envoya ses maréchaux reconnaître le terrain. Ils crurent que leur seule apparition jetterait l'effroi dans les rangs ennemis. Or, que virent-ils? Une muraille d'archers et de fantassins qui attendaient de pied ferme, le goedendag (hache munie d'un harpon) levé. Première surprise, à la suite de laquelle on conseilla à Robert d'Artois de remettre la bataille au lendemain, car les milices, certainement dépourvues de vivres en suffisance, se disperseraient d'elles-mêmes.

– «Nous sommes supérieurs en nombre, rétorqua vivement Robert; nous sommes à cheval, ils sont à pied; nous avons de bonnes armes, ils n'en ont point, et nous resterions immobiles à l'aspect de nos ennemis déjà glacés de terreur!»

Les Français se regroupèrent en trois corps: le premier commandé par Robert d'Artois, le second par le connétable de Nesle et le troisième par le comte de Saint-Pol. Les piétons engagèrent le combat avec tant d'ardeur que, d'abord, les Flamands reculèrent. Un chevalier s'écria, à l'intention de Robert d'Artois:

– «Sire, ces vilains feront tant qu'ils auront l'honneur de la journée! Que restera-t-il à la noblesse? »

D'autres, plus sages ou meilleurs techniciens, lui conseillèrent d'attendre que les archers eussent bousculé les Flamands, avant de faire donner la cavalerie. Le connétable fut de cet avis.

– «Par le diable! gronda Robert, ce sont là conseils de Lombards; et vous, connétable, vous avez encore de la peau du loup!»

Il lançait cette injure à Raoul de Nesle, parce que la fille de celui-ci avait épousé un prince de Flandre.

– «Sire, répliqua le connétable, si vous allez là où j'irai, vous irez bien avant.»

Ce qui s'ensuivit fut l'exacte répétition de la bataille de Mansourah, mais aussi, par malheur, la préfiguration de Crécy et d'Azincourt. Le connétable et sa «bataille» s'élancèrent comme des damnés, bousculant la piétaille française en train de dérober la victoire aux chevaliers! Emportés par leur élan, ils franchirent les retranchements flamands et percèrent leurs rangs. Raoul de Nesle fonça vers Guillaume de Juliers et le renversa de son cheval. Un moment, on crut la bannière de Flandre perdue. Le châtelain de Lens en profita pour faire une sortie et prendre de flanc le corps de Gui de Namur. Les Flamands, se voyant attaqués sur deux côtés, commençaient à plier. Des fuyards passaient la Lys à la nage. Gui de Namur, se tournant vers l'abbaye Notre-Dame de Groeninghe, s'écria tout à coup:

– «Sainte reine du ciel, secours-moi en ce péril!»

Cette invocation ranima le courage des hésitants. Les Français furent repoussés hors du camp, s'embourbèrent dans les marécages du ruisseau. Là, périrent le connétable de Nesle, Jacques de Saint-Pol qui se flattait de tirer une vengeance éclatante du massacre de Bruges et le garde des sceaux Pierre Flote! Guillaume de Juliers s'était retiré de la mêlée couvert de blessures. Un écuyer endossa sa cotte armoriée afin que son absence ne fût pas remarquée. Dans le parti français, on croyait la victoire acquise, car on avait vu le connétable percer hardiment les lignes flamandes. Ne comprenant point ce qui se passait, Robert d'Artois voulut donner le coup de grâce. On lui dit de se défier d'un certain fossé dissimulé sous des branchages.

Il cria :

– « Que mes fidèles me suivent ! »

Et ce fol mena la charge droit au fossé. Il éperonna si bien son cheval qu'il le franchit et s'empara de la bannière de Flandre. Mais les goedendags entrèrent en action. Jeté à terre, entouré d'ennemis, il hurlait :

– « Je me rends ! Je me rends ! Je suis le comte d'Artois ! »

On feignit de ne pas le comprendre. On le perça de coups. Gui de Namur arriva trop tard pour lui sauver la vie. Le reste de l'escadron du connétable subit le même sort. Les chevaliers emportés par le galop de leurs destriers arrivaient au fossé, y basculaient et se faisaient tuer sans pouvoir se relever. Restait la « bataille » du comte de Saint-Pol, qui était intacte et n'intervenait pas. Le comte d'Angoulême supplia Saint-Pol de venger son frère et Robert d'Artois. Le comte refusa. Alors Angoulême et ses amis s'élancèrent. Ils furent repoussés, mais sauvèrent au moins l'honneur. Quand ils revinrent à leur point de départ, Saint-Pol et les siens s'étaient esquivés. Il ne restait plus qu'à retraiter, en évitant de se faire surprendre. Les Flamands sortirent de leur retranchement et massacrèrent dix ou douze mille piétons français fuyant à travers les fondrières et les broussailles.

« Du haut des tours de notre monastère, raconte Gilles de Muisis, nous pouvions voir les Français fuir sur les routes, à travers les champs et les haies, en si grand nombre qu'il faut avoir assisté à ce spectacle pour pouvoir le croire. Il y avait dans les faubourgs de notre ville et dans les villages voisins une si grande multitude de chevaliers et d'hommes d'armes tourmentés par la faim, que c'était chose horrible à voir. Ils donnaient leurs armures pour avoir du pain ; mais la plupart étaient si tremblants que la terreur les empêchait de le porter à leur bouche. » La prairie de Groeninghe était couverte de morts. On les dépouilla de leurs armures pour les laisser nus à même la terre. Les éperons d'or des chevaliers se comptèrent par boisseaux. On fit moisson d'épées, de lances et d'écus. On se partagea les riches pavillons dressés sur la colline de Mossenberg, les objets et les vivres qu'ils contenaient. On ramassa les bannières, certaines illustres, pour les remettre à Gui de Namur et à Guillaume de Juliers. Le lendemain, un moine d'Audenarde leur demanda humblement l'autorisation de donner une sépulture à Robert d'Artois, ce qu'ils lui accordèrent. Le moine retrouva le corps de Robert percé de trente coups. Il l'inhuma du mieux qu'il put dans son pauvre monastère. Mais les compagnons de Robert continuèrent à gésir dans l'herbe de Groeninghe. Comme l'écrivit Primat dans sa grande chronique: «Et ainsi, à grande douleur, tous les corps dénudés de tant de nobles hommes demeurèrent sur place, privés de sépulture. Les bêtes des champs, les chiens et les oiseaux mangèrent leurs charognes.»

La victoire de Courtrai réduisit à néant la faction des «Leliaerts». Gand réserva un accueil triomphal à Gui de Namur. Mais la besogne de ce dernier n'était qu'à moitié faite. Il s'agissait désormais de libérer les places que tenaient encore les Français. Lille capitula le 6 août. Bientôt la bannière au lion remplaça les fleurs de lys à Douai et à Béthune. Les postes flamands bordaient la frontière de l'Artois et les incursions étaient fréquentes. Philippe le Bel était réduit à l'impuissance; il n'avait plus d'armée; son trésor était vide; le conflit avec Boniface VIII, aggravé par le désastre de Courtrai, était à son paroxysme.

# V

## 1303, ANNÉE CRUCIALE

Courtrai fut ressentie comme une humiliation par l'opinion française persuadée de l'invincibilité de nos armes. Il suffit pour s'en rendre compte de lire la Chronique métrique de Goeffroy de Paris. C'est un clerc, sans doute même un clerc de l'administration royale: on perçoit qu'il a connu les personnages qu'il évoque, certains familièrement. Il souligne comme à plaisir l'outrecuidance et la forfanterie de Robert d'Artois et reproduit sensiblement le dialogue entre le comte et le connétable, mais en substituant Pierre Flote à ce dernier. Il compare la défaite de Courtrai à Roncevaux: Charlemagne hantait les esprits et peut-être lisait-on encore la *Chanson de Roland*. Il écrit que l'élite de la chevalerie française s'est mise «à honte et à mort» dans cette cruelle rencontre qui ne fut même pas, selon lui, une véritable bataille, mais un massacre:

*Et comme gerbes en août*
*Gisent-ils de bout en bout.*

Il déplore que le bon grain ait été moissonné et qu'il ne reste au royaume de France que la paille. Il reproche à Philippe le Bel de se laisser ruiner par les banquiers Biche et Mouche, et tromper par ses «chevaliers de cuisine», c'est-à-dire par les chevaliers ès lois de son conseil, qu'il rend responsables des malheurs du royaume. Il dit que la France «est tournée en parabole», par défaut de chef, folle croyance et convoitise:

*Mais chez nous tant conseil y a*
*Que vous perdez l'alléluia!*

Et il invite le roi à reprendre en main les rênes du pouvoir, après avoir chassé «les avocats» qui le trahissent et le volent. C'étaient là, très certainement, ce que devisaient entre eux les bourgeois de Paris et les nobles déçus dans leurs ambitions On détestait l'entourage du roi. On croyait que celui-ci se laissait manœuvrer comme «une pucelle» et perdait son temps à courre le cerf. Par surcroît, un terrible hiver s'abattit sur le royaume et accrut la misère des pauvres gens. Geoffroy de Paris raconte que le vin gela dans les tonneaux; que les agneaux, brebis et «autres bêtes grosses» mouraient à foison, dans les champs, les granges et les fossés et que des malheureux furent trouvés gelés dans leur lit. Ainsi commença l'année 1303. Quand survint le dégel, les glaces que charriaient les fleuves et les rivières crevèrent la coque des navires de transport, rompirent les ponts et renversèrent les moulins.

Geoffroy de Paris omet de mentionner qu'à la fin de l'été 1302, Philippe le Bel avait essayé d'effacer «la honte» de Courtrai. A peine avait-il été informé du désastre qu'il avait convoqué le ban et l'arrière-ban du royaume. Jusqu'ici ces opérations de mobilisation partielle étaient assurées au premier degré par les barons et les chevaliers bannerets et contrôlées par les baillis et les sénéchaux. Cette fois, ce furent les baillis et les sénéchaux qui en furent chargés directement. Les pertes du baronnage étaient considérables, et l'on ignorait qui était revenu sain et sauf de Courtrai. En cette fin de juillet 1302, ce fut surtout aux milices communales que l'on fit appel. Il était d'ailleurs logique d'aligner des piétons en face de l'infanterie flamande. Philippe le Bel avait compris que, dans les plaines fangeuses de Flandre et devant les archers et manieurs de gœdendags, la lourde cavalerie française ne servait à rien, sinon à provoquer des catastrophes. Mais les milices françaises dédaignées jusqu'ici et considérées comme une arme auxiliaire, tout juste bonnes à tâter l'adversaire et à garder les camps, manquaient d'expérience. De plus, l'absence de chefs compétents se faisait cruellement sentir. Néanmoins le roi prit la tête de cette armée improvisée avec le nouveau connétable, Gauthier de Châtillon. Le 29 avril, il était à Arras. De là, il se porta à Vitry, situé à deux lieues de Douai. Quel était son plan, s'il en avait un? Gui de Namur et Guillaume de Juliers s'attendaient à une attaque et se préparaient en conséquence. Les Flamands étaient pleins de courage; ils ne craignaient plus les Français et la plaine de Vitry ressemblait à celle de Groeninghe, avec ses broussailles, ses fossés et ses fondrières. Quelle ne fut pas leur surprise de voir arriver des parlementaires! Ainsi le roi de France voulait négocier et non se battre! Mais pourquoi avait-il amené cette grande armée? Les plénipotentiaires se réunirent dans une église en ruine. Les Flamands réclamèrent la libération de Gui de Dampierre. Dans cette hypothèse, les fils du comte s'engageaient à faire un pèlerinage outre-mer avec cinq cents chevaliers. En outre, un monastère serait fondé à l'emplacement de la bataille de Courtrai. Les Français exigeaient que le roi fût reconnu comme suzerain de la Flandre et rétabli dans l'intégralité de ses droits et domaines. De plus, il se réservait la possibilité de châtier les fauteurs de troubles, tout en promettant de leur laisser la vie sauve.

– «Quoi, répliqua un Flamand, on nous laisserait la vie, mais après avoir pillé nos biens et torturé nos amis!»

– «Sire châtelain, il faut choisir, le roi est résolu de perdre sa couronne, plutôt que de ne pas se venger.»

– «Puisqu'il en est ainsi, que l'on réponde au roi que nous sommes ici pour le combattre, non pour lui livrer nos compatriotes!»

Mais Philippe le Bel, cela va de soi, ne songeait nullement à traiter. Selon son habitude, il ne voulait que déconcerter l'adversaire et gagner du temps. La présence à Vitry d'une armée aussi nombreuse montrait que la France n'était pas réellement vaincue. Misant aussi sur les particularismes flamands, sur la rivalité des villes et du pouvoir comtal, sur celle du patriciat et des corps de métier, il estimait que leur union serait éphémère et qu'une fois le péril écarté, les luttes intestines reprendraient de plus belle. L'inertie apparente de son armée n'était donc qu'une feinte; il fallait persuader l'ennemi de sa fausse supériorité. Mais aussi Philippe le Bel n'avait pas entière confiance dans les milices, non plus que dans ses propres talents. Il ne pouvait au surplus se permettre de perdre une bataille, dont Boniface VIII eût immédiatement tiré parti. Cependant l'impétueux Guillaume de Juliers proposait d'attaquer le camp de Vitry. Gui de Namur ne put l'empêcher de construire des barques pour traverser la Scarpe. Mais, le 20 septembre, on apprit avec stupeur que le roi avait abandonné son camp. Vis-à-vis de l'opinion française, on mit cette retraite volontaire, mais peu glorieuse, sur le compte d'un pseudo-complot ourdi par le roi d'Angleterre contre la personne de Philippe. Nul ne comprit le but de cette démonstration militaire. On ne vit que la «honte» et le prix à payer sous forme d'impôts nouveaux. On comprit encore moins que le roi laissât les Flamands agresser les sires d'Avesnes, nos alliés, en envahissant le Hainaut et la Hollande. Cependant les Flamands s'illusionnaient sur leurs victoires. Déjà, la désunion se mettait dans leurs rangs. Guillaume de Juliers se brouillait avec Gui de Namur et se retirait au château de Rupelmonde, comme Achille sous sa tente; on parvint, difficilement, à les réconcilier. L'ensemble de la population supportait de plus en plus mal les diktats des Brugeois, gouvernant au nom de Gui de Namur et, le plus souvent, se substituant à lui. De retour à Paris, Philippe le Bel prépara sa revanche, en même temps qu'il menait le combat contre Boniface VIII, dont il pouvait alors tout craindre. Le problème le plus ardu à résoudre, et le plus angoissant, restait celui des finances. On venait d'imposer les contribuables du cinquantième, c'est-à-dire de vingt livres pour mille, en fixant une cotisation supérieure sur les fortunes mobilières, en laissant aux agents royaux le soin de déterminer l'assiette de cet impôt et d'obtenir le plus qu'ils pourraient. Au début de 1303, la pénurie du trésor était telle qu'il fallut renouveler la ponction fiscale. Les contribuables durent verser le cinquième de leurs revenus immobiliers (vingt livres pour cent). Les rentes mobilières furent amputées du vingtième. Ceux qui avaient des revenus mobiliers inférieurs à cinq cents livres, ou des revenus immobiliers de moins de cent livres, étaient exonérés. Encore le roi dut-il s'engager à ne lever au cours de la même année aucun autre subside sous quelque forme que ce fût. Mais des instructions secrètes adressées aux baillis leurs prescrivaient d'exiger des taux supérieurs à ceux prévus par l'ordonnance. Le noble qui avait cinquante livres de revenus en terres, devait en verser la moitié, mais les veuves chargées d'enfants ne paieraient que le quart. On taxerait aussi la nue-propriété d'un cinquantième de sa valeur. Les roturiers possesseurs de cinquante à cinq cents livres de biens meubles donneraient le cinquantième. Ceux qui avaient de vingt à cent livres de rentes immobilières, donneraient le dixième. Il était recommandé aux agents royaux de procéder avec ménagement: «Vous devez, leur écrivait le roi, être avisés de parler au peuple PAR DOUCES PAROLES, et lui montrer les grandes désobéissances, rébellions, dommages que nos sujets de Flandre ont faits à tous et à notre royaume; vous devez également opérer ces levées au moindre esclandre et commotion du menu peuple que vous pourrez; montrez-leur comment, par cette voie de finance, ils seront hors de péril de leur corps, ils éviteront les dépenses de chevaux et autres et pourront continuer à administrer leurs biens et à vendre leurs marchandises.» A l'égard des barons, il recommandait de même courtoisie et «belles paroles», tout en enjoignant de dresser la liste des récalcitrants, de manière à ce que «nous mettions conseil de les ramener» (à une meilleure compréhension de leur devoir).

Une ordonnance du 29 mai 1303 prescrivit en outre d'imposer les nobles ayant cinquante livres de rente ou «de les faire marcher». Les roturiers qui possédaient moins de cents livres, devaient servir en personne. Toutefois, le roi, qui désirait «le repos de son peuple», permettait le rachat du service militaire.

En même temps, Philippe le Bel réorganisait son armée. Il était parvenu à imposer l'idée du service militaire dû à la nation par tout homme valide, noble ou roturier. Mais qu'eût-il fait d'une multitude de combattants mal équipés, mal armés, dépourvus d'expérience et de combativité? Il fixa la durée du service à quatre mois, abolissant ainsi le service d'ost, limité à quarante jours, qui avait joué de si désagréables tours à ses prédécesseurs. Il astreignit les nobles à servir en personne, à fournir un remplaçant, ou à se racheter. Les roturiers furent tenus d'entretenir et d'équiper six «sergents de pied» par cent feux. Ces hommes ne devaient pas être des guenilleux recrutés au hasard, mais «des plus suffisants et des meilleurs qu'on pourra trouver dans les paroisses, ou ailleurs si ceux des paroisses n'étaient pas suffisants; ils seront armés de pourpoints et de haubergeons ou de gambaisons, de bassinets et de lances; et des six il y aura deux arbalétriers». Il faut bien comprendre que les roturiers ne combattaient pas de gaieté de cœur. En cas de revers, s'ils n'avaient pu fuir, on les massacrait, alors que les chevaliers étaient reçus à rançon, donc généralement épargnés. De plus, comme on l'avait vu à Courtrai, le dédain des chevaliers pour la piétaille augmentait le risque. Mais à cela Philippe le Bel entendait mettre bon ordre.

Aux frontières de Flandre, la lutte continuait, avec des fortunes diverses. Au printemps de 1303, Guillaume de Juliers ne put s'emparer de Saint-Omer, mais le connétable Gauthier de Châtillon refusa de livrer une bataille rangée. Les Flamands profitèrent de sa retraite pour incendier Thérouanne et quatre-vingts villages des environs. Ils saccagèrent les champs de blé et abattirent les arbres. Ensuite ils assiégèrent Tournai. Philippe le Bel mobilisa à nouveau. Son armée se rassembla à Péronne. Les Flamands crurent qu'elle allait marcher vers l'Escaut, et d'autant que le roi avait pris le commandement. Ils se préparèrent au combat. Une fois de plus, ce ne furent ni les lances ni les bannières de France qu'ils aperçurent, mais les plénipotentiaires de Philippe, ayant à leur tête le comte de Savoie. Le roi proposait un armistice; il offrait de libérer Gui de Dampierre. Il était clair que les Flamands avaient intérêt à rejeter cette offre et à livrer bataille. Pourtant leur attachement au vieux prince captif l'emporta. Le siège de Tournai fut levé; c'était là une faute énorme, mais, on le répète, les Flamands se croyaient invincibles; ils se moquaient ouvertement de la pusillanimité de Philippe, Toutefois, sans qu'il y parût, ce dernier gagnait du terrain, et sur tous les plans! La partie qui se jouait alors en Italie était aussi importante pour lui, sinon plus, que l'insurrection flamande. Nogaret se trouvait à Rome. L'attentat d'Anagni était proche. Bientôt Philippe apprit la capture et la mort de Boniface VIII. La disparition de ce redoutable adversaire valait une victoire. Désormais la suprématie universelle des papes avait vécu; aucun des successeurs de Boniface n'oserait plus se mêler de la politique intérieure des royaumes; les princes seraient seuls maîtres et seuls juges de leur gouvernement; ils ne risqueraient plus l'excommunication, la dépossession, comme le défunt Pierre III d'Aragon ou Frédéric de Hohenstaufen. Là où jadis le puissant empereur avait misérablement échoué, le roi de France avait réussi sans verser une seule goutte de sang: il n'était même pas responsable du trépas de l'irascible pape. Les Parisiens haïssaient Boniface. Ils racontaient qu'il était mort de rage, en se dévorant les mains! Ce que Geoffroy de Paris exprime ainsi:

*Si fut de lui la prophétie*
*Qui dite de lui fut remplie.*
*C'est à savoir qu'il entrerait*
*Comme renard et régnerait*
*Comme lion, et comme chien*
*Mourrait. De lui je ne sais rien,*
*Mais bien sais que par renardie*
*Eut de Rome la seigneurie,*
*Quand abdiquer fit le prud'homme*
*Célestin au siège de Rome...*

Le 3 octobre 1303, Philippe réunit ses barons et ses prélats à Château-Thierry. L'assistance fut moins nombreuse qu'il ne l'espérait. Il décréta pourtant, malgré ses promesses, la levée d'un nouveau subside pour en finir avec la Flandre. Il mit aussi à la charge des prélats et des seigneurs l'entretien d'un homme d'armes pendant quatre mois de l'année 1304 et confirma l'obligation faite aux roturiers de fournir six sergents par cent feux. En contrepartie, il s'engagea à frapper de la bonne monnaie. Pour imposer ce nouvel effort à ses sujets, il effectua un long voyage à travers son royaume, jusqu'en Languedoc. C'etait le plus sûr moyen de reconquérir sa popularité et d'exalter le loyalisme de ses peuples. Simultanément, ses ambassadeurs resserraient l'alliance avec les d'Avesnes-Hainaut dont les forteresses bordaient les frontières de Flandre, formant avec les places françaises une ligne continue de défense. Gui de Dampierre avait été libéré de la tour du Louvre. Il était revenu dans ses terres. Les Flamands le reçurent avec des larmes de joie; ils oubliaient que, naguère, ils avaient honni son pouvoir et tout fait pour le ruiner. Le comte Gui était octogénaire; sa prison, ses malheurs l'avaient durement éprouvé et, surtout, avant son départ pour la Flandre, on l'avait chapitré! Son élargissement était conditionnel. Il avait promis de réintégrer sa prison s'il échouait à imposer la paix à ses sujets. Les Flamands l'aimaient trop pour s'irriter des paroles conciliatrices qu'il leur adressait. Ils n'en tinrent aucun compte. Fidèle à son serment, le vieillard déclara son intention de retourner en France. Ses fils et ses amis essayèrent de l'en dissuader. Ils lui dirent que son serment, lui ayant été extorqué par la contrainte, était sans valeur.

– «Je suis si vieux, répondit-il, que je suis prêt à mourir lorsqu'il plaira à Dieu.»

Tel Regulus, il repartit pour Paris et réintégra sa prison pour y mourir. Philippe le Bel n'en demanda pas moins la prolongation de la trêve. Les Flamands se récrièrent. «Le lion de Flandre ne doit plus sommeiller!» déclarait l'un d'eux. Il s'éveillait un peu tard: pendant son sommeil, Philippe le Bel avait refait une armée, triomphé du pape et complètement isolé le plat pays. L'année 1303 s'achevait, marquée par un redressement spectaculaire.

# VI

# MONS-EN-PÉVÈLE

Philippe le Bel n'était pas un excellent général, ou plutôt il n'aimait pas la guerre, sachant d'expérience et d'instinct que les grandes batailles ne résolvent pas réellement les conflits. On ne peut néanmoins lui refuser un certain talent de stratège. A preuve la campagne de 1304, assez bien connue sur le plan militaire, encore que l'on ne donne pas toute son importance à la victoire navale de Zierikzée. Car, dans la conception du roi, il s'agissait de vaincre simultanément la Flandre maritime et la Flandre terrienne, d'où une opération combinée supposant un effort gigantesque pour l'époque et une synchronisation difficile à obtenir en raison des moyens de transmission. Mais, connaissant à fond la topographie et le double caractère de la Flandre, il avait estimé que l'écrasement de la flotte adverse démoraliserait l'armée de Jean de Namur. Et, certes, l'effet de surprise fut total, sinon déterminant quant à la bataille de Mons-en-Pévèle.

L'armée de Philippe entra à Tournai le 9 août 1304. Elle franchit l'Escaut et se dirigea vers Orchies. Puis, par un mouvement tournant, elle prit la route de Douai. L'armée flamande était alors à Pont-à-Marque. Le 13 août, les éléments avancés (et c'étaient comme toujours les archers et les arbalétriers) se trouvaient en présence. Ils se préparaient au combat, dont ils attendaient le signal. Une fois de plus, à l'instant décisif, des parlementaires demandèrent à parler à Jean de Namur. Ils venaient apporter des propositions de paix. On entama les négociations fort sérieusement. Inutile de dire que les populations flamandes aspiraient à la paix malgré le patriotisme sincère qui les animait et leur bellicisme: mais la guerre fermait les ateliers et ruinait le commerce! Les plénipotentiaires flamands posaient comme préalable que le roi de France reconnût leurs libertés et limitât ses exigences quant au versement éventuel d'une indemnité. Les Français ne repoussèrent pas ces propositions; ils demandaient toutefois une indemnité excessive. Arguant du fait qu'une telle négociation ne pouvait être bâclée, ils suggérèrent une trêve de trois jours (du 13 au 15 août). Elle fut acceptée. Les Flamands ne se doutaient pas que Philippe le Bel attendait tout simplement des nouvelles du front maritime, c'est-à-dire de la bataille navale qui était imminente.

Le comte de Hainaut-Hollande (allié de la France) était alors bloqué à Zierikzée par la flotte flamande. Son fils Guillaume lui avait amené un renfort de 10 000 hommes, immobilisé à Schiedam faute de navires de guerre. La flotte française, commandée par l'amiral Rainier Grimaldi, embarqua les troupes de Guillaume et cingla vers la Zélande. Elle était composée de huit nefs galiciennes, trente nefs normandes amenées par le corsaire Paie d'Ogre (ou Pédrogue) et onze galères, soit une cinquantaine de bâtiments. La remontée de l'Escaut fut délicate pour les lourdes nefs qui durent se faire remorquer par leurs chaloupes. Pendant la nuit, des feux allumés aux mâts avertissaient les assiégés de l'approche des secours. Le port de Zierikzée était barré par une digue défendue par la flotte flamande, beaucoup plus nombreuse que celle des Français. La perspective de combattre à quatre contre un ne découragea pas ces derniers. Pédrogue rangea ses nefs sur trois rangs: quinze en première ligne, quinze en seconde et quatorze en troisième. Grimaldi aligna ses onze galères derrière les nefs. L'écuyer Guiart, dont il est évident qu'il a interviewé des témoins de la bataille, donne, dans sa *Chronique des Royaux Lignages,* une description enthousiaste et précise de la flotte de Pédrogue et de Grimaldi. Il est un soldat professionnel, un connaisseur. Il a des accents d'épopée pour traduire l'optimisme qui régnait, pour décrire les vaisseaux hérissés de lances, leurs espringales tendues à la proue et les arbalétriers apostés dans les hunes. Mais, dit-il, et on le croit volontiers, les Flamands montraient autant de détermination; ils étaient, pour reprendre son expression, «ardents de guerre comme braise». Leur chef, Gui de Namur, n'attendit pas l'attaque des Français, malgré les conseils qu'on lui donna. Son navire amiral en tête, il chercha le combat, aussitôt accepté par Pédrogue qui vint à sa rencontre avec quatre navires. Les nefs françaises talonnèrent sur les hauts-fonds (on avait négligé la marée!). Elles furent immédiatement assaillies de toutes parts. «Les flèches volent dru comme flocons de neige, écrit Guiart; elles bruissent comme des abeilles en essaim»: cela ne s'invente pas! Réduits à la défensive, les vaisseaux français recoururent à la bonne vieille tactique qui consistait à convertir une flotte en forteresse flottante. Liés bord à bord par de gros câbles, les navires formaient une plateforme sur laquelle on se battait comme dans un champ. Ce fut en vain que les Flamands essayèrent d'entamer ce bloc; chacun de leurs assauts fut repoussé. En vain tentèrent-ils de l'incendier en poussant vers lui des brûlots: le vent rabattit ceux-ci vers leur propre flotte, y causant de graves dégâts. Pédrogue profita du désordre pour détacher quelques unités et prendre à l'abordage l'une des plus belles nefs flamandes, appelée «L'Orgueilleuse». Cependant Gui de Namur attaquait sans répit trois nefs galiciennes avec sept vaisseaux «durs et hautains». Il finit par les amariner, mais elles étaient jonchées de cadavres et à moitié ruinées. La nuit tombait. Il n'y avait encore ni vainqueur ni vaincu. Vers minuit, Pédrogue fit charger deux nefs de poix et, profitant de la marée montante, les envoya au milieu de la flotte ennemie. La lumière des incendies dirigea les coups des Français dont les navires restaient dans l'ombre. A l'aube, les nefs flamandes se retrouvèrent éparses. Ce fut le moment choisi par l'amiral Grimaldi pour attaquer. Ses onze galères, enlevées par les rames, foncèrent comme des destriers au galop. Elles enveloppaient, coulaient ou capturaient une à une les nefs isolées. Ce que voyant, Gui de Namur rassembla une petite division et cingla vers les galères de Grimaldi. La galère amirale était sur le point de succomber, quand Pédrogue arriva à la rescousse avec ses grosses nefs. Quatre d'entre elles assaillirent le vaisseau de Gui de Namur, qui refusa d'abord de se rendre, mais finit par être capturé et transféré sur la galère de Grimaldi qui lui sauva la vie. Car les Français massacrèrent sans pitié les vaincus, les jetant par-dessus bord après les avoir égorgés. Ils vengeaient ainsi l'occision de Bruges et la boucherie de Courtrai. A la fin, lassés de tuer, ils reçurent trois mille prisonniers à rançon. Quand ils débarquèrent à Zierikzée, ils trouvèrent le camp des assiégeants abandonné. Après cette brillante victoire, principalement due à la supériorité tactique de Grimaldi, les Flamands évacuèrent en hâte la Hollande, dont le comte de Hainaut resta seul maître. Laissant Pédrogue à Calais, l'amiral Grimaldi débarqua à Boulogne et expédia Gui de Namur à paris. puis, avec ses gens de pied, il partit rejoindre l'armée de Philippe le Bel.

Tel fut le prélude maritime de la bataille de Mons-en-Pévèle. La nouvelle de la défaite de Zierikzée ne paraît pas avoir démoralisé les Flamands; tout au contraire, elle accrut leur ardeur à combattre et leur désir de vengeance. Seul Jean de Namur en mesurait les conséquences: désormais le blocus de la Flandre était complet et la flotte, qui avait coûté si cher à équiper, détruite ou captive. Mais il espérait rétablir la situation par une grande victoire terrestre. Quant à Philippe le Bel, il jouait son prestige. C'est pourquoi, malgré ses inappétences guerrières, il avait pris la tête de l'armée. Lui seul imposerait ses vues et pourrait empêcher un nouveau Courtrai. On le voit, cet homme si secret nous livre ainsi, à travers ses actes, sans déclarations fracassantes, le fond de sa pensée et le fruit de ses réflexions.

Une fois encore, les Flamands eurent la stupéfaction de voir les Français refuser le combat et amorcer leur retraite. Ils mirent ce comportement sur le compte de la couardise du roi. Ce dernier, nonobstant les apparences, leur imposait sa volonté. Il savait que les plaines marécageuses ne convenaient pas à sa cavalerie. Il décida donc de choisir un secteur plus favorable et fit mouvement vers Mons-en-Pévèle. Son intention paraît d'autant plus nette qu'il resta avec l'arrière-garde pour éviter une escarmouche qui pouvait se généraliser. Les Flamands suivirent à faible distance. Les deux armées établirent leur camp. Mais, pendant la nuit, les Français dressèrent leurs balistes; c'étaient des arbalètes géantes dont les traits pouvaient transpercer plusieurs hommes! Philippe le Bel ne doutait pas que l'adversaire attaquât le premier dans son impatience d'en finir. Il savait aussi que Jean de Namur ne pouvait se permettre de laisser l'enthousiasme se refroidir: ses soldats occasionnels ne supporteraient pas une guerre d'usure... Namur s'était précautionné. Il avait fait aligner ses chariots, pensant qu'ils empêcheraient les cavaliers français d'attaquer les arrières de son armée. Avant le jour, les Flamands prirent position: à droite, les Brugeois, avec le comte de Thiette; au centre, les milices de Courtrai, de Lille et d'Ypres, avec Guillaume de Juliers; à gauche, les Gantois, avec Jean de Namur.

Le soleil de ce 18 août 1304 se lève et, déjà, la journée s'annonce torride. Les Flamands attaquent. Tout de suite, le combat s'engage entre les arbalétriers et les archers. On s'arrose mutuellement de flèches. Les balistes entrent en action; elles provoquent des pertes sévères dans les premiers rangs ennemis. Les Flamands se ruent vers les machines mais sont repoussés. On remarque que tous les Français, piétons et cavaliers, portent une écharpe blanche: par ordre du roi qui a prévu une mêlée générale entre combattants pareillement armés. Les fantassins s'écartent, pour laisser le passage à la chevalerie lances braquées. Celle-ci ne parvient pas à disloquer la masse profonde des Flamands. Elle se retire sous une grêle de traits. Simultanément, un autre corps de cavalerie opère un mouvement tournant et prend les Flamands à revers, mais se heurte aux chariots et à leurs défenseurs. Philippe le Bel sent que le destin hésite. Il prend la tête du principal corps de cavalerie et charge. Sa présence électrise jusqu'aux vieilles bêtes de guerre. Un instant, il est en danger d'être tué. Les Flamands l'entourent et le renversent de son destrier. Les frères Gentian, deux bourgeois de Paris, le remettent en selle. Il a perdu son heaume couronné d'or. Ils lui donnent un simple chapeau de fer. Furieux d'avoir été humilié, il saisit une hache et fonce dans la mêlée, comme son aïeul Philippe Auguste à Bouvines. Il fauche les bras et les têtes. Les chevaliers, les sergents se regroupent autour de lui. Accourent les grands seigneurs et les barons, mais aussi les bourgeois des bonnes villes et des inconnus, de vigoureux laboureurs équipés par leurs paroisses. On entoure le roi héroïque, le roi retrouvé! La bannière fleurdelisée flotte au-dessus de ces forcenés. L'acharnement est à son comble. Mais on se reconnaît à l'écharpe blanche, on se porte secours et l'on s'encourage à bien faire. Le roi montre l'exemple. Ce cri a retenti par toute l'armée: «Le roi se combat! le roi se combat!» Les Flamands reculent, mais ne se débandent pas, bien que leurs arrières soient désormais menacés. La chaleur est accablante et la sueur se mêle au sang. Philippe le Bel discerne un flottement dans les rangs ennemis. Il aperçoit, de-ci, de-là, les premiers groupes de fuyards. Alors, sentant le moment venu d'assener le coup de grâce, il regroupe sa cavalerie et charge si furieusement qu'il enfonce les lignes flamandes. Guillaume de Juliers s'acharne à résister. Il se fait tuer sur place. On le décapite et l'on porte sa tête au bout d'une pique à Philippe le Bel. Ensuite, c'est la débandade des soirs de bataille: poursuite des fuyards, captures, tueries expéditives et sinistres.

Mais voici deux témoignages éloquents de l'exploit de Philippe le Bel, dont il faut bien dire que l'intrépidité avait décidé de la victoire. Le premier est du soldat Guiart qui savait de quoi il parlait en matière de faits d'armes:

*Au roi! au roi! J'à (déjà) sera pris!*
*Le roi et ceux qui l'environnent*
*Ouient le cri que Flamands donnent;*
*Aux plus hardis la couleur mue;*
*Le roi saute la tête nue:*
*Son bacinet en son chef lance;*
*Vers Morel, son cheval, s'avance,*
*Qui fut grand et fort et planier,*
*Depuis lors n'en prit nul denier*
*Et jamais il ne l'aima tant!*
*Jacques et Pierre Gentian,*
*Deux bourgeois de courtois lignage,*
*Nés à Paris qui tout leur âge*
*En mainte place servi l'eurent,*
*A cette heure à l'étrier furent,*
*Tant qu'il fut à cheval sailli.*
*A la première fois faillit (tomba)*
*Le bon roi, qui trop se coita (éperonna);*
*Mais à l'autre, si exploita (combattit)*
*Pargrande force et par isnèle (précipitation),*
*Fut le chefsans haume en la selle.*
*Autour de lui, certains en sommes,*
*N'avait pas plus de cinquante hommes...*

Et le second, de Geoffroy de Paris, notre échotier de service:

*Si ne fut la grande prouesse*

*Du roi quand se vit en détresse.*
*Comme de tous plus beau fut,*
*Autant il eut lors de vertu*
*Plus que nulle autre personne;*
*Chacun le témoigne et le sonne (le répète).*

Le 24 août, Philippe mit le siège devant Lille. Elle capitula le 24 septembre, désespérant d'être secourue. Jean de Namur avait mis plus d'un mois à reconstituer une armée, qui arriva trop tard. Il ne lui restait plus qu'à demander la paix.

VII

# LE TRAITÉ D'ATHIS

La suspension d'armes fut conclue sur les bases suivantes: les libertés des villes flamandes seraient respectées; de part et d'autre, on libérerait les prisonniers; une indemnité de guerre serait versée au roi de France, dont le montant ne dépasserait pas 80 000 livres et serait déterminé par une commission composée de quatre Flamands et de quatre Français; Lille et Douai seraient remises en gage du versement de l'indemnité. Ces conditions étaient rassurantes pour les vaincus de Mons-en-Pévèle et les assiégés de Lille. Il était clair que Philippe le Bel renonçait à son projet initial d'annexer la Flandre. Il entendait rétablir la plénitude de ses droits de suzeraineté sur ce comté, sans pour autant abolir le pouvoir des Dampierre: le vieux comte Gui et son fils aîné, Robert de Béthune, toujours captifs, et Jean de Namur, leur délégué. La résistance et le courage des rebelles flamands n'étaient pas étrangers à ce changement. Philippe le Bel tenait de ses aïeux capétiens cette faculté d'adaptation et de réalisme: laissant de côté le point d'honneur et la gloriole, il savait abandonner ses positions ou les convertir fructueusement. On observera qu'il fit, ou voulut faire de la Flandre ce qu'il avait fait de la Guyenne. Cependant la restitution presque entière de celle-ci se justifiait par le besoin que Philippe le Bel avait alors de s'assurer la neutralité d'Édouard d'Angleterre. Il avait été assez heureux pour transformer cette neutralité en alliance: Édouard avait envoyé vingt de ses nefs pour prendre part à la campagne de 1304! Les Dampierre n'avaient certes pas l'importance du roi d'Angleterre. Mais il devenait urgent d'en finir avec cette guerre qui ruinait l'État et portait à la limite du supportable la pression fiscale. Philippe le Bel voulait rentrer dans ses frais. Désormais le chef de guerre, dont la bravoure avait enthousiasmé l'armée, pouvait céder le pas au négociateur.

La commission de huit membres se réunit comme prévu au début de décembre. Les envoyés flamands étaient Jean Cuyk, Jean d'Escornay, Gérard de Moor et Gérard de Sotteghem, tous chevaliers: les corps de métiers n'avaient pas de représentants. Les plénipotentiaires du roi étaient les comtes d'Évreux et de Dreux, les ducs de Bourgogne et de Savoie, c'est-à-dire de très hauts seigneurs. On se retrouvait entre nobles; on parlait donc le même langage. Il est fort probable que les négociations eussent été plus délicates si les délégués avaient été des bourgeois ou des patriotes de l'espèce de Pierre Coning; sans doute même n'eussent-elles pas abouti. Philippe le Bel avait pris l'engagement d'entériner les décisions de la commission. Toutefois il lui adjoignit deux de ses conseillers: Gilles Aycelin et Pierre de Mornay. Il promit également de rétablir les échanges commerciaux avec la Flandre, dès l'entrée en vigueur du traité de paix: cette perspective ne put que réjouir les marchands et fabricants des villes et, par voie de conséquence, atténuer leurs préventions. Malgré ces précautions, la commission piétinait, car, semble-t-il, chacune des clauses du traité fut âprement discutée. Il va sans dire que les plénipotentiaires français n'étaient pas réellement libres de décider, mais devaient rendre compte et se conformer à la volonté du roi. On tomba finalement d'accord, mais la mort de Gui de Dampierre, dans sa prison de Compiègne, le 7 mars 1305, retarda la signature du traité. Cependant Philippe le Bel libéra sans plus attendre Robert de Béthune, qui prit dès lors le titre de comte de Flandre. On laissa les Flamands faire de somptueuses obsèques au compagnon de saint Louis; ils honoraient sa dépouille à défaut de l'avoir soutenu de son vivant! Le vieil homme, en dépit de ses malheurs, avait pourtant sauvé l'essentiel; il laissait un héritage presque intact à son fils.

Le traité de paix fut signé à Athis-sur-Orge, en juin. Philippe le Bel restituait son fief à Robert de Béthune. Il lui rendait même les villes prises pendant la campagne de 1304, à savoir: Lille, Douai et Orchies. Mais, pour prix de cette réconciliation, le nouveau comte de Flandre devait verser en quatre ans une

une indemnité de guerre de 40 000 livres, consentir une rente de 20 000 livres sur ses biens personnels, et financer l'entretien de cinq cents hommes d'armes au service du roi. En outre, les remparts de Bruges, Douai, Gand, Lille et Ypres devaient être abattus, sans que l'on pût jamais les relever. Bruges serait châtiée de l'occision de 1302 par l'envoi de trois mille personnes en pèlerinage. En garantie du traité, les châteaux de Lille, Douai, Béthune, Cassel et Courtrai seraient occupés par les gens du roi. Quant aux «Leliaerts», on les dédommagerait des pertes qu'ils avaient subies en servant le roi. Enfin, Robert de Béthune s'exposait à une sentence d'excommunication en cas d'inexécution du traité.

C'était par avance mettre le comte Robert dans une situation difficile, voire impossible. Car, étant donné «les libertés» des communes flamandes, il était indispensable de faire accepter le traité par les échevins; mais ceux-ci étaient eux-mêmes soumis au contrôle sourcilleux des corps de métiers. Il ne fallait pas être grand prophète pour deviner que l'application du traité poserait de sérieux problèmes: Robert de Béthune étant dans l'incapacité de les résoudre. Philippe le Bel avait trop de finesse et trop d'expérience, pour ne pas tenir compte de cette situation. Dès lors, on peut se demander quel était réellement son but. Je crois que, selon ses habitudes, il tâtait le terrain. Deux envoyés du roi se rendirent en Flandre, pour recueillir le serment des échevins. Dans plusieurs villes, les promesses et les belles paroles ne servirent à rien, bien que l'on s'efforçât de cacher les clauses essentielles au menu peuple. Bientôt le traité souleva l'indignation générale. On l'appela «traité de misère», «traité d'iniquité». On voulait la paix mais on accusait de trahison les quatre plénipotentiaires, au point qu'ils n'osaient plus rentrer dans leur pays, redoutant d'être assassinés. On accusait de même les nobles et le patriciat de pactiser avec les Français, pour opprimer les gens de métiers, et d'être vendus aux «Leliaerts». Robert de Béthune, qui avait promis de réintégrer sa prison si le projet n'était pas ratifié par les communes, ne pouvait qu'atermoyer. Il lui était impossible de contraindre les échevinages et il lui fallait obéir au roi! Il se retrouvait dans la situation de son père, le comte Gui, au début du conflit. Peut-être les années d'emprisonnement avaient-elles amoindri ses capacités de résistance, insinué dans son caractère la résignation et le fatalisme? Le temps était loin où, dans un superbe mouvement de fierté, il prenait l'initiative de relever les remparts de ses principales cités et d'organiser la rébellion dans le but de délivrer son père capturé par trahison! Il ne cherchait plus désormais qu'à négocier pour apaiser l'irritation de Philippe le Bel.

De son côté, le roi n'avait aucune envie de rallumer la guerre, en raison de ses difficultés de trésorerie. Il consentit à prolonger la trêve jusqu'en 1307. Cette année-là, Robert de Béthune se rendit à Poitiers, où le roi avait une entrevue avec Clément V. Le comte de Flandre renouvela ses engagements devant le pape. Mais, en 1308, la ville de Bruges protestait encore contre le traité, dont elle demandait la révision. Philippe le Bel crut avoir gain de cause en faisant jeter l'interdit sur les récalcitrants. Contre toute attente, le docile Clément V, sans opposer un refus catégorique, ne prononça pas la sanction. On se décida donc à adoucir le traité d'Athis. Toutes les villes flamandes, à l'exception de Bruges, ratifièrent les nouvelles conditions, non de gaieté de cœur mais pour éviter les représailles. L'indomptable Bruges finit par céder... à la menace! Le conseiller Guillaume de Plaisians, accompagné de Robert de Béthune, reçut dans chaque cité le serment des échevinages.

On était alors en 1309. La levée de l'indemnité de guerre soulevait toujours des contestations. Philippe le Bel soupçonnait Robert de Béthune d'en retenir une partie à son usage personnel. Le comte Robert accusait les agents fiscaux de prélever un pourcentage abusif. Ces derniers faisaient état de la mauvaise volonté des contribuables. Le patriciat des villes essayait de faire supporter l'impôt aux petites gens. Quant aux «Leliaerts», ils criaient misère parce qu'ils ne recevaient pas les dédommagements prévus par le traité et ils accusaient, devant le parlement royal, le peuple et les échevins de complicité.

L'ensemble de la population ne cachait pas son hostilité à l'égard de Robert de Béthune et le suspectait d'obéir trop docilement au roi, et pourtant il n'avait pas osé toucher aux libertés communales et il s'efforçait de préserver la Flandre d'un nouveau conflit. Bref, la désunion était partout.

En 1311, lors de la conférence de Tournai, rien n'était encore acquis. Les Flamands demandaient une nouvelle révision et ce fut en vain que l'habile Marigny déclara:

– «Le roi n'a pas eu la convoitise de retenir la Flandre à son domaine, ce qu'eussent fait peu de riches hommes... Cette paix n'a pas été dure, mais débonnaire et gracieuse; il faut montrer votre bonne volonté par des actes.»

Les Flamands étaient las de «montrer leur bonne volonté». Ils avaient oublié la leçon de Mons-en-Pévèle et ne se souvenaient plus que de Courtrai. Ils n'admettaient pas que l'on châtiât indéfiniment une insurrection dont ils tiraient gloire. La patience de Philippe le Bel était à bout. On s'acheminait vers une nouvelle rupture.

# CINQUIÈME PARTIE

# *LE ROI DE FER*

## I

## L'ENVIRONNEMENT DU ROI

Depuis 1296, le palais royal, dans l'île de la Cité, est en reconstruction. Les travaux ne seront achevés qu'en 1313 sous l'impulsion d'Enguerran de Marigny, qui eut la malencontreuse idée de placer sa propre statue parmi celles des rois, alors que les princes du sang n'avaient point la leur! Dans la conception de Philippe le Bel, le nouveau palais devait être à l'image de la monarchie triomphante. Mais, tout en contribuant à son prestige, il permettrait aussi d'abriter les nouveaux services. Au nord, le palais de saint Louis ne joignait la Seine que par un bâtiment nommé «Salle d'eau» et flanqué de la tour Bonbec. Des enclaves morcelaient alors le terrain royal. Philippe le Bel expropria leurs occupants: le comte de Bretagne et les Vitry, Jean de Senlis et d'autres. Il fit bâtir une enceinte – plus décorative qu'utilitaire – qui borda la Seine et que renforçaient les tours, toujours existantes, dites «Tour d'argent» et «Tour de César». De vastes salles furent construites au nord et au sud; la façade est, donnant sur la rue de La Barillerie, fut également remodelée et complétée. Du côté de l'ouest (en direction de l'actuelle pointe du Vert-Galant), derrière le verger et les jardins, on réédifia le logement du roi. On fit venir, pour réaliser ces constructions et les décorer, les matériaux les plus précieux, les meilleurs peintres et sculpteurs. Bien entendu, on avait conservé le reliquaire de saint Louis, l'admirable Sainte-Chapelle dont la flèche dominait les toitures neuves. Sur la rive droite de la Seine, le donjon du Louvre enlevait sa puissante masse: il pouvait servir d'ultime refuge en cas de nécessité. On apercevait sur la rive gauche la célèbre tour de Nesle.

Le palais de la Cité abritait la Maison du roi. Elle comprenait, comme au temps de saint Louis, six «métiers»: la paneterie, l'échansonnerie, la cuisine, la fruiterie, l'écurie et la fourrière. Il convient ici d'entrer un peu dans le détail. La paneterie comptait cinq panetiers, trois sommeliers responsables du linge de table, trois porte-chapes, un pâtissier (qui confectionnait les pâtés), un oublier (qui faisait les oublies, pâtisseries légères) et une lavandière des nappes. Ce service disposait d'une charrette. L'échansonnerie avait quatre échansons (ils achetaient le vin), deux barilliers, deux boutiers, un potier et un clerc comptable qui réglait aussi les dépenses de la paneterie. La cuisine était divisée en cuisine du roi et cuisine du commun. Elle était composée d'un maître queux (qui fut longtemps un certain Ysembart), quatre queux, quatre ardeurs (rôtisseurs), quatre hasteurs (chargés des broches), deux souffleurs (ils maniaient les soufflets), quatre enfants (marmitons), deux sauciers, deux huissiers, un poulailler (il achetait la volaille) et deux attelages: l'un à quatre chevaux pour les gros transports de provisions, l'autre à trois, dit «du petit dîner». Il y avait à la fruiterie un fruitier et trois valets pour fabriquer la chandelle, deux chevaux pour les transports. L'écurie comprenait quatre écuyers (dont un achetait les chevaux), deux maréchaux-ferrants, trois valets de forge, quatre valets d'écurie; pour le commun, un valet pour deux chevaux et un bourrelier. La fourrière comprenait deux fourriers, quatre valets, deux huissiers de salle, trois valets de porte, trois portiers, plus un chariot à cinq chevaux pour l'usage du roi.

La Chambre du roi formait un service distinct, composé de cinq chambellans, six valets de chambre (dont deux barbiers et un tailleur). Les chambellans n'étaient pas des personnages très considérables, mais ils approchaient quotidiennement la personne du roi et plusieurs d'entre eux gagnèrent à cette familiarité de faire une brillante carrière! Venait ensuite le service de garde, ou «guette», et c'étaient trente sergents d'armes servant par groupe de dix, deux huissiers d'armes et huit sergents, dont quatre veillaient sur la sécurité du roi pendant ses repas. Il y avait en outre dix sommeliers pour la chambre du roi, deux pour la chapelle, deux pour les registres, deux pour le fruit et un maître sommelier responsable du service.

Ce personnel formait la domesticité proprement dite du palais. Mais la Maison du roi comprenait aussi une quinzaine de notaires (clercs chargés des écritures), deux physiciens (médecins), trois chapelains et trois clercs de chapelle, les membres du plaid de la porte, l'aumônier, les chirurgiens, les portiers, le chauffe-cire et son valet, quatre coursiers, dont un à cheval, pour porter les ordres du roi, un passeur d'eau, le maître maçon (ou architecte) et le maître charpentier. La vénerie s'était amplifiée par suite du goût pour la chasse de Philippe le Bel; elle comprenait un furetier (maître de furet), un oiseleur, six fauconniers, un louvetier, trois veneurs, des valets de chiens, des archers, des braques et autres chiens de chasse.

La reine avait sa propre Maison calquée sur celle du roi, donc divisée en six métiers, mais limitée à une trentaine de domestiques. Elle disposait en outre de cinq suivantes (deux dames. et trois demoiselles), d'un clerc et d'un chapelain et de son propre maître d'hôtel. Trois palefrois et un chariot lui étaient attribués pour ses promenades et ses déplacements.

L'ensemble de cette domesticité comprenait plus de deux cents personnes servant en général par moitié. Le grand maître d'hôtel en était responsable devant le roi. Toutefois seul ce dernier, les comptables de la chambre aux deniers, le chapelain, le confesseur et l'aumônier étaient logés au palais.

Diverses ordonnances complétèrent ce dispositif. L'une d'elles précisa que le roi disposerait de six coursiers, trois grands chevaux et dix-huit autres pour la chasse, le maître d'hôtel ayant la responsabilité des achats. Une autre ordonnance institua une sorte de protocole. Elle précisait que les huissiers devaient vider la salle de banquet de toute personne étrangère, lorsqu'on avait crié aux queux de servir le repas du roi. Elle interdisait de porter du vin à la suite du roi. On ne pouvait manger à la cour, à moins d'être chevalier, mais les clercs royaux étaient libéralement assimilés aux chevaliers. De même les prélats et les barons invités par le roi pouvaient amener un ou deux écuyers. La simplicité des premiers Capétiens n'était plus de mise. Barons et prélats attendaient d'en être priés pour manger à la table du roi.

Par la suite, le personnel s'augmentera de nombreux emplois: un perdriseur, un orchestre de neuf musiciens, dont le roi des hérauts et le roi flageolet (sic! ), clercs comptables, argentiers, etc... Une partie de cette domesticité suivait le roi dans ses déplacements, mais il est évident que les autres résidences royales (Compiègne, Vincennes et Fontainebleau) étaient entretenues par un personnel distinct et permanent. Car Philippe le Bel, comme ses aïeux, ne passait qu'une partie de l'année dans la capitale: généralement l'hiver, c'est-à-dire trois ou quatre mois. Le reste du temps, il résidait dans ses châteaux d'Ile-de-France entourés de forêts giboyeuses. La chasse était pour les Capétiens plus qu'un délassement: c'était une nécessité absolue. Ils avaient besoin de grand air et d'exercices physiques. Non seulement certains domestiques suivaient leurs déplacements, mais aussi les grands officiers, la plupart des conseillers et des responsables des principaux secteurs de l'administration, parfois logés confortablement, parfois logés au hasard. Ce n'était point une sinécure que de servir le roi! Il y fallait une bonne santé et beaucoup de zèle, mais l'émulation soutenait leurs efforts et nul n'osait récriminer. En contrepartie, on percevait des rémunérations proportionnées aux fonctions, certaines fort substantielles, et les cadeaux traditionnels de la Pentecôte et de la Toussaint, survivances de très vieux usages féodaux. Le roi offrait des manteaux d'une valeur de dix livres pour les grands officiers, de cent sous pour les maréchaux, le maître des arbalétriers et la centaine de chevaliers à ses gages et qui étaient en réalité des fonctionnaires.

Le maître de la Chambre aux deniers surveillait la comptabilité de la Maison du roi. Il payait les domestiques, le traitement des dignitaires, chevaliers et clercs. Il contrôlait les dépenses des «métiers» et services annexes. Il assurait aussi le versement des pensions et des dons accordés par le roi, de ses aumônes et offrandes. Il finançait les fêtes et réceptions, les «chevaleries» des princes et des grands seigneurs. On sait, par les cadeaux faits à des particuliers, que Philippe le Bel recevait fréquemment le don d'un chien de race, d'un faucon ou de quelque autre oiseau de proie: nul n'ignorait sa passion pour la chasse! Le maître de la Chambre aux deniers versait aussi l'argent de poche du roi et des princes. Énorme comptabilité; cependant minutieuse et, même, admirablement tenue: le roi pouvait savoir quelle était la dépense effectuée quasi chaque jour. Il était conscient de son rang, mais il haïssait le gaspillage et la concussion. Cependant l'examen des comptes subsistants montre que les prévisions budgétaires étaient fréquemment dépassées.

Dans ces conditions, on peut s'étonner que Philippe le Bel ne diminuât pas son personnel, surtout en période de disette d'argent. Mais, si quant à sa personne il avait une rigueur confinant au stoïcisme, il avait aussi le sens de la grandeur, par conséquent du décorum inhérent à la majesté royale. En outre, cet homme si distant, comme enfermé dans la solitude du pouvoir, restait étrangement humain. Aucun de ses serviteurs ne fut congédié, sauf en cas de fautes très graves; aucun de ses principaux conseillers ne tomba en disgrâce, même en cas d'échec. Tout ce monde de domestiques, de clercs, de soldats, de légistes, était «sous la main du roi», c'est-à-dire bénéficiait en toutes circonstances de sa protection, voire de sa sollicitude, car Philippe le Bel savait récompenser ceux qui le servaient avec zèle. Cet aspect de son caractère mérite d'être souligné. Le lien ou le serment qui unissait alors le roi et son entourage n'était rien d'autre que l'antique lien vassalique. Ce qui montre que Philippe le Bel, pour «moderne» qu'il paraisse, n'avait pas entièrement rompu avec le passé: il était le trait d'union entre le monde de saint Louis et le monde de l'avenir. Il n'abolissait point le code nobiliaire; il l'actualisait. Il ne détruisait point la hiérarchie des seigneurs; il la subordonnait plus étroitement. Il était devenu roi tout-puissant, monarque absolu, sans cesser d'être le premier des féodaux. Mais nous reviendrons là-dessus.

Depuis 1305, la solitude de Philippe s'est accrue. Son épouse, Jeanne, reine de France et de Navarre, comtesse de Champagne et de Brie, est morte le 2 avril, à trente-deux ans! On l'a inhumée, non point à Saint-Denis, mais dans l'église des Cordeliers de Paris, peut-être selon ses dernières volontés, ou pour une autre raison (que l'on ignore). Geoffroy de Paris lui consacre ces quelques vers en guise d'oraison funèbre:

*En cette année, sans doutance,*
*Mourut la reine de France*
*Et de Navarre, la très sage*
*Jeanne, dont en fut grand dommage*

Quant au rédacteur des *Grandes Chroniques,* historiographe très officiel, il s'en tient à cette mention dont la brièveté est pour le moins surprenante: «En cet an mourut Jeanne, reine de France et de Navarre, femme de Philippe le Bel, et en l'église des frères mineurs fut honorablement enterrée.»

On ne sait presque rien d'elle, sinon qu'elle dota des couvents, fonda la petite ville navarraise de Puente-la-Reyna et, à Paris, le célèbre collège de Navarre. Rien ne permet d'affirmer qu'elle eut pour Philippe le Bel l'attachement tendre de Marguerite de Provence pour saint Louis. La seule parole dont on ait gardé mémoire est celle qu'elle prononça en voyant les bourgeoises de Bruges. On ne saurait davantage retracer quelque scène de la vie quotidienne du couple royal, ni relater la moindre anecdote émouvante ou plaisante. La personne de Jeanne reste aussi énigmatique que celle de son époux. Aucun indice n'autorise à écrire qu'elle exerça une influence sur Philippe ou qu'elle fut une mère attentionnée. Toutefois elle administrait elle-même son petit royaume de Navarre et son comté de Champagne; du moins les actes administratifs étaient pris en son nom: mais décidait-elle seule et librement? Cet anonymat de deux êtres qui furent des créatures vivantes, avec leur fardeau d'inquiétudes et de malheurs, avec leurs moments de joie, leurs vertus et leurs faiblesses, a quelque chose de déconcertant. Il semble qu'ils se faisaient l'un et l'autre une si haute idée de leur charge que les sentiments étaient proscrits de leur existence; du moins en donnaient-ils l'apparence. Car n'est-il pas significatif que ce roi n'eut pas de maîtresses et ne songea pas à se remarier après la mort de Jeanne? S'il avait eu la moindre aventure, ou commis la moindre imprudence, on peut être sûr que ses détracteurs ne l'eussent pas manqué! Or, que lui reprochaient-ils en matière de divertissement: son goût pour la chasse. Geoffroy de Paris:

*Et le roi si sonnait ses cors*
*Par les forêts, chassant les porcs*[1]
*Et les oiseaux qui sont volages*

Philippe n'avait que trente-sept ans en 1305; il était encore dans le plein de sa force d'homme et gardait cette beauté virile qui lui avait valu son surnom. Pendant neuf ans, jusqu'à son propre décès, il resta veuf, peut-être muré dans un chagrin dont rien ne transparaissait. Et ce n'étaient pas la dépense physique, les courses haletantes dans les forêts, le son du cor

1. Les sangliers, ou porcs sauvages.

et les abois de chiens, qui pouvaient effacer certains souvenirs! Il restait obstinément fidèle à la reine morte. Il faut croire qu'il l'avait suffisamment aimée pour cela, et s'incliner devant la force de ce sentiment. Mais un tel homme pouvait-il être le personnage insensible que l'on a tant de fois décrit?

Jeanne lui avait donné sept enfants: Louis, né en 1289 (qui sera Louis X le Hutin et régnera à partir de 1314); Isabelle, née en 1292 (elle était alors fiancée au futur Édouard II d'Angleterre); Philippe, né en 1293 (qui sera Philippe V le Long et régnera de 1316 à 1322); Charles, né en 1294 (qui sera Charles IV le Bel et régnera de 1322 à 1328); Marguerite, Blanche et Robert, morts jeunes.

En 1305, Louis, fils aîné du roi, héritier présomptif de la couronne de France et déjà roi de Navarre par la mort de sa mère, avait donc seize ans; Isabelle, treize ans; Philippe, douze ans et Charles, onze ans.

Trois enfants de saint Louis survivaient encore: Blanche qui était née à Jaffa: elle avait épousé Ferdinand de la Cerda, fils d'Alphonse X de Castille; elle était la mère des infants de La Cerda et vivait à la cour de France; elle ne mourra qu'en 1320. Sa sœur, Agnès, était duchesse de Bourgogne; elle vivra jusqu'en 1327, à la veille de l'extinction des Capétiens directs. Robert, comte de Clermont, ne laissera dans l'Histoire d'autre trace que d'être l'auteur de la tige des Bourbons. L'oncle et les tantes de Philippe n'avaient qu'un rôle effacé; ce n'étaient guère plus que des souvenirs prestigieux. Marie de Brabant, veuve de Philippe III le Hardi, vivait également à la cour. Les frères et sœurs survivants de Philippe étaient d'abord Charles de Valois (né comme lui d'Isabelle d'Aragon), et les enfants issus de Marie de Brabant: Louis d'Évreux, Marguerite (mariée en 1299 à Edouard Ier d'Angleterre) et Blanche (qui avait épousé Rodolphe d'Autriche en 1300).

Charles de Valois, comte du Maine et d'Anjou, était né en 1270. Il mourra en 1325, sous le règne de son neveu, Charles IV le Bel. C'était un prince aventureux et dévoré d'ambition, qui passait, à tort ou à raison, pour l'un des meilleurs capitaines de son temps. Il avait naguère vaincu les Anglais en Guyenne et leur avait pris La Réole et Saint-Sever. Il avait ensuite abondamment guerroyé en Flandre et en Italie. Roi fictif d'Aragon, il avait épousé en premières noces Marguerite de Naples, fille de Charles II d'Anjou, dit le Boiteux et, en secondes noces, Catherine de Courtenay, petite-fille de Baudouin II, dernier empereur latin de Constantinople. Boniface VIII l'avait appelé en Italie et, pour mieux l'utiliser, il lui avait reconnu le titre d'empereur d'Orient, mais l'empire de Constantinople restait à conquérir! Charles de Valois délivra Florence du parti gibelin. C'est lui que fustige Dante dans ce passage célèbre de la Divine Comédie: «Un autre Charles sortira tantôt de France. Sans armes, il sort, sauf la lance du parjure, la lance de Judas. Il en frappa Florence au ventre...»

Par la suite, Charles aida son beau-père à reconquérir la Pouille et la Calabre sur les Siciliens. Rappelé en France par Philippe le Bel, il prit part à la bataille de Mons-en-Pévèle. Pendant toute sa vie, il poursuivra des chimères de royaumes et n'obtiendra jamais que des titres illusoires. On a dit de lui: «Fils de roi, frère de roi, oncle de rois, jamais roi.» Il était premier prince du sang et, comme tel, le représentant le plus écouté de la haute noblesse: non point qu'il incarnât, directement ou non, une opposition quelconque au pouvoir royal, mais il partageait en tout les opinions du milieu nobiliaire. Pour autant son loyalisme ne cessa pas d'être entier, quoi que l'on ait prétendu à ce sujet. D'ailleurs, sous le règne de Philippe le Bel, son influence fut relative. Elle ne devint prépondérante qu'après la mort de celui-ci et se traduisit surtout par la condamnation d'Enguerran de Marigny.

Le demi-frère de Philippe, Louis, comte d'Évreux et d'Étampes, tenait aussi le premier rang. Très différent de Charles de Valois, il brillait par ses talents de négociateur.

Appartenaient aussi à la famille royale le jeune Robert III d'Artois et sa tante Mahaut, tous deux pairs de France et descendants de saint Louis par leur aïeul, Robert Ier d'Artois, tué à Mansourah. Le fils de celui-ci, Robert II, était mort à Courtrai en 1302; il avait eu deux enfants, Philippe et Mahaut. Philippe ayant été mortellement blessé à la bataille de Furnes, le comté d'Artois avait été attribué à Mahaut, déjà par son mariage comtesse de Bourgogne (c'est-à-dire de Franche-Comté). Philippe laissait un fils, Robert III, qui ne cessera de revendiquer l'héritage de son grand-père, bien que la coutume successorale d'Artois n'admît pas le principe de la représentation. D'où procès interminables, lutte haineuse entre la tante et le neveu. En 1309, croyant apaiser le conflit, Philippe le Bel érigera la seigneurie de Beaumont en comté-pairie au profit de Robert.

Le comte de Dreux et le duc de Bourgogne se rattachaient aussi aux Capétiens, mais le second mourut cette même année 1305. Gravitaient également autour du roi les Grands Officiers dont les titres n'étaient plus guère qu'honorifiques, mais donnaient entrée au conseil: le Bouteiller Gui de Saint-Pol, le Chambrier qui était précisément le comte de Dreux et le Connétable de France, qui était, depuis la mort de Raoul de Nesle, Gautier de Châtillon. Le connétable n'était pas encore chef suprême des armées; à vrai dire, ses fonctions restaient assez mal définies: on pourrait les assimiler à celles de conseiller militaire.

Les membres du conseil participaient bien entendu à la vie de la cour. Les principaux d'entre eux avaient avec le roi des relations – privilégiées en raison des missions qui leur étaient confiées et des projets qu'ils élaboraient, et parmi eux le garde du sceau royal. Pendant tout le règne de Philippe le Bel, le poste de chancelier resta vacant. C'est que, dans l'ancienne monarchie, le chancelier était inamovible, alors que le garde des sceaux pouvait être révoqué à tout moment. On reconnaît ici la défiance de Philippe le Bel et une fois de plus, son habileté. Au surplus, le garde des sceaux n'était même pas chef de la justice. Cependant, contrôlant la secrétairerie, son importance restait considérable.

## II

## QUE VEUT LE ROI, SI VEUT LA LOI

Depuis Philippe Auguste, le pouvoir royal n'avait pas cessé de s'étendre au détriment de l'indépendance féodale. Cette tendance s'était accentuée sous le règne de saint Louis dont l'œuvre de légiste fut considérable. Néanmoins le tournant décisif fut pris par Philippe le Bel. Il est singulier de remarquer que, dans la même période de l'Histoire, l'Angleterre évoluait vers une monarchie parlementaire par suite des concessions arrachées à Édouard I$^{er}$, et la France devenait une monarchie absolue. Jadis le roi de France faisait sanctionner les lois par ses barons; il ne légiférait en propre que dans l'étendue du domaine royal. Philippe le Bel se dispensa du vote des barons et légiféra pour l'ensemble du royaume. Ce que le juriste Beaumanoir exprime en cette formule assez exacte: «Quand le roi fait un établissement (une loi), spécialement sur son domaine, les barons continuent à appliquer les anciennes coutumes en leurs terres; mais, quand l'établissement est général, il a cours par tout le royaume, et nous devons savoir que de tels établissements sont faits par très grand conseil, pour le profit commun.» Ce qui veut dire que, tout en promulguant des lois générales, le roi gardait assez de prudence pour respecter les coutumes locales. En fait, les empiétements de Philippe le Bel furent nombreux et décisifs; hormis le droit de lever les impôts, soumis à des assemblées diverses, le roi s'était arrogé le pouvoir exclusif de légiférer. L'enseignement du Digeste dans les écoles de droit facilita grandement l'évolution du pouvoir vers l'absolutisme.

Toutefois le concept de monarchie absolue doit être adouci

et nuancé, car le roi ne décidait point seul en réalité; il n'était point seul à élaborer ses ordonnances, mais au contraire s'entourait d'avis diversifiés et pertinents et faisait examiner avec soin les projets de lois par son conseil. Cet organisme, héritier de la vieille curia regis, était désormais composé d'une majorité de «techniciens». Certes, les princes et les dignitaires de la couronne, comme certains hauts prélats, y siégeaient de droit. Tel était le cas de Louis de Navarre (et, par la suite, de ses deux frères, Philippe et Charles), de Charles de Valois, de Louis d'Évreux, du Bouteiller, du Chambrier et du Connétable. Le choix des autres membres restait à la discrétion du roi, ce qui explique que de hauts fonctionnaires y côtoyaient de simples chambellans, des légistes, des financiers, des magistrats. Cette juxtaposition répondait sans doute à des besoins précis, plus encore à une intention marquée de la part du souverain. Faut-il parler d'une spécialisation des compétences? Certainement pas: les services sont effectivement spécialisés, non a priori les membres. Les banquiers Biche et Mouche ont été chargés de négociations, de missions diplomatiques. De même les gardes du sceau royal: Pierre Flote ou Nogaret. De même ces conseillers, dont les noms émergent à peine de l'anonymat et qui n'étaient point seulement chargés d'élaborer des projets d'ordonnances, mais de l'exécution de certaines mesures, par exemple en matière fiscale et dans un secteur donné. Philippe le Bel les choisissait non point en fonction de leur naissance ou de leurs relations, mais de leur mérite. Ils avaient une expérience confirmée dans le maniement des affaires. Presque tous avaient parcouru le cursus honorum avant d'accéder au conseil, récompense suprême! Ils s'étaient distingués par leurs travaux et par leur réussite dans l'accomplissement de leurs fonctions ou des missions qu'on leur avait confiées. Ils étaient nommés par lettres patentes et prêtaient serment, après qu'on leur eut dit: «Vous jurez que vous serez féal et loyal au roi de France et à son fils aîné, et défendrez son corps, ses membres et son «honneur terrienne» (son royaume). S'il vous dit un secret, vous le garderez; et s'il vous demande conseil, vous le lui devrez bon et loyal, selon votre conscience. Ainsi vous ait Dieu et les saintes paroles.» On ne sache pas que l'un d'eux ait violé ce serment.

On observe le même subtil dosage parmi les légistes qui

appartenaient au conseil (les chevaliers ès lois, disait-on),mais ne l'étaient-ils pas tous? Les légistes méridionaux (comme Nogaret et Plaisians) ne l'emportaient que de peu sur les spécialistes du droit coutumier en vigueur au nord de la Loire. De même les conseillers ecclésiastiques – appartenant tous au clergé séculier – pondéraient dans une certaine mesure les avis émis par les laïcs, cependant que les princes et les dignitaires faisaient entendre la voix de la noblesse et tempéraient les tendances trop «modernistes» des conseillers issus de la bourgeoisie. On ne saurait dire pourtant que Philippe le Bel divisait pour régner, mais ce n'était point un hasard si les groupes s'équilibraient au sein de son conseil, ni que les trois ordres du royaume y fussent représentés. En effet, les chevaliers ès lois étaient rarement d'origine noble; quelques-uns avaient été anoblis; la majorité appartenait à la bourgeoisie. On peut en déduire que l'unanimité n'était pas la règle, quelle que fût l'autorité de Philippe de Bel, et que ce dernier dut plus d'une fois apaiser les affrontements. Le concept que Charles de Valois se faisait de la royauté tenait plus au passé qu'au présent; il restait traditionnel et féodal, avec le gouvernement de saint Louis comme référence absolue. Il s'opposait au césarisme sans nuances de Nogaret. Dans les affaires ecclésiastiques (le procès contre Boniface VIII, la destruction de l'ordre du Temple) la position des conseillers d'église devait être singulièrement réticente et l'on se demande même comment ils pouvaient concilier leur condition de prêtre et leurs devoirs envers le roi. Mais, précisément, Philippe de Bel avait l'art de tirer parti de cette diversité d'opinions et, finalement, d'en faire la synthèse et d'imposer ses vues, ce qui suppose une intelligence et une connaissance des affaires exceptionnelles.

Le conseil était informel; on veut dire par là qu'il n'avait point encore reçu de structures définies; que son fonctionnement n'était pas codifié. Il se réunissait à la demande du roi. Selon les circonstances, les réunions étaient plénières ou restreintes. Tantôt, en effet, le texte des ordonnances vise «le grand conseil» , et tantôt «la pleine délibération du plein conseil» , sans que le nom des participants soit mentionné. Aucun procès-verbal de séance n'était établi. Chaque membre pouvait donc s'exprimer librement, sans craindre que son avis fût consigné et puisse ultérieurement lui porter dommage. La seule trace qui subsiste, peu signifiante, est le nom du conseiller qui donnait au clerc de la chancellerie l'ordre d'établir l'acte. On ignore donc tout du fonctionnement proprement dit du conseil. Indépendamment des nombreuses ordonnances, il délibérait sur les affaires courantes, telles que les lettres de grâces ou les confirmations de chartes.

Le roi n'avait point de ministres. Les conseillers ne s'exprimaient et n'agissaient en son nom qu'en vertu d'une délégation sectorielle, momentanée et révocable. Philippe restait le maître de son royaume. Il assumait à lui seul les responsabilités du pouvoir central. Énorme labeur, malgré l'aide des chevaliers ès lois. parallèlement aux actes du conseil, il avait une correspondance privée confidentielle, dont les rédacteurs étaient Maillard, clerc du secret, et ses deux aides.

Cependant, paradoxalement, ce monarque absolu passe, aux yeux des historiens de naguère, pour être en même temps l'inventeur des États généraux du royaume, autrement dit l'initiateur d'un début de démocratie. La nation n'existait pas en tant que telle; les différences entre les gens du nord et du midi restaient aussi grandes que pendant le règne de saint Louis. Il existait pourtant un dénominateur commun: l'importance croissante dans l'économie et dans la politique (l'administration des communes) de la bourgeoisie. Elle détenait désormais une part non négligeable de la fortune publique, surtout en numéraire. Elle avait aussi ses aspirations et ses idées propres, lesquelles s'exprimaient en partie par la voix des chevaliers ès lois. De riches laboureurs devenaient propriétaires terriens et ne tardaient pas à s'agréger à la bourgeoisie, voire à la petite noblesse qui foisonnait et se trouvait souvent à la limite de la pauvreté. Cette force vive, toute neuve, du tiers état, Philippe le Bel voulut l'inclure dans sa politique et bénéficier de son appui. Esprit novateur, il avait parfaitement saisi, non pas encore «le pouvoir» de l'opinion, mais son utilisation possible. Certes, ses prédécesseurs avaient déjà procédé à des consultations, mais partielles et généralement limitées à la haute noblesse et à la prélature. Il était arrivé à saint Louis de consulter les notables de certaines villes. Philippe le Bel eut l'idée de convoquer ensemble les trois ordres du royaume.

On a rendu compte précédemment de la réunion du 10 avril 1302. Le conflit entre Philippe le Bel et Boniface VIII était à son paroxysme. La bulle *Ausculta filii* venait de proclamer la suprématie du Saint-Siège sur les princes temporels. Le pape menaçait de faire juger le roi par le concile. Philippe sentait son pouvoir ébranlé. On sait quelle fut sa foudroyante riposte. Mais, avant de mettre le pape lui-même en accusation, il jugea indispensable d'être approuvé par une assemblée réunissant, pour la première fois, les trois ordres. Les barons, les prélats, les abbés, les doyens de chapitres reçurent l'ordre de comparaître en personne; les villes et communes de se faire représenter par des députés. Ces derniers n'étaient point automatiquement des échevins ou des consuls; ils étaient désignés par le suffrage de leurs concitoyens. Quand les trois ordres eurent entendu l'exposé virulent de Pierre Flote contre le pape et le discours du roi, ils délibérèrent séparément et rédigèrent des avis distincts mais concordants. Il n'y eut point de débats en assemblée commune. Tout ce qu'on requérait des participants, c'était une approbation sans réticence. De la sorte Philippe le Bel pouvait proclamer qu'il agissait au nom de son royaume, tout autant qu'en son propre nom, et à la requête de ses peuples. Néanmoins les députés du tiers état, paraissant pour la première fois aux côtés du clergé et de la noblesse, avaient le sentiment d'exister enfin! Pour modeste que fût ce début, il n'en était pas moins riche d'espoir. On a longtemps cru que Philippe le Bel, s'apprêtant à faire juger Boniface VIII, convoqua à nouveau les États généraux. Redoutant le refus des représentants du clergé, il estima plus adroit de les isoler en réunissant de simples assemblées provinciales, analogues aux États généraux en ce que les villes y envoyaient leurs députés élus par la population. Il est superflu de préciser que ces réunions se déroulaient sous le contrôle de commissaires royaux.

Philippe le Bel réunit une seconde fois les États généraux, en mai 1308, à Tours. Il avait fait arrêter massivement les Templiers l'année précédente, sans l'accord de Clément V. Ne pouvant obtenir la suppression de l'Ordre par suite de l'obstination du pape, il résolut de provoquer l'indignation générale contre les malheureux prisonniers. La convocation des États revêtit un caractère obligatoire, cependant avec la possibilité de se faire représenter par un délégué muni d'une procuration. Le roi requérait, féodalement, le conseil de tout ce qui comptait dans la noblesse et dans le clergé, mais aussi les députés de la moindre commune. On perçoit ici une résistance bien compréhensible de la part des nobles, les chevaliers du Temple se recrutant principalement dans ce milieu, et du clergé, car il s'agissait de détruire un ordre religieux ne relevant au surplus que du pape. De nombreux prélats, la majorité des grands seigneurs, se firent représenter. Mais enfin l'affluence fut numériquement considérable et la politique royale reçut une approbation chaleureuse, avec la mission de se substituer au pape défaillant

Il en fut de même à la troisième assemblée, en juin 1314. Philippe le Bel était en guerre avec la Flandre. Le trésor était en difficulté; il demanda l'aide des trois ordres. Enguerran de Marigny prononça, en cette circonstance, un discours pathétique dans lequel il retraça l'histoire du conflit avec les comtes de Flandre depuis ses origines, et fit appel au sentiment patriotique des Français. Les députés s'empressèrent d'accorder l'aide demandée par le roi, sans autre précision: on ne délibéra ni sur le montant ni sur la durée d'un impôt éventuel; on se contenta d'un engagement global. On verra, dans la dernière partie de cet ouvrage, que les résultats de cette assemblée ne furent pas exactement ceux que l'on escomptait. Il faut donc, on le constate, beaucoup de complaisance, pour admettre que Philippe le Bel réunit les États généraux, du moins selon l'acception commune, et pour faire un parallèle avec le parlement anglais. Concédons pourtant que ces premières réunions sont l'ébauche timide des futurs États, en retenant le mode d'élection au suffrage universel des députés des communes: dans certaines villes, les femmes votèrent!

Voici donc ce qu'était alors le pouvoir central avec ses organes consultatifs. L'administration territoriale en était le fidèle reflet, par suite de la confusion des pouvoirs administratif, financier, judiciaire et militaire entre les mains des agents du roi. Elle comprenait deux degrés: les baillis et les prévôts.

Les baillis, nommés sénéchaux dans la France méridionale, étaient choisis par le conseil et prêtaient serment entre les mains du roi. Ils recevaient directement leurs ordres de celui-ci et les diffusaient aussitôt dans le ressort de leur bailliage. Ils étaient administrateurs, juges d'appel, collecteurs d'impôts et chefs militaires. Les prévôts (appelés viguiers dans le Midi et vicomtes en Normandie) continuaient d'affermer leurs prévôtés. Ils étaient juges de première instance et collectaient les taxes et redevances dues au roi, le produit des domaines royaux et les amendes diverses. Les sergents, nommés par les baillis, étaient de simples exécutants, en contact direct avec la population et manifestant fréquemment un zèle excessif.

Il était inévitable qu'un tel système engendrât des abus. Philippe le Bel tenta d'y remédier par son ordonnance de 1303. Elle reprenait, en les aggravant, le dispositif promulgué par saint Louis. Nul ne pouvait être bailli ou prévôt dans son pays natal. Nul bailli ne devait avoir de parents ou alliés sous ses ordres. Il leur était interdit de marier leurs enfants dans le bailliage sauf permission du roi ; de recevoir des cadeaux, de déléguer leurs pouvoirs, sauf en cas d'absence ou de maladie. Ils étaient astreints à résidence. Ils devaient rester pendant quarante jours dans leur bailliage, après leur sortie de charge, pour répondre aux plaignants. Et surtout, exécuter fidèlement et promptement les instructions royales. Les prévôts et sergents étaient leurs justiciables. L'ensemble des fonctionnaires territoriaux était soumis aux enquêteurs et aux commissaires extraordinaires.

L'intention était louable. Les enquêteurs et les commissaires rappelaient le temps de saint Louis, l'enquête générale de 1248, qui avait précédé la croisade d'Égypte. Mais était-ce bien pour redresser les abus et réparer les exactions que Philippe le Bel commissionna certains de ses conseillers (Nogaret, Plaisians, Belleperche, Mercœur et les autres) ? Il leur confiait des pouvoirs exorbitants et discrétionnaires. Sans doute entrait-il dans leurs attributions de réprimer les abus, de destituer les agents subalternes et d'informer contre les baillis coupables d'excès. Mais il leur incombait aussi de mettre fin aux usurpations des domaines et droits du roi et, plus encore, de remplir les caisses de l'État par tous les moyens. Ils s'arrogeaient le droit de poursuivre et de juger ceux qui violaient les ordonnances ; de redresser l'assiette de l'impôt, de négocier avec les contribuables. En principe, leurs décisions étaient susceptibles d'appel devant le roi, c'est-à-dire devant le parlement. Mais que pouvaient les pauvres gens contre ces redoutables personnages parlant au nom du roi et supplantant les baillis ? Le système instauré par saint Louis était complètement dénaturé, sinon même inversé dans ses effets. Au lieu de soulager le peuple, les commissaires l'opprimaient. Ce sont eux qui donnèrent à l'administration royale ce caractère tracassier qui perdure jusqu'à nos jours! De plus en plus nombreux et exigeants dans les dernières années du règne, ils devinrent un véritable fléau. Ils contribuèrent certainement à la réaction de 1314, dont les tumultes obscurcirent les derniers mois d'existence du roi. Ce sont eux qui, par leur zèle furieux, accréditèrent l'idée d'un pouvoir despotique, implacable, si chère aux historiens romantiques! En fait, le mécontentement vint surtout de la charge croissante des impôts sous leurs formes diverses.

## III

# LA JUSTICE

C'est bien l'opinion générale des Français qu'exprime Geoffroy de Paris, quand il envoie ce coup de griffe:

*En France a tout plein d'avocats:*
*Les chevaliers de bon état,*
*Qui France voient trestournée (retournée)*
*Et en servitude atournée (tombée),*
*Vident le pays et s'en vont...*

Malgré le génie d'organisateur de Philippe le Bel, ses tentatives de clarification et d'unification, la justice représentait encore un incroyable enchevêtrement de compétences, cependant que les causes proliféraient. Les juridictions ecclésiastiques (et à l'intérieur de celles-ci les tribunaux d'Inquisition), les juridictions seigneuriales et municipales se juxtaposaient aux juridictions royales. Les droits appliqués n'étaient pas les mêmes: droit coutumier dans le Nord, avec d'extraordinaires variantes d'une province à l'autre et se fondant sur des usages immémoriaux, souvent obscurs, parfois contradictoires; droit écrit, inspiré du droit romain, dans les régions méridionales, néanmoins alourdi par des usages locaux plus ou moins cohérents! On comprend que cette confusion, qui était l'inévitable héritage des règnes précédents, pour ne pas dire de l'anarchie féodale, ait heurté le goût de l'ordre et de l'efficacité de Philippe le Bel, et qu'il ait cherché à y porter remède, non toujours avec fruit.

On ne saurait tracer un tableau complet de la justice à la fin du XIII^e^ et au début du XIV^e^ siècle à moins d'y consacrer un ouvrage entier: encore ne serait-ce qu'un survol! On se bornera donc à ne dégager que les lignes de force de cette institution. Cette vue sommaire suffira néanmoins à en montrer la complexité et les connexions.

Il existait trois degrés de juridiction, que l'on peut assimiler, par commodité, aux tribunaux de première instance, aux tribunaux d'appel et à une cour suprême tenant à la fois des actuels Conseil d'État et Cour de cassation.

Les prévôts étaient juges de première instance jusqu'à saint Louis. Mais, ayant affermi leurs prévôtés, ils offraient peu de garanties aux plaideurs. Saint Louis leur retira la qualité de juge et Philippe le Bel confirma cette interdiction dans son ordonnance de 1303. Toutefois, en Normandie, les vicomtes continuèrent de rendre la justice, mais sous le contrôle d'un jury. La juridiction de première instance était exercée par des tribunaux municipaux, composés d'échevins et de notables, assistés de juges royaux, notamment en Languedoc. Les juridictions municipales avaient des compétences limitées: c'est ainsi qu'elles ne pouvaient connaître des causes criminelles. Philippe le Bel ne retira point ce privilège aux échevins, mais, arguant du principe selon lequel toute justice émanait de lui, il transforma les tribunaux municipaux en juridictions royales. Il en résultait que les échevins-juges étaient responsables devant le roi et pouvaient être frappés de lourdes amendes dans le cas où leurs sentences étaient cassées par le parlement et de même quand ils violaient ostensiblement les procédures en vigueur.

Les baillis et les sénéchaux étaient à la fois juges d'appel et juges de première instance selon la nature du procès. Ils siégeaient au chef-lieu de leur bailliage, mais leur tribunal était ambulant. Pour mettre la justice à la portée des plaideurs, ils se transportaient dans les principales localités et tenaient leurs assises tous les deux mois. Ils jugeaient en première instance au civil et au criminel, assistés par un jury composé «d'hommes suffisants» et par un magistrat professionnel (juge royal). Au nord de la Loire, ils avaient l'obligation de siéger en personne. Dans le midi, ils pouvaient se faire remplacer par le juge-mage qui était leur premier assesseur. Avant d'entrer au conseil du roi et de prendre l'importance que l'on sait, Nogaret avait été lui-même juge-mage de la sénéchaussée de Beaucaire. Pourquoi cette différence entre le nord et le midi du royaume? C'est que les sénéchaux du midi étaient recrutés dans la noblesse chevaleresque: ils connaissaient mieux le métier des armes que la procédure. Au contraire, leurs homologues du Nord, les baillis, étaient des juristes professionnels, quand bien même certains d'entre eux étaient d'origine noble. Dans les cas les plus graves (par exemple d'atteinte à l'ordre public, ou de haute trahison), les baillis et les sénéchaux déféraient l'affaire au parlement. Comme juges d'appel, ils statuaient sur les plaintes déposées contre les décisions des juges subalternes.

Les deux premiers degrés de juridiction n'intéressaient globalement que le domaine royal. Parallèlement subsistaient les justices seigneuriales, ecclésiastiques et inquisitoriales. Prélats et grands barons n'admettaient pas que les causes jugées par leurs tribunaux fussent déférées aux baillis. L'ordonnance de 1303, sans porter (apparemment) atteinte aux tribunaux seigneuriaux et ecclésiastiques, prescrivit que leurs justiciables pouvaient faire appel devant le roi, c'est-à-dire devant le parlement. En ce domaine, l'extension du pouvoir royal au détriment des seigneurs est manifeste. L'appel était un moyen d'affirmer la supériorité des juges de Philippe le Bel.

Le parlement siégeait à Paris. L'ordonnance de 1303, complétant le règlement de 1296, définissait son fonctionnement. Les sessions duraient trois à quatre mois. A la fin de chaque session, on établissait un calendrier dans lequel figuraient les bailliages et les dates auxquelles les procès du ressort seraient évoqués. Chaque année, le roi arrêtait la liste des membres du parlement; il ne manquait pas d'y introduire certains de ses conseillers. Il fixait aussi la composition des chambres. La première était appelée la grand-chambre, ou chambre des plaids, car on y jugeait sur plaidoiries. Un auditoire de droit écrit connaissait des affaires intéressant le Midi; en raison des compétences juridiques exigées de ses membres. L'auditoire se subdivisait d'ailleurs en deux chambres, l'une civile et l'autre criminelle. Un grand nombre de causes nécessitaient une enquête approfondie. C'était le travail de la chambre des enquêtes, répartie en rapporteurs et jugeurs. Cette chambre fonctionnait pendant toute l'année; elle déléguait certains de ses membres pour enquêter sur place. La chambre des requêtes était double: une partie de ses membres s'occupait des causes de langue d'oïl et l'autre de langue d'oc. Son rôle était d'examiner la validité des requêtes et d'autoriser leur introduction devant le parlement. Elle tranchait aussi des conflits d'attribution. Dans l'intervalle des sessions, elle assumait le rôle d'une chambre des vacations et expédiait les causes urgentes ou de faible importance. Mais il en était de même de la chambre des enquêtes.

Contrairement à l'opinion reçue, les légistes de profession ne prédominaient pas encore au parlement. Le dosage qui présidait à sa composition n'était pas moins subtil que celui du conseil royal. Le nombre des laïcs et des clercs y était équivalent. De très hauts seigneurs et des dignitaires (les comtes de Dreux et de Boulogne, le connétable de Châtillon), des prélats, comme les archevêques de Narbonne et de Reims, y siégaient à côté de juristes d'extraction bourgeoise. Là aussi, les trois ordres du royaume se trouvaient représentés; les tendances diverses pouvaient s'exprimer. Si les présidents des chambres étaient des barons ou des prélats, le premier président se nommait Renaud Barbou et son fils lui succédera. En principe, le roi ne pouvait désavouer les décisions de son parlement; il ne le fit que très exceptionnellement et pour cause d'erreur manifeste. Par contre, il lui arrivait de consulter cette assemblée sur la rédaction de certaines ordonnances: ces consultations se convertiraient ensuite en ce droit d'enregistrement qui fut si funeste à la monarchie au XVIII^e^ siècle. Le jugement des grands seigneurs relevait encore de la cour des pairs. Philippe le Bel restreignit ce privilège, en confiant au parlement le soin d'apprécier si l'affaire évoquée le concernait ou non. On a vu plus haut quel parti le roi sut en tirer et comment le parlement s'arrogea, certainement sur son ordre, le droit de juger Gui de Dampierre, comte de Flandre. «La prééminence du parlement, écrit Beugnot, et le droit dévolu à cette cour d'interpréter les arrêts, furent heureusement reconnus à propos de l'ordonnance de 1303. La suprématie du parlement, subordonnée au pouvoir qui anime et régit la société tout entière, resta, malgré d'impuissantes dénégations, un des principes fondamentaux de la monarchie, et Philippe le Bel est le premier qui, en l'inscrivant dans un acte public de l'autorité royale, lui donna la forme rigoureuse d'un dogme politique.»

Des parlements provinciaux cœxistaient: l'Échiquier de Normandie, les Grands jours de Troyes, qui siégeaient à dates fixes. Philippe le Bel ne les supprima pas, mais il y envoya une partie des membres du parlement de Paris, en sorte que les cours provinciales perdirent leur autonomie et devinrent de véritables assises décentralisées du parlement de Paris: encore les arrêts rendus par ces cours restaient-ils soumis à l'appel au roi! Le parlement de Toulouse, jadis instauré par Alphonse de Poitiers, eut, sous le règne de Philippe le Bel, une existence précaire et momentanée. Les Méridionaux, volontiers procéduriers, trouvaient plus simple de s'adresser directement au parlement de Paris dont les jugements étaient définitifs.

Philippe le Bel s'attaqua, avec la même logique et la même hardiesse, aux privilèges judiciaires de l'Église. A son avènement, les officialités (tribunaux ecclésiastiques des évêchés) faisaient une rude concurrence aux cours laïques. La compétence de ces tribunaux se fondait sur une théorie du pape Innocent III, selon laquelle, par le biais du péché, l'Église était juge de toutes les actions humaines. D'où la prétention à l'universalité des officiaux! Leur compétence était exclusive pour tout ce qui concernait les clercs, y compris les procès au civil entre un clerc et un laïque, ce dernier fût-il le plaignant. En matière criminelle, il en était de même; toutefois, dans la pratique, le clerc coupable était dégradé avant d'être remis à l'autorité séculière. Les officiaux jugeaient les causes relatives aux mariages et aux testaments, aux prêts usuraires et aux versements de la dîme. La peine principale qu'ils pouvaient prononcer, était évidemment l'excommunication, procédé un peu trop facile et fréquent pour ne pas faire l'objet de critiques véhémentes! L'Église n'exécutait point elle-même les sentences; elle remettait les condamnés à l'autorité séculière. Elle ne s'intéressait qu'à la saisie des biens possédés par ceux qu'elle frappait d'anathème. Philippe le Bel avait une conscience trop nette de son rôle de justicier pour tolérer ces errements. Il estimait anormal que des prêtres criminels échappassent aux juridictions laïques et, fréquemment, fussent condamnés à des peines légères; que les procès intéressant les biens propres des clercs fussent jugés par les officiaux avec une partialité choquante. Les plaintes affluaient. Ici, un tribunal ecclésiastique absolvait un prêtre coupable d'homicide au grand scandale de la population qui le lyncha. Là, les officiaux connaissaient des causes réelles et personnelles opposant des laïques. Ou bien, ils contraignaient les notaires à enregistrer comme exécutoires les actes qu'ils recevaient indûment. Partout, des abus semblables étaient constatés, mais l'Église y trouvait son profit. Philippe le Bel faisait son possible pour y remédier. Ses agents surveillaient les cours ecclésiastiques, empêchaient les empiétements, au risque d'être eux-mêmes excommuniés. Le roi essaya à plusieurs reprises de limiter les attributions des officiaux. Mais la situation du trésor l'obligeait périodiquement à demander des subsides. L'Église en négociait l'octroi à sa manière, en obtenant des concessions! Les officiaux continuèrent donc à sévir: il faut dire qu'ils étaient itinérants, plus expéditifs et moins coûteux que les juridictions séculières, ce qui avantageait les plaideurs! Faute de pouvoir régler le fonctionnement des officiaux par ordonnance et de les cantonner dans le domaine spirituel, Philippe le Bel agit au coup par coup. Il faisait saisir les biens des clercs notoirement coupables mais absous par les tribunaux d'église. Il séquestrait aussi les biens des juges qui avaient excommunié les agents royaux en cas de conflit de juridictions. Ainsi s'instaurait-il juge des excommunications, autrement dit inquisiteur suprême! Il restreignit le droit d'asile – qui permettait à l'Église de protéger des malfaiteurs – , en autorisant les baillis à se saisir des coupables, au besoin par la force. Il parvint à abolir le privilège de tonsure: la tonsure reçue des mains d'un évêque soustrayait automatiquement l'intéressé aux poursuites séculières. On discerne fort bien sa pensée, à travers des actions nécessairement fragmentaires, voire ponctuelles. Il ne put, en ce domaine comme en plusieurs autres, parachever son œuvre, faute d'argent! Mais ce qu'il réalisa, marque déjà un progrès sensible.

Sa position à l'égard des tribunaux d'inquisition paraît plus nuancée. Ces juridictions, variétés des officialités, sévissaient surtout en Languedoc, où l'hérésie cathare n'était pas entièrement détruite. Les sentences qu'ils prononçaient, étaient la pénitence, l'emmurement (la prison) et le bûcher. Les crimes qu'ils poursuivaient étaient l'hérésie, la sorcellerie, les maléfices et le judaïsme. L'institution de ces tribunaux remontait au début de la guerre contre les Albigeois. Les juges appartenaient à l'ordre des frères prêcheurs (les Dominicains). Leur arbitraire déplut à Philippe le Bel. Cependant il faut dire que le Languedoc était français depuis trop peu de temps pour que le roi méconnût les plaintes formulées contre les Inquisiteurs.

En 1288, il leur interdit de poursuivre les juifs, sans une enquête préalable et concluante du sénéchal ou du bailli. En 1291, défense fut faite au sénéchal de Carcassonne de prêter son concours aux inquisiteurs, sauf en cas d'hérésie prouvée. Cette mesure revenait à paralyser leur tribunal, puisqu'ils ne pouvaient désormais faire exécuter leurs sentences par le bras séculier, ni contraindre les accusés à comparaître devant eux. En 1296, il interdit au même sénéchal d'arrêter les prétendus hérétiques. Mais, en 1298, par suite du conflit avec Boniface VIII, toutes ces mesures furent rapportées et les inquisiteurs recouvrèrent la plénitude de leurs moyens d'action. Cette victoire temporaire les abusa. Leur sévérité provoqua la réprobation de tout le Languedoc, les plaintes des habitants d'Albi, de Cordes et de Carcassonne. Philippe le Bel réagit avec promptitude. Il décréta que les geôliers seraient choisis par les évêques ou par les sénéchaux, cela dans le but de protéger la vie des prisonniers, et que nul suspect ne serait arrêté sans le consentement de l'évêque, car, déclara-t-il, «nous ne saurions souffrir que la vie et la mort de nos sujets dépendent de la volonté et du caprice d'un seul homme, peut-être peu instruit et aveuglé par la passion». Il exigea la destitution de l'inquisiteur du Toulousain, frère Foulque. Pendant quelques années, les activités des tribunaux d'inquisition restèrent en sommeil. Elles reprirent cependant, puisque, en 1302, le roi leur retira le droit de juger les usuriers. A l'occasion de son voyage de propagande en Languedoc, après Courtrai, il rendit une nouvelle ordonnance réglant la procédure contre les hérétiques et en tempérant la rigueur; les Languedociens furent déçus: ils espéraient la suppression de l'Inquisition. Mais Philippe le Bel était trop sagace et trop modéré pour se laisser entraîner à commettre l'irréparable. Entraînés par les prêches exaltés du Franciscain Bernard Délicieux, quelques têtes chaudes de Carcassonne et de Limoux se mirent à comploter contre ce roi qui les avait «abandonnés». Rêvant toujours de l'indépendance perdue, ils offrirent la couronne des anciens comtes de Toulouse à l'infant Fernand de Majorque, fils puîné du roi Jacques II. L'infant ne repoussa pas cette offre qui lui ouvrait des perspectives alléchantes. Mais son père, qui ne tenait pas à se brouiller avec Philippe le Bel, mit fin aux conversations. Le complot ne tarda pas à être connu. Bernard Délicieux était coupable de lèse-majesté et de trahison. Ses principaux complices furent pendus: parmi lesquels les consuls de Carcassonne que l'on brancha dans les belles robes écarlates, insignes de leur dignité. Le Franciscain fut épargné et se tint désormais tranquille. Il devait pourtant s'agiter à nouveau, être arrêté par ordre du pape et mourir en prison.

Toujours soucieux de justice, Philippe le Bel avait institué des procureurs auprès des bailliages, des prévôtés les plus importantes et des tribunaux ecclésiastiques. Ils assistaient à l'instruction et au jugement des causes intéressant les droits du roi. Ils n'intentaient eux-mêmes de procès que dans les cas royaux, tels que la violation de la paix publique. Philippe le Bel s'occupa aussi des avocats. Il renouvela les interdictions et les obligations figurant dans les ordonnances précédentes. Ils s'engageaient à ne point défendre les causes injustes. Le roi édicta qu'ils seraient poursuivis comme parjures, s'ils invoquaient des précédents erronés ou inexistants. En 1291, il s'arrogea le droit d'instituer les notaires. En 1304, il réglementa sévèrement leur profession, leur prescrivant de rédiger la minute de leurs actes en présence des contractants et d'en recopier la substance dans des cartulaires de fort papier. Ses agents prélevèrent un droit d'authentification des actes. La même ordonnance concernait également les greffiers qui, dès lors, furent tenus de consigner le procès-verbal des procès dans des registres détenus par les juges.

Toutes ces mesures étaient certes imparfaites, embryonnaires. Il n'empêche qu'elles forment la source du droit et de la procédure qui seront appliqués jusqu'à la Révolution.

# IV

# PLAIE D'ARGENT

Plaie d'argent n'est pas mortelle, mais pour un État elle peut l'être! Hormis pendant les premières années de son règne où Philippe le Bel bénéficia d'une aisance relative, il ne cessa ensuite de se heurter aux difficultés de trésorerie. Elles expliquent ses échecs relatifs, ses reculs non tous volontaires. Les improvisations hâtives, les mesures exceptionnelles, les appels aux contribuables, le «remuement» de la monnaie, ne résolvaient pas le fond du problème qui était un déséquilibre croissant entre les ressources de l'État et ses dépenses. Les campagnes militaires, nombreuses, coûteuses, non toujours couronnées de succès, l'extension des services administratifs et judiciaires, excédaient, et de loin, les recettes! pourtant, là comme ailleurs, Philippe le Bel s'efforça de remettre de l'ordre. Mais, si les services financiers atteignirent et même dépassèrent en maintes circonstances leur maximum d'efficacité, on ne pouvait empêcher les contribuables de s'appauvrir, leur bonne volonté initiale de se changer en hostilité, le mécontentement d'augmenter en proportion inverse du produit de l'impôt et le roi de devenir impopulaire! Sa conception de l'État, de la politique extérieure, n'était pas celle de ses sujets; elle était en avance de plusieurs siècles, rejoignait quasiment celle de Louis XIV. Elle était aussi trop subtile pour être comprise par des hommes qui gardaient là nostalgie du règne de saint Louis. Les agents royaux voulaient trop bien faire, non tous par ambition, mais parce que la notion de service public émergeait, et il importe peu qu'elle se nommât service du roi. Le pouvoir étant fort, ils exécutaient les ordres avec une sorte de passion, parce que certains de n'être pas désavoués. Il était inévitable qu'on les accusât de malversations. Autre inconvénient, les agents du fisc, par suite de la confusion des pouvoirs, étaient quasi les mêmes que ceux de l'administration proprement dite et de la justice, au moins dans leur encadrement et s'agissant des ressources ordinaires du budget. Dans chaque bailliage, le responsable était le bailli, à la fois receveur, payeur et comptable. Il collectait les revenus, prélevait les sommes correspondant aux dépenses de son bailliage et envoyait l'excédent à Paris. Dans certaines circonscriptions, il fut aidé par un comptable relativement indépendant, c'est-à-dire par une sorte de contrôleur soustrait à son arbitraire. Il avait pour collaborateurs les prévôts (dont on rappelle qu'ils avaient affermé leurs prévôtés) et les sergents royaux.

Jusqu'à la suppression des Templiers, le roi disposa de deux trésors, l'un qui était déposé au Louvre et qui constituait la réserve royale, l'autre qui était au Temple et avait un rôle de pairie générale, sans qu'une distinction bien nette puisse être faite entre les deux services. Ils avaient à leurs têtes des trésoriers qui tenaient le journal de leurs opérations au jour le jour. L'ensemble de la comptabilité royale était soumise aux vérifications de la Chambre des Comptes. Elle siégeait précédemment au Temple. Philippe le Bel la transféra au palais de la cité. Elle comprenait trois catégories de membres: les seigneurs, les maîtres et les clercs. Philippe le Bel réglementa son fonctionnement, notamment en obligeant la Chambre à délibérer à huis clos et en interdisant aux grands seigneurs, aux membres du conseil et du parlement, de prendre part aux délibérations. Ses compétences étaient complexes et fort lourdes, à la fois administratives et judiciaires. Elle examinait les comptes des baillis, dont la présentation était uniforme, en recettes comme en dépenses, ce qui facilitait la lecture et les comparaisons. Elle délivrait les quitus, en obligeant les comptables à verser les sommes omises volontairement ou non! Elle surveillait l'exécution des ordonnances fiscales et monétaires, sur la rédaction desquelles le roi la consultait. Elle envoyait des instructions aux comptables. Elle exerçait aussi un contrôle sur les fermes. En Normandie, c'était à l'Échiquier que les baillis soumettaient leurs comptes, mais pour une vérification au premier degré, car l'Échiquier restait finalement subordonné à la

Chambre de Paris. C'est dire que la compétence de celle-ci s'étendait à tout le royaume. Il apparaît cependant qu'elle ne suffisait pas à la besogne, ou que ses procédures étaient inadéquates à certaines urgences, car il arrivait que le roi confiât la mise en œuvre de diverses mesures aux Trésoriers de France ou à des membres du conseil.

On ne saurait donner, pour ne pas lasser le lecteur, qu'un aperçu rapide des recettes ordinaires. Les revenus en espèces et en nature que le roi tirait des domaines de la couronne et qui étaient ceux de tout seigneur, comprenaient notamment le cens, le champart, les corvées, mais aussi le produit des exploitations affermées (moulins, fours banaux, terres, rivières). Ces affermages faisaient l'objet d'adjudications publiques; parfois cependant le roi les octroyait en récompense à ses serviteurs, ce qui suggère que l'écart entre les sommes versées au trésor et le produit réel de la ferme devait être confortable. Le roi percevait aussi certains droits féodaux: de mutation, de succession, de garde des orphelins nobles (à charge pour lui de faire élever ces enfants, il percevait les revenus de leurs biens pendant leur minorité). Il faisait vendre les coupes de bois de ses forêts, prélevait des droits de pâturage et de panage et le produit des contraventions de chasse. Sous son règne, les amendes atteignirent des proportions inouïes, en sorte que l'on a pu écrire que la justice était au service de la fiscalité! Aucun tarif ne limitait l'arbitraire des juges, en particulier quand il s'agissait des perturbateurs de la paix publique, des crimes contre la sûreté ou même simplement contre l'ordre. On taxait lourdement jusqu'aux complices involontaires d'un crime ou d'un délit: une mère fut condamnée parce qu'elle avait donné asile à son fils contre lequel une peine de bannissement avait été prononcée. On confisquait les biens des condamnés à mort, des bannis, des hérétiques. Le roi levait un droit de relief sur les fiefs achetés par des roturiers et qui, pour autant, ne devenaient point seigneurs. Ce droit était représentatif du dommage subi par le roi du fait que le nouveau propriétaire du fief ne lui devait pas l'aide, mais il y avait des exceptions tant les bourgeois aspiraient à passer pour de vrais nobles. Le roi percevait aussi le droit d'amortissement sur les mutations des biens ecclésiastiques. Il recueillait en partie, non sans contestation, la succession des aubains[1] et des bâtards.

L'ensemble des recettes du trésor était loin de compenser les dépenses ordinaires. Pour financer les campagnes militaires, conduire une politique extérieure fructueuse, il fallait recourir à l'extraordinaire, inventer des ressources nouvelles, faire en même temps preuve d'imagination et de prudence. Philippe le Bel concevait l'impôt comme une contribution permanente au train de vie de l'État. Les esprits d'alors rejetaient unanimement ce concept de permanence, pour eux synonyme de servitude, comme on l'a vu lors du conflit avec Boniface VIII. Philippe le Bel devait donc qualifier d'exceptionnelles les mesures qu'il était amené à prendre. En outre, dès 1290, le changement du rapport de prix entre l'argent et l'or avait ajouté à ses difficultés et l'avait contraint à une première dévaluation à la vérité peu sensible. En 1292, la situation du trésor l'amena à instituer la maltôte. C'était un impôt indirect sur les objets de consommation, une sorte de T.V.A., comme on a dit, mais bien modeste : un denier par livre ! La maltôte était payée par les marchands qui la récupéraient sur leur clientèle. Elle provoqua une terrible émeute à Rouen : la maison des collecteurs fut mise à sac, les maîtres de l'Échiquier faillirent être écharpés et ne durent leur salut qu'en se réfugiant dans le château. Les mutins furent promptement pendus, tout rentra dans l'ordre et la perception de la maltôte continua. Cette taxe souleva un tollé général. Elle était cependant plus équitable que les impôts en vigueur ; elle touchait toutes les classes sociales en proportion des biens qu'elles consommaient. Mais, précisément, les nobles n'admettaient pas d'être traités comme les roturiers. Quant au clergé, il tenait ferme à ses chimères d'exemption de l'impôt. On comprenait que le roi fît appel à la «générosité» de ses sujets et même qu'en certaines circonstances il leur imposât des sacrifices, mais non qu'il créât un nouveau droit à son profit, par surcroît un droit permanent ! Des villes sollicitèrent la faveur de se racheter de la maltôte en versant une indemnité globale. On eut le tort d'accepter leurs offres. En 1300, la maltôte avait vécu. Mais, entre-temps, Philippe le Bel, toujours talonné par le besoin d'argent, avait eu recours à d'autres expédients.

En 1293, pour financer la construction d'une flotte contre

1. Étrangers.

l'Angleterre, il leva un «prêt» sur les riches bourgeois des bailliages et des villes. Cet emprunt forcé, qui procura plus de 600 000 livres tournois, ne fut jamais remboursé, mais il fut étendu aux prélats, aux membres du conseil, du parlement, de la Chambre des Comptes. La guerre contre l'Angleterre puis contre la Flandre creusant le gouffre, le roi leva ensuite le centième des revenus aussi bien sur les roturiers que sur les nobles et les ecclésiastiques (pour leurs biens personnels). Cet impôt général passa au cinquantième. Il ne suffit pourtant pas et s'alourdit d'un impôt du cinquantième sur les fortunes, fussent-elles minimes. Le cinquantième frappait tout le monde, y compris les agents royaux et même les chevaliers ès lois. N'étaient exceptés que les nobles en raison des services particuliers et effectifs qu'ils devaient au roi. Cet impôt était fixé, dans chaque hameau, par trois notables élus, dont un clerc. Le paiement suivait immédiatement la déclaration des contribuables. Les récalcitrants s'exposaient à la saisie de leurs biens. Quelques villes se rachetaient, mais en versant un don gratuit de valeur équivalente.

A mesure que la guerre contre la Flandre se prolongeait, il fallut pratiquer de nouvelles ponctions. On en varia les formes. Comme on avait, après le désastre de Courtrai, autant besoin d'hommes en état de porter les armes que d'argent, le roi imposa durement les nobles et tenanciers de fiefs qui se trouvaient dans l'incapacité de fournir un service militaire réel. Il étendit cette mesure aux roturiers jouissant d'une certaine aisance. Ce n'était pas encore suffisant. Il leva un subside exceptionnel, avec l'accord (très relatif) des barons et des prélats. Puis il obligea, comme on a vu, les roturiers à entretenir à leurs frais six sergents par cent feux et pour quatre mois; les bourgeois, les évêques, les seigneurs, à fournir un homme d'armes par cinq cents livres de rente immobilière. L'Église, bon gré mal gré, apportait sa contribution à l'effort de guerre, sous forme de décimes. La décime représentait le dixième du revenu des biens ecclésiastiques; elle produisait environ 250 000 livres, ce qui, par parenthèse, montre quelle était la richesse de l'Église de France! Philippe le Bel cherchait à convertir cette contribution en impôt; mais il se heurta à la résistance du Saint-Siège et plus encore à celle des prélats et des grands abbés. Les juifs furent aussi l'objet de sa sollicitude intéressée. Il les prit sous sa protection et leur accorda une sorte de statut, moyennant finance. En 1292, il les frappa d'une taille particulière. En 1295, les juifs parisiens furent arrêtés, emprisonnés au Châtelet, et libérés contre forte rançon. On exigea d'eux une nouvelle taille en 1299, puis en 1302. Enfin il les bannit du royaume, mais pour confisquer leurs biens et s'approprier le prix de la vente. La politique suivie à l'encontre des usuriers lombards fut analogue. Ils furent arrêtés en 1291, puis relâchés contre de fortes amendes. Il est peu de dire que le roi faisait argent de tout! Après les victoires de Zierikzée et de Mons-en-Pévèle, et la signature du traité d'Athis, on crut que les Flamands paieraient. Il n'en fut rien. Mais on ne pouvait invoquer les nécessités de la guerre pour maintenir les impôts exceptionnels. Il fallait cependant alimenter le budget de l'État, payer les rentes, les agents de plus en plus nombreux, les garnisons des forteresses royales, soutenir le train de vie de la cour, achever le palais de la Cité. Or la France était épuisée. Une infinité de petits nobles, de laboureurs, de marchands, de bourgeois naguère opulents, étaient au bord de la ruine.

L'effort de guerre n'était pas la seule cause de cet appauvrissement général. Les dévaluations successives, non toutes volontaires, mais imposées par l'augmentation des cours internationaux de l'or et de l'argent, diminuèrent le pouvoir d'achat et gelèrent les transactions commerciales. On a souvent accusé Philippe le Bel d'être un roi faux-monnayeur, sans chercher à comprendre quels avaient été ses mobiles. Les études récentes, objectives, de cet aspect de son règne démontrent que ce qu'on appelait «les remuements» de la monnaie sont imputables au système bimétallique institué par saint Louis, mais déséquilibré par les variations du rapport entre l'argent et l'or. Leur augmentation aggravait encore ce déséquilibre et contraignait le roi soit à diminuer le poids de métal fin, soit à augmenter artificiellement le cours des pièces émises. Ces opérations, à l'exception de la première qui fut pratiquée, ne procurèrent que des bénéfices illusoires, éphémères, à l'État. La seconde observation que l'on peut faire est celle-ci: le roi, sans être expert en finance, comprenait parfaitement le problème; dès qu'il en eut la possibilité et par deux fois (en 1306 et en 1313) il tenta de revenir à la bonne monnaie. Mais le rétablissement trop brutal de la monnaie forte n'allait pas sans inconvénient.

En 1306, il provoqua indirectement la hausse des loyers et des fermages, les propriétaires exigeant que leur montant en monnaie faible fût acquitté en monnaie forte. Au cours d'une émeute, les Parisiens brûlèrent la maison d'Étienne Barbette, un des maîtres de la Monnaie, et contraignirent Philippe le Bel à se réfugier au Temple. Les coupables furent punis, mais le roi trouva des palliatifs pour apaiser les esprits.

Telles furent, sommairement esquissées, les difficultés dans lesquelles il ne cessa de se débattre, faute de renoncer à faire de son royaume un État moderne.

V

# UNE MONARCHIE UNIVERSELLE?

Il y avait alors un avocat de Coutances qui faisait l'impossible pour attirer sur lui l'attention de Philippe le Bel. Il avait étudié à l'université de Paris, sous d'illustres maîtres. Il possédait une indiscutable culture. Plein d'idées, en lesquelles les pires chimères jouxtaient malencontreusement les réalités, d'un esprit imaginatif et original, il crut accéder aux plus hautes charges en enseignant au roi et à son conseil l'art de gouverner! Pour cet étrange personnage, il n'existait pas de problèmes insolubles, ni d'obstacles que l'on ne pût renverser d'un trait de plume. Il se nommait Pierre Dubois. On lui fait beaucoup d'honneur en écrivant que, de manière ou d'autre, il influa sur la politique extérieure de Philippe le Bel. Le plus souvent, au contraire, Pierre Dubois aboyait avec les chiens et hurlait avec les loups. Cependant il faut bien évoquer quelques-unes de ses idées, puisque tant d'historiens, et non des moindres, se sont penchés sur ses essais.

Dans son premier mémoire, intitulé *Summaria doctrina* (titre abrégé, je vous fais grâce du reste! ), écrit en 1300, il posait comme principe que les Français étaient les plus raisonnables des hommes et qu'il était donc logique et souhaitable que leur domination devînt universelle, c'est-à-dire s'étendît à ce que l'on connaissait du monde à cette époque. Vaste programme, mais dont les dimensions ne déconcertaient nullement notre homme! Selon lui, le premier devoir du roi de France était d'obtenir du pape le titre de sénateur de Rome. Dès lors, sa suzeraineté engloberait sans discussion la plus grande partie de l'Italie. L'empereur n'ayant qu'une autorité nominale sur la

Lombardie, il serait aisé d'en obtenir la rétrocession. Il paraissait anormal à Dubois que le pape fût simultanément un chef spirituel et un prince temporel; plus encore, qu'il prétendît exercer la souveraineté suprême des royaumes. Dubois imaginait (alors que Philippe le Bel menait un dur combat contre Boniface VIII) que le pape serait trop heureux de se décharger de cette souveraineté sur le roi de France. A partir de là, ce dernier serait le maître incontesté de l'Europe; il régenterait les rois, avec la collaboration spirituelle du Saint-Siège; ce qui signifiait qu'il disposerait à sa guise de l'excommunication, de l'interdit et autres sentences ecclésiastiques. Il rendrait leur héritage aux infants de La Cerda, afin de contrôler la Castille et l'Espagne. L'empereur deviendrait un de ses vassaux, puisqu'il était incapable de se défendre seul. Charles de Valois épouserait l'héritière des empereurs de Constantinople; on l'aiderait à reconquérir cet empire, mais à condition qu'il se reconnût vassal de la France. Ainsi, Philippe le Bel régnerait-il à la fois sur l'Occident et sur l'Orient!

Dans son second traité (1308), intitulé *De recuperatione Terrae Sanctae* (De la reconquête de la Terre Sainte), il apportait d'ingénieux correctifs. Peut-être s'était-il rendu compte de son extravagance! Il s'attachait dans cet écrit à montrer la nécessité de recouvrer la Terre Sainte (définitivement perdue en 1291 par la chute de Saint-Jean-d'Acre). L'idée était dans l'air; on parlait abondamment d'une nouvelle croisade, que les princes ne songeaient nullement à promouvoir! Pierre Dubois proposait les moyens de s'assurer la victoire. Il fallait tout simplement en finir avec les querelles intestines qui déchiraient l'Europe et contraignaient les princes à conserver toutes leurs forces militaires à portée de main, et réconcilier l'Orient et l'Occident. partant de là, il retombait dans ses chimères d'hégémonie française: il achevait de chasser les Maures de la péninsule Ibérique; il enlevait la Sicile à Frédéric d'Aragon et la rendait à la Maison d'Anjou, contre la Sardaigne. Cette fois, il n'osait plus supprimer les États de l'Église, mais il recommandait au roi de les prendre à bail perpétuel. Enfin, après avoir reconquis la Terre Sainte, les croisés reconquerraient aisément l'empire de Constantinople dont Charles de Valois serait investi. Dubois montrait ensuite les avantages de son programme. Le pape (qui était alors Clément V, ex-Bertrand de Goth) n'aurait plus à se soucier de la Romagne, de la sempiternelle et stérile querelle des guelfes et des gibelins. Le royaume de France s'étendrait jusqu'à la rive gauche du Rhin, jusqu'à la Lombardie et à la Vénétie. Sous le sceptre de Philippe le Bel, l'Espagne et l'Allemagne cesseraient d'être belliqueuses et de semer le trouble...

On a la preuve que ces écrits furent mis sous les yeux de Philippe le Bel. Mais il est symptomatique que Pierre Dubois ne reçut aucune promotion et resta avocat dans sa bonne ville de Coutances! Son but probable était d'accéder au conseil royal. Mais Philippe le Bel n'avait que faire d'un trublion qui prétendait réformer le monde, redistribuer les royaumes et ravaler le pape au rôle d'exécutant. Les écrits de Dubois ne pouvaient séduire cet esprit positif et réaliste, ayant adopté pour règle de «toujours raison garder» . Il connaissait infiniment mieux que ce phraseur plein de bonnes intentions les difficultés de la politique. Les moyens que proposait Dubois durent lui paraître saugrenus, voire insanes. Il savait que ni l'empereur ni les rois espagnols, ni les cités italiennes, n'accepteraient sa suzeraineté. Le seul comté de Flandre lui donnait assez de fil à retordre! Dès lors pouvait-il songer à imposer l'hégémonie de la France à l'Europe?

La question se pose de savoir si, dans ce domaine, les idées de Pierre Dubois étaient originales. Il semble que non. Le rêve d'une monarchie universelle exercée par le roi de France hantait certains esprits. Il s'accordait à l'ambition de Charles de Valois et de ses amis, à l'orgueil et à l'outrecuidance nobiliaires, aux réflexions aussi de quelques chevaliers ès lois dont l'attachement au concept de monarchie dépassait la personne du roi et confinait à l'idolâtrie. Quant aux attaques de Dubois que l'on relève ici et là contre la noblesse, contre les prétentions théocratiques du Saint-Siège, contre les Templiers eux-mêmes, elles reflétaient simplement l'opinion des légistes. Certains d'entre eux auraient volontiers bouleversé les structures de la société au profit du roi, car ils ne cessaient pour autant d'être animés par un monarchisme fervent.

On a vu précédemment avec quelle adresse et quelle prudence, dès son avènement, Philippe le Bel s'était dégagé de la pseudo-croisade d'Aragon et des affaires italiennes, et comment il avait finalement accru son royaume du Maine et de l'Anjou en mariant Charles de Valois à la fille du roi de Naples. Comment il avait mis fin au conflit avec Édouard Ier d'Angleterre, afin de garder les mains libres à l'égard des Flamands. Quelle était la ligne de force de sa politique extérieure et intérieure. Avec quelle inflexible volonté il poursuivait toute velléité d'indépendance de la part de ses vassaux, ou d'empiétement du fait de l'étranger. Il entendait être le maître chez lui et combattait le comte de Flandre parce que, dans son impeccable logique, il le considérait comme rebelle. Est-ce à dire cependant qu'il manifestait le même respect vis. à. vis des princes voisins? Ce serait trahir sa pensée que de l'affirmer. Tout montre au contraire qu'il ne perdait jamais une occasion de s'agrandir, mais en ayant soin d'éviter les conflits et en préférant toujours les négociations aux batailles. La patience capétienne intervenait à coup sûr dans ce comportement sans éclat, dans lequel la perfidie, le cynisme, le sens aigu des réalités, la psychologie même avaient leur part. Dans l'histoire capétienne, c'est constamment que l'on rencontre un appétit de terre quasi paysan, tempéré par une fausse bonhomie et soutenu par une ruse ancestrale. Il se peut d'ailleurs que ce soit là le fonds de notre race, remontant parfois sous les terminologies et les travestissements intellectuels. Comme ses aï*'eux, Philippe le Bel cherchait donc à arrondir son avoir, tout en veillant à ce que la dépense ne l'emportât pas sur le gain, mais son avoir était le royaume de France, avec ses enclaves insupportables et ses frontières incertaines. Il pratiqua donc, avec à propos, la tactique du grignotage et fut assez heureux pour éviter de graves conflits: en témoignent l'affaire de la ville de Valenciennes et quelques autres.

Jean d'Avesnes, comte de Hainaut, s'était reconnu vassal de Philippe III le Hardi. Croyant pouvoir profiter de la jeunesse de Philippe le Bel, il refusa de lui prêter hommage pour l'Ostrevent en 1285. Philippe avait alors dix-sept ans. Après divers rappels à l'ordre, et comprenant à qui il avait affaire, Jean d'Avesnes finit par céder en 1290. Un an après, il entra en conflit avec les habitants de Valenciennes qui le contraignirent, les armes à la main, à leur octroyer des franchises. Au lieu d'en appeler au roi de France, comme il aurait dû le faire en application du droit féodal, il s'adressa à l'empereur Rodolphe de Habsbourg qui annula la charte. Les gens de Valenciennes demandèrent à Philippe le Bel de les protéger. Ils excipèrent de très anciennes chartes prouvant qu'ils étaient jadis dans la mouvance française. Philippe n'eut garde de repousser une requête apparemment fondée en droit. Il somma le comte de Hainaut de respecter les franchises qu'il avait consenties et de cesser de menacer une ville désormais sous sa protection. Pour impressionner l'empereur, il envoya une puissante armée à Saint-Quentin, sous les ordres de Charles de Valois. Rodolphe de Habsbourg ne bougea point. Valenciennes devint donc, quasi subrepticement, ville française, sous l'autorité toute nominale du comte de Hainaut.

Les frontières de l'empire bordaient le Rhône. Mais les seigneurs riverains jouissaient d'une autonomie presque entière, se déclarant tantôt vassaux de la France et tantôt de l'empire pour se soustraire à leurs obligations. Tel était le cas du Vivarais, qui formait un petit comté, placé sous l'autorité temporelle d'un évêque. Sous Philippe le Hardi, le sénéchal de Beaucaire avait requis l'hommage des vassaux du comte-évêque, au nom du roi. Le Vivarais formait une enclave gênante dans les possessions royales; l'on savait l'évêque incapable de résister par lui-même et trop éloigné de l'empereur pour en attendre le moindre secours. Ce fut en vain que le prélat brandit les foudres de l'excommunication; on le dépouilla de ses biens. Son successeur, comprenant qu'il ne servirait à rien de poursuivre une lutte aussi inégale, se reconnut vassal du roi «sur les articles auxquels il était tenu de droit et de coutume». Philippe le Bel ne se contentait pas des demi-mesures, et d'autant moins qu'il connaissait les habitudes procédurières de l'Église. Ses agents firent en sorte, par leurs contrôles tracassiers et leurs pressions, que l'évêque reconnût en 1305 la suzeraineté pleine et entière du roi. Ce n'était pas assez: en 1307, Philippe se fit céder en paréage la moitié des droits sur le Vivarais, désormais terre française.

Pour s'approprier la ville de Lyon – appartenant alors à l'empire – il usa des même procédés, mettant une fois de plus le droit de son côté, tout à fait à la manière de Philippe Auguste. Lyon avait été française sous le règne des Mérovingiens. Elle avait été par la suite annexée par les empereurs. Cependant le roi de France continuait d'en posséder le château et le faubourg Saint-Just. Le reste de la cité relevait de l'archevêque. Bien entendu, les habitants essayaient de tirer parti de cette dualité. En révolte contre leur archevêque, ils demandèrent l'aide de Philippe III le Hardi, qui les prit sous sa protection. En 1290, Philippe le Bel renouvela l'alliance avec les Lyonnais. L'archevêque était alors Louis de Beaujeu. Il reconnut la suzeraineté du roi, tout en se réservant la possession de la ville et du comté de Lyon, le droit de battre monnaie et la juridiction civile et criminelle. Néanmoins Philippe le Bel nomma un gouverneur pour préserver ses droits. En contrepartie, il reconnaissait le titre de primat des Gaules à Louis de Beaujeu. Quand ce dernier mourut, il fut remplacé par un prince de la Maison de Savoie, qui incita les Lyonnais à la révolte. Ils s'emparèrent du château Saint-Just et chassèrent les gens du roi. On était en 1310. Philippe le Bel envoya une armée, avec Charles de Valois et le futur Louis X le Hutin. La ville de Lyon fut investie. Plutôt que de s'exposer à un assaut qu'ils n'auraient pu repousser, les habitants capitulèrent. Philippe le Bel pardonna aux rebelles et même à l'archevêque fauteur de troubles: il se borna à lui retirer tout pouvoir temporel pour le mettre hors d'état de nuire.

On a parfois écrit que Philippe le Bel avait extorqué à Albert d'Autriche (fils de Rodolphe de Habsbourg) un accord selon lequel il pourrait étendre les limites de la France jusqu'au Rhin. Il ne subsiste pas le moindre indice de cet accord. Par contre, quand en 1299 Philippe le Bel et Albert d'Autriche se rencontrèrent à Vaucouleurs, ils signèrent un traité d'alliance offensive et défensive. Philippe donna sa sœur Blanche de France au fils d'Albert, et ce dernier promit une de ses filles à l'un des fils du roi. La politique matrimoniale avait toujours servi les Capétiens. Il est probable qu'à cette occasion, Philippe le Bel promit son soutien à son partenaire pour que l'empire devînt héréditaire dans la maison de Habsbourg.

Ce traité ne l'empêcha point d'encourager secrètement les révoltes des villes impériales. En 1300, les habitants de Toulouse s'avisèrent soudain qu'ils n'appartenaient pas à l'empire et se placèrent sous la garde (payante) de Philippe le Bel. En 1307, ce dernier traita avec l'évêque de Verdun. Cette ville se donna à la France en 1315. Le roi ne conquérait pas les villes; il manœuvrait pour qu'elles réclamassent sa protection. Vis-à-vis des empereurs, sa politique extrêmement subtile aurait dû normalement provoquer un conflit. Encore eût-il fallu que les empereurs eussent les moyens de financer une guerre contre la France et son redoutable roi. L'art diplomatique de Philippe lui permit toujours d'éviter le pire. Cependant, profitant de la fragilité du pouvoir impérial, il stipendiait grassement les princes et dignitaires ecclésiastiques. De la sorte son influence se faisait sentir dans la plus grande partie de l'Allemagne. Son frère, Charles de Valois, avait été candidat à l'empire. Il le fut une seconde fois et échoua dans les conditions que l'on verra plus loin. Cela n'empêcha point Philippe le Bel de contracter une fructueuse alliance avec le rival heureux de son frère, l'empereur Henri VII. La Franche-Comté (ou comté de Bourgogne, distinct du duché du même nom) relevait de l'empire. En mariant son fils Philippe (le futur Philippe V le Long) avec Marguerite, fille de Mahaut d'Artois, il s'appropria purement et simplement ce riche comté qui fut constitué en dot à la future épouse.

Peut-on dire que Philippe le Bel aspirait de quelque manière à la monarchie universelle, ou, plus modestement, préparait, sans qu'il y parût, l'hégémonie de la France en Europe? Qu'il envisageait sérieusement de mettre Charles de Valois sur le trône impérial, sous prétexte qu'il l'incita par deux fois à poser sa candidature? Les deux traités d'alliance qu'il contracta avec les empereurs montrent au contraire qu'il négociait d'autant plus fructueusement avec les Césars germaniques qu'il leur avait donné quelque tablature. Prétendre qu'il projetait de vassaliser l'empire d'Orient en mariant son frère avec l'héritière de Baudoin II de Constantinople? Agissant de la sorte, il inquiétait l'empereur grec; il affirmait l'omniprésence de la France. Et voici où je voulais en venir: il était peu d'affaires européennes auxquelles Philippe le Bel ne fût pas mêlé, directement ou non. Ce faisant, il augmentait son influence et l'on observera qu'il recourait exclusivement à des moyens pacifiques, non pas à la force. S'il lui arrivait d'envoyer une armée, c'était moins pour combattre que pour faire sentir sa puissance, excepté en Flandre, mais on a déjà dit que c'était un cas particulier, le plat pays s'incorporant alors au royaume de France. Si les princes et les peuples ne le révéraient pas comme ils l'avaient fait de saint Louis, pourtant Philippe le Bel continuait le rôle d'arbitre international assumé par son aïeul. Mais ses arbitrages étaient rarement désintéressés! Il n'est que trop évident que, ne pouvant s'étendre en Espagne ou en Italie, c'était vers l'Est, vers l'Allemagne, qu'il poussait ses pions. On peut imaginer que la France aurait finalement atteint la rive gauche du Rhin, des Alpes à la mer du Nord, si la Guerre de Cent Ans ne l'avait ruinée pour longtemps. Son rayonnement spirituel, intellectuel et artistique avait culminé sous le règne de saint Louis. Sous le règne de son petit-fils, c'était son rayonnement politique. L'arbre capétien, qui semblait alors indestructible, faisait son ombre sur toute l'Europe, ce qui était insupportable à Dante, le gibelin chassé de Florence. Il ne manquait à Philippe le Bel que d'avoir un pape à sa dévotion: ce fut Clément V.

SIXIÈME PARTIE

# *LES TEMPLIERS*

# I

# CLÉMENT V

Le pape Benoît XI était mort d'une indigestion de figues fraîches, fort opportunément pour Nogaret dont il allait prononcer la condamnation pour l'affaire d'Anagni. Nogaret n'ayant pu obtenir le jugement posthume de Boniface VIII rentra en France; il était à la fois soulagé et déçu, et plus décidé que jamais à prouver son innocence en faisant condamner par le nouveau pape la mémoire de Boniface VIII, selon lui hérétique, usurpateur et criminel. L'acharnement qu'il y mettra, est à la mesure de son anxiété; l'absolution qui lui sera accordée ne le rassura pas entièrement. Aux yeux de la postérité, il restera l'homme d'Anagni.

Le conclave se réunit à Pérouse le 18 juillet 1304. Il comprenait dix-neuf cardinaux: quinze Italiens, deux Français, un Espagnol et un Anglais. Il se prolongea pendant plus de onze mois, en sorte qu'au moment du vote il ne restait plus que quinze membres, bien que la claustration et le régime eussent été singulièrement adoucis. Le parti français, dirigé par Napoléon Orsini et par les Colonna, ne pouvait compter que sur six voix. Le parti des bonifaciens était dominé par Mathieu Orsini; il défendait la politique de Boniface VIII et se montrait hostile à la réunion du concile si âprement réclamée par Nogaret parlant au nom du roi de France. Il y avait donc initialement fort peu de chances que le nouveau pontife fût favorable à Philippe le Bel. En supposant que le concile prononçât l'illégalité de l'élection de Boniface VIII, toutes ses décisions devaient être rapportées, y compris la nomination de plusieurs cardinaux. Pourtant les bonifaciens, bien qu'ils fussent majoritaires, ne purent se mettre d'accord. Les rivalités se firent jour, savamment entretenues par Napoléon Orsini, dont Philippe le Bel avait «subventionné» les ingénieux services. Une fois de plus, par suite des ambitions personnelles, des haines longuement recuites quoique travesties en amitiés fraternelles, de l'intransigeance de Mathieu Orsini, le conclave s'avérait incapable de faire un choix. Ce dont la population de Pérouse commençait à s'irriter. Napoléon Orsini proposa que chacune des factions choisît un candidat dans la faction opposée et que l'on votât sur ces deux noms. Mathieu Orsini rejeta cette proposition. Les mois passèrent. Le Sacré Collège consulta sans profit le roi Charles II de Naples qui avait rendu de si grands services, lors de l'élection de Célestin V! Autant dire, sans mauvais jeu de mots, que les cardinaux ne savaient plus à quel saint se vouer! Plusieurs d'entre eux tombèrent malades et durent quitter le conclave. Parmi ceux-ci Mathieu Orsini, ce qui facilita grandement les manœuvres de son rival. On négocia, avec cette subtilité et cette patience qui caractérisaient les dignitaires de l'Église. On se donna de mutuelles assurances pour l'avenir. Les contacts avec l'extérieur ne manquaient pas. On pesait le pour et le contre. On jaugeait les promesses qui étaient faites. L'habile Napoléon Orsini réconcilia, pour la forme, les Colonna et les Caetani (parents de Boniface). C'étaient des ennemis «irréconciliables», mais qui ne perdaient pas de vue leurs intérêts. Napoléon Orsini proposa de choisir le nouveau pape en dehors du Sacré Collège, ce qui coupait court aux rivalités. Les huit premiers noms furent successivement rejetés. Orsini ne se hâtait point; il connaissait les effets de l'usure nerveuse. Il savait aussi, et il souhaitait lui-même, que l'élu fût un neutre. Il proposa trois noms, dont deux furent immédiatement rejetés. Le troisième était Bertrand de Got, archevêque de Bordeaux, comme tel appartenant au roi d'Angleterre bien qu'il fût Français. Mais Napoléon Orsini savait aussi que cette candidature agréait à Philippe Le Bel. Bertrand de Got recueillit dix voix. Les cinq autres voix se rallièrent à la majorité, par opportunisme. Cette élection eut lieu le 5 juin 1305. Napoléon Orsini put écrire au roi de France: «J'ai abandonné ma Maison pour avoir un pape français, car je désirais l'avantage du roi et du royaume...»

Villani raconte que Bertrand de Got ne dut son élection qu'à l'intervention de Philippe le Bel. Il affirme que Bertrand obtint l'appui du roi au cours d'une rencontre quasi clandestine dans une abbaye de Saint-Jean-d'Angély et qu'il dut promettre «six grâces» pour avoir gain de cause, dont la suppression des Templiers. Malheureusement l'examen des dates fournies par Villani prouve l'inexactitude de son récit. Cependant tout laisse à penser que Philippe le Bel avait pris contact secrètement avec l'archevêque de Bordeaux et qu'il avait reçu des engagements de ce dernier. De même Napoléon Orsini pouvait-il certainement arguer de promesses précises, et rassurantes, formulées par le même Bertrand. Il n'y avait aucune comparaison possible entre l'élection de celui-ci et «l'exaltation» de Pierre de Morrone. Bertrand de Got n'était pas un pauvre ermite égaré dans ses rêveries mystiques et ignorant le monde, mais un prélat instruit et entendu aux affaires. Les cardinaux du conclave n'avaient pas agi au hasard, ni pour complaire à Napoléon Orsini. Cependant l'avenir ne répondit pas exactement à leurs espérances...

Bertrand était un Gascon, né à Villandraut, troisième fils de Béraut de Got, seigneur de Villandraut, Grayan, Lieran et Uzeste. La famille avait quelque importance locale, et jouissait d'une aisance modeste. Mais Béraud de Got avait une nombreuse famille sur les bras: quatre garçons et sept filles. Les deux fils aînés hériteraient des seigneuries paternelles; quant aux autres, ils n'avaient d'autres possibilités que d'embrasser l'état ecclésiastique. C'est ce que fit Bertrand. Il reçut sa première éducation dans une maison de l'ordre de Grammont, puis étudia le droit canon et le droit civil à l'école d'Orléans et à l'université de Cologne. Pourquoi le droit civil pour un futur clerc? Parce que le jeune Bertrand, avec sa vivacité et sa sagacité de Gascon, comprit très vite qu'une connaissance étendue du droit offrait alors de vastes perspectives. Son oncle était évêque d'Agen et l'un de ses frères, archevêque de Lyon. Bertrand commença sa carrière dans l'église de Bordeaux. A vingt et un ans, il était chanoine à Agen. Il obtint ensuite un canonicat à Tours. Il entra alors au service d'Édouard I^er^ d'Angleterre, qui l'accrédita auprès du parlement de Paris. Tout en servant avec loyauté les intérêts de son maître, il obtint de Philippe le Bel l'octroi d'un bénéfice. Sans aucun doute, on nota dès ce moment son art de louvoyer entre les deux partis sans toutefois trahir leur confiance. Mais enfin Bertrand de Got n'était encore qu'un mince personnage. Son destin changea, quand il devint vicaire général de l'archevêque de Lyon, son frère. Car l'épisodique Célestin V créa ce dernier cardinal-évêque d'Albano et choisit Bertrand pour chapelain. Bertrand fut ensuite chargé d'une mission diplomatique en Angleterre. Il accompagna son frère envoyé par Boniface VIII pour négocier la paix entre la France et l'Angleterre. Boniface le récompensa de ses services en le nommant évêque de Comminges. Quatre ans plus tard, en 1299, il lui donna l'archevêché de Bordeaux. Par suite du conflit franco-anglais, la situation y était peu brillante. Le nouvel archevêque dut, pour survivre, solliciter le secours d'une abbaye. Ce qui ne l'empêcha pas de revendiquer le primatiat d'Aquitaine détenu par l'archevêque de Bourges, qui était alors Gilles Colonna, ancien précepteur de Philippe le Bel. Bertrand s'appropria le titre de primat; sur quoi Gilles Colonna crut bon de l'excommunier. Les rapports entre Philippe le Bel et Bertrand étaient corrects. Quand il eut restitué la Guyenne à Édouard Ier, le roi veilla à ne pas s'aliéner Bertrand. Le conflit avec Boniface VIII s'aggrava. Il mettait l'archevêque de Bordeaux dans une situation délicate, identique à celle des autres prélats. S'opposerait-il aux exigences du roi de France? C'eût été s'exposer à de graves sanctions. Céderait-il au roi? C'eût été violer son devoir d'obéissance et y ajouter l'ingratitude. Bertrand n'était pas l'homme des solutions tranchantes et par-dessus tout il restait juriste, c'est-à-dire habile à se donner bonne conscience en puisant dans l'arsenal des textes. Il répondit à la convocation de Boniface et fut de ceux qui se rendirent à Rome malgré la défense de Philippe le Bel. Mais il donna de si bonnes raisons que le roi ne lui tint pas rigueur. Boniface voulait juger le roi de France. Bertrand de Got, sans le contrecarrer, travailla en faveur de l'apaisement, autrement dit de Philippe le Bel. Les bonifaciens ne pouvaient lui en vouloir, puisqu'il avait bravé l'interdiction du roi. Ce dernier non plus, puisque l'archevêque l'avait finalement servi, sans pourtant prendre ouvertement son parti. La neutralité de Bertrand n'avait été pour lui qu'un moyen de tirer son épingle du jeu; elle passa pour de l'impartialité aux yeux du conclave et elle explique finalement assez bien le vote du 5 juin 1305.

Bertrand de Got effectuait une visite pastorale à Lusignan,

quand il reçut la lettre des cardinaux lui annonçant son élévation au trône de saint Pierre. Lettre peu rassurante, car, s'ils le félicitaient selon l'usage et lui promettaient l'obéissance, ils décrivaient la situation en Italie en termes dramatiques: sans doute était-ce dans le but de hâter la venue du nouveau pape dans la ville éternelle. Bertrand rebroussa chemin. En traversant la Saintonge – on dit que ce fut à Villebois-Lavalette – il rencontra le sénéchal de Gascogne qui venait lui présenter ses vœux et lui offrir des cadeaux de la part du roi d'Angleterre. La misérable escorte de l'archevêque grossit d'une ville à l'autre. Elle était presque digne d'un souverain pontife quand il fit son entrée à Bordeaux, mais était surtout faite de quémandeurs! Bordeaux l'accueillit avec solennité, le 23 juillet 1305; prélats, barons et bourgeois se portèrent au-devant de lui, pour l'honorer. L'ambassade du roi de France arriva le 25 juillet; Louis d'Évreux, l'archevêque de Narbonne, le duc de Bourgogne, le comte de Dreux et plusieurs conseillers royaux, dont Belleperche et Cambrey, la composaient. Bertrand de Got affectait la modestie; il ne voulait accepter encore d'autre titre que celui d'archevêque, car il n'avait pas reçu son décret d'élection. Quant il l'eut enfin reçu, de la main de plusieurs cardinaux venus d'Italie tout exprès pour le lui remettre, il proclama son acceptation dans la cathédrale, en présence d'une auguste assemblée. Il déclara prendre le nom de Clément, car un pape français s'était déjà appelé ainsi et avait été l'ami de saint Louis. Le pontificat de Clément V commençait! Le premier acte du nouveau pontife fut de distribuer des' bénéfices à ses parents et amis, dont la meute aboyait déjà à ses talons. Le second, de choisir la ville de Vienne pour son couronnement et d'y convier les princes: Vienne était en terre d'empire. Ce choix déplaisait à Philippe le Bel, il l'interprétait comme un acte d'indépendance; il estima donc urgent d'imposer d'emblée sa volonté à Clément V; il avait au surplus diverses requêtes à présenter. Des entretiens eurent lieu avec Pierre de Lattily et Charles de Valois. On les tint secrets. Il est fort probable qu'on reparla du procès posthume de Boniface VIII, qui était une monnaie d'échange entre les mains de Philippe le Bel, mais cela, Clément V l'ignorait encore. Toujours est-il qu'à l'issue de cette entrevue, le pape annonça que son couronnement se déroulerait non plus à Vienne, mais à Lyon. C'était une première capitulation de sa part. Certes, Lyon se trouvait aussi en terre d'empire, mais, à cette époque, Philippe le Bel possédait déjà le château et le faubourg Saint-Just; il y était donc à moitié chez lui, avant de s'emparer du tout dans les circonstances que l'on a dites. En outre, le couronnement de Clément V dans cette ville retardait d'autant son départ pour l'Italie. Clément V arriva à Lyon le 1er novembre. Les cardinaux venus d'Italie (deux moururent en route) l'attendaient. Mais aussi Philippe le Bel avec Charles de Valois, le comte d'Évreux, le duc de Bretagne et une suite brillante. Édouard d'Angleterre était absent, mais il avait envoyé de somptueux présents et s'était fait représenter. La cérémonie eut lieu le 15 novembre, non point dans la cathédrale – le détail est significatif – mais dans l'église Saint-Just qui était incluse dans le domaine royal. Ce fut Napoléon Orsini qui posa la tiare sur la tête de Clément, en sa qualité de doyen du Sacré Collège. Ensuite on se dirigea en grand cortège vers le centre de la ville, au milieu des ovations populaires. Clément V montait une haquenée blanche, dont le duc de Bretagne et Charles de Valois tenaient le frein de part et d'autre. Un page brandissait un somptueux étendard pourpre cloué au fût d'une lance. Un mur s'éboula soudain sous le poids des badauds. Le pape fut renversé de cheval, mais s'en tira avec des égratignures; toutefois la superbe tiare avait perdu l'une de ses plus belles pierres. Douze personnes furent blessées, dont Charles de Valois et le duc de Bretagne qui en mourut. Ce grave incident émut beaucoup Clément V, qui était impressionnable, de santé médiocre, peut-être quelque peu superstitieux. On augurait mal de son règne. Il n'avait pas la faveur de l'opinion française, si l'on en croit Geoffroy de Paris:

*Dieu sait si comme comme prud'hommes firent,*
*Car l'élu de cette journée*
*N'avait pas bonne renommée;*
*J'en atrai chacun à garant*
*Que l'on le tenait à tyran,*
*A félon et à plein de maux.*
*Archevêque fut de Bordeaux...*

Philippe le Bel n'était pas un sentimental et il n'aimait pas perdre son temps. Clément V était trop avisé pour croire que le roi de France séjournait à Lyon pour lui faire honneur. On reprit donc les entretiens. On parla à nouveau, sans trop insister, du procès de Boniface VIII et de l'ordre des Templiers. Clément V était un fin renard, expert en subterfuges et en insinuations feutrées; Philippe le Bel, un redoutable dialecticien quand il se donnait la peine de développer sa pensée. On se mit d'accord sur l'essentiel, car finalement on avait partie liée. Clément V promut une fournée de cardinaux, les uns choisis par lui, les autres suggérés par Philippe le Bel. Le Sacré Collège compta désormais vingt-huit membres. Assuré d'une large majorité française, Clément V put décider à sa guise. Il abreuva Philippe le Bel de grâces: une dispense générale pour le mariage des enfants royaux (qui était un véritable blanc-seing), une décime pendant trois ans pour financer la campagne de Flandre, la nomination de plusieurs évêques dont les sièges étaient vacants, la révocation des bulles édictées par Boniface VIII et que Benoît XI n'avait pas eu le temps d'abolir. Mais, surtout, Philippe le Bel avait obtenu de Clément V la promesse de résider en France, seconde capitulation, beaucoup plus lourde de conséquences que le couronnement à Lyon. Nogaret voulait davantage: la faveur de plaider sa propre cause, mais le pape refusa de le recevoir et le roi, estimant qu'il avait assez demandé, n'intervint pas.

Clément V croyait s'être tiré à bon compte des griffes du roi. Il pensait que le temps arrangerait les choses et qu'on ne reparlerait plus des Templiers ni de Boniface VIII. Mais il ignorait que Philippe le Bel avait autant d'obstination que de patience.

Le pape partit de Lyon, quasi contraint et forcé. Les Gascons de sa suite avaient provoqué des rixes; ils se conduisaient comme en pays conquis. L'un de ses neveux, intrépide coureur de filles, fut assassiné au cours d'une escapade nocturne. Il fallut que Philippe le Bel rétablît l'ordre. En se rendant de Bordeaux à Lyon, Clément V avait usé de son droit de gîte pour réduire ses frais: il faisait étape dans les évêchés et les riches abbayes tenus de l'héberger et de le nourrir avec son escorte. Pour revenir à Bordeaux, où il avait décidé de passer les fêtes de Pâques, il agit de même, mais en empruntant un itinéraire différent. Il en profita pour assouvir sa vieille rancune contre Gilles Colonna; son séjour à Bourges fut si coûteux que le pauvre archevêque en fut réduit à la portion congrue. Couvents et églises gémissaient après son départ; les agents royaux transmettaient leurs plaintes auxquelles Philippe le Bel se gardait bien de donner suite. Il était convenu avec Clément d'une entrevue qui devait avoir lieu en 1306. Mais le pape se dit malade; peut-être l'était-il réellement. En novembre 1306, Philippe le Bel le relança; il proposait une rencontre à Tours. Arguant de sa faiblesse extrême, le pape répondit qu'il se rendrait volontiers à Toulouse le 1er mai (1307). Le roi déclara qu'il ne pouvait se rendre à Toulouse à cette date. Clément V ne se hâta pas de répondre; il cherchait à gagner du temps, car il appréhendait fort l'entrevue, n'ignorant pas ce que Philippe lui demanderait. Le 9 février 1307, il écrivit au roi que, selon l'avis de ses médecins, l'air de Tours ne convenait pas à sa santé; il suggérait Poitiers. Philippe accepta. L'entrevue, fixée au début avril, n'eut lieu que le 18. L'affluence était nombreuse; le séjour du pape faisait événement. Indépendamment de Philippe le Bel et de ses conseillers, Charles II de Naples (qui avait une dette envers le Saint-Siège), le comte de Flandre (qui voulait la révision du traité d'Athis), les envoyés du roi d'Angleterre, le jeune roi Louis de Navarre, Charles de Valois, étaient présents. Dans la suite de Philippe le Bel figuraient l'inévitable Nogaret et son fidèle second, Guillaume de Plaisians.

Philippe le Bel obtint la confirmation de toutes les dispositions incluses dans le traité d'Athis, aggravée d'une menace d'excommunication au cas où le comte de Flandre ne remplirait pas ses engagements. Au sujet du procès posthume de Boniface VIII, Clément n'opposa pas un refus catégorique, malgré sa répugnance à soumettre les actes et les écrits de son ancien bienfaiteur à un concile et, par là même, à aventurer l'honneur de l'Église tout entière. Il accepta de soumettre le dossier à plusieurs cardinaux. Devant l'insistance de Philippe le Bel, feignant de croire que celui-ci tenait surtout à innocenter Nogaret, il formula à dessein une proposition inacceptable. Le roi renoncerait à poursuivre la mémoire de Boniface, et Nogaret serait absous, mais, en punition de ses péchés (et de l'affaire d'Anagni!), il prendrait la croix pendant cinq ans et renoncerait perpétuellement à exercer une charge publique. On imagine le récri de Nogaret! Il n'était pas dans les habitudes de Philippe le Bel d'abandonner l'un de ses collaborateurs. Il refusa et l'on en resta là, provisoirement.

On reparla à nouveau des Templiers. Clément V n'était pas sans connaître les accusations que l'on portait contre eux. Il les jugeait calomnieuses. Les précisions que Philippe le Bel lui donna, l'ébranlèrent mais ne le convainquirent pas. Il n'apercevait pas les intentions réelles du roi, et, sinon, les comprenait mal; en tout cas, l'idée ne lui vint pas que son interlocuteur aurait l'audace de le mettre, à bref délai, devant le fait accompli. Que les Templiers ne fussent pas exempts de reproches, c'était une évidence pour Clément, mais il estimait à juste raison qu'ils étaient surtout jalousés en raison de leurs richesses, et d'abord par les gens d'Église. Il les croyait certainement innocents. Mais la personnalité de Philippe le Bel le fascinait. Sa présence lui enlevait une partie de ses moyens. Devant lui, ce diplomate consommé n'était capable que de dérobades. Cependant il se savait l'unique défenseur des Templiers, qui ne relevaient que de lui, n'étaient justiciables que de lui, ne devaient de comptes qu'à lui! Mais il y avait les insinuations réitérées du roi, les prétendues preuves réunies contre l'Ordre, la crainte de déplaire au monarque le plus puissant d'Europe, les menaces proférées par les conseillers. Le pauvre pape se tira comme il le put de cette impasse; il demanda à réfléchir.

Le 24 août (1307), il écrivit à Philippe le Bel qu'après avoir repoussé les accusations portées contre les Templiers, il se demandait si certaines d'entre elles n'étaient pas fondées. D'accord avec ses cardinaux, il avait pris la décision de revenir à Poitiers, afin de procéder à une enquête approfondie, au surplus instamment réclamée par le maître du Temple, Jacques de Molay. Il s'engageait à en communiquer les résultats au roi. Il faut croire que l'enquête progressait lentement, car, le 26 septembre, Clément demanda des précisions complémentaires. Philippe le Bel n'avait pas d'illusions à se faire: l'enquête n'aboutirait pas et le pape, se fondant sur elle, opposerait une fin de non-recevoir. Au reste, les atermoiements de Clément V lui importaient assez peu. Désormais il connaissait ses points faibles. Il avait d'ailleurs pris sa décision. Elle était à l'étude depuis avril; les entretiens de Poitiers n'avaient été que de la poudre aux yeux, du moins quant aux Templiers.

## II

# ABRÉGÉ DE L'HISTOIRE DU TEMPLE

Les Templiers sont pour moi de vieilles connaissances. J'ai raconté dans un autre ouvrage comment, dans une commanderie de l'Ouest, j'ai appris à les découvrir et à les aimer et, les aimant, cherché à les comprendre, tenté de les regarder vivre et de déceler leurs faiblesses en approfondissant leur histoire. Depuis cette époque, je n'ai point changé d'opinion à leur égard et, chose étrange, ils me restent aussi présents qu'au premier jour. Écrivant ces lignes, je ne prétends pas faire partager au lecteur la sorte d'émotion fraternelle que j'éprouve, et je n'appelle pas davantage sa compassion. J'ouvre simplement un dossier enrichi par des années d'étude objective. Les sentiments personnels que l'on peut avoir en pareil cas, n'inclinent pas nécessairement à l'indulgence; ils exacerbent au contraire la passion de la vérité. J'ajoute qu'il n'y a point de secret des Templiers, sinon dans leur Règle même: car il est difficile pour les hommes de notre temps d'admettre que l'on s'accommode d'une pareille abnégation, que l'on accepte une pareille rigueur: être un soldat sans cesse de garde, mais prier comme un moine, et rentrer dans l'anonymat de la mort sans même laisser un souvenir glorieux. Il y fallait une rare qualité humaine et un cœur aussi brûlant que le soleil de Galilée! Selon le rituel en vigueur jusqu'aux dernières années du Temple, les commandeurs disaient aux futurs chevaliers:

«Beau frère, vous requérez bien grande chose, car de notre ordre vous ne voyez que l'écorce qui est au-dehors. Car l'écorce, c'est que vous nous voyez avoir de beaux chevaux et de beaux harnais, et bien boire et bien manger, et avoir de belles robes, et il vous en semble ainsi que vous y seriez bien aise. Mais vous ne savez pas les rudes commandements qui sont par-dedans: car c'est rude chose que vous, qui êtes sire de vous-même, vous deveniez serf d'autrui. Car à grand-peine ferez-vous jamais ce que vous voudrez: car, si vous voulez être en la terre deçà la mer, l'on vous mandera delà; ou, si vous voulez être à Acre, l'on vous enverra en la terre de Tripoli ou d'Antioche ou d'Arménie, ou l'on vous mandera en Pouille ou en Sicile, ou en Lombardie, ou en France, ou en Bourgogne, ou en Angleterre, ou en plusieurs autres terres où nous avons des maisons et des possessions. Et, si vous voulez dormir, on vous fera veiller; et si vous voulez quelquefois veiller, on vous commandera d'aller vous reposer dans votre lit. Quand vous serez à table et que vous voudrez manger, l'on vous commandera d'aller où l'on voudra et vous ne saurez jamais où. Les bien grondeuses paroles que vous entendrez maintes fois, il vous faudra souffrir. Or regardez, beau frère, si vous pourrez bien souffrir toutes ces duretés?»

Ils le pouvaient, et bien au-delà! S'il leur était prescrit d'user de courtoisie (d'où cette expression absolument usuelle de «beau frère»), il leur fallait aussi se conformer à la plus stricte des disciplines et confesser leurs fautes sans attendre les réprimandes de leurs supérieurs. L'obéissance était absolue; elle ne souffrait aucun retard. L'existence des chevaliers, des sergents du Temple, était minutieusement réglée et définie, mais avec réalisme, car elle tenait compte du fait qu'il s'agissait de moines-soldats, non de prêcheurs ou de contemplatifs. L'originalité du Temple tenait à cette double appartenance, ou mieux à cette ambivalence. L'ordre avait deux visages, deux fonctions, comme Beaucent, son étendard, avait deux couleurs: noir et blanc. L'ordre partageait son temps entre la prière et le combat. Une partie de ses membres guerroyait en Terre Sainte, pendant que l'autre administrait les templeries d'Occident et collectait les sommes nécessaires aux Templiers d'Orient pour se nourrir, s'équiper, entretenir leurs forteresses et payer les turcopoles (cavaliers auxiliaires). Cette dualité se retrouve dans leur sceau le plus connu et qui représente deux chevaliers sur le même cheval.

Leur histoire est liée à celle du royaume de Jérusalem et des croisades. Je ne peux en donner ici qu'un abrégé. Il suffira à faire comprendre les raisons qui présidèrent à la fondation de cet ordre et qui expliquent son extraordinaire extension, ainsi que la mission qu'il assuma en Terre Sainte pendant un siècle et demi.

La réussite de la première croisade est due, essentiellement, à l'effet de surprise. Les musulmans n'étaient nullement préparés à l'invasion massive des chevaliers d'Occident. Ces derniers, portés par une foi dont nous n'avons plus idée, s'emparèrent facilement d'Antioche en 1098, puis forcèrent la vallée de l'Oronte et, suivant la côte de Tripoli à Jaffa, arrivèrent devant Jérusalem et la prirent d'assaut, en 1099. Après quoi, on pensa à s'organiser. Godefroi de Bouillon fut élu roi de Jérusalem, mais ne voulut accepter d'autre titre que celui d'Avoué du Saint-Sépulcre. Les croisés rentrèrent ensuite chez eux. Après leur départ, Godefroi resta dans son avouerie avec trois cents chevaliers et quelques milliers de piétons. Les musulmans réagirent, d'abord sporadiquement, néanmoins avec assez de vivacité pour que l'Avoué de Jérusalem eût à guerroyer jusqu'à son dernier jour, sans un moment de répit. Il parvint pourtant à annexer la Galilée et la Judée, et à créer la «princée» de Tibériade qu'il attribua à Tancrède de Tarente. Quand il mourut, épuisé, il légua son avouerie à son frère Baudouin de Boulogne, comte d'Édesse. Celui-ci prit le nom de Baudouin I^er^ de Jérusalem. Il ne cessa guère de combattre pendant les dix-huit ans que dura son règne. Exploitant les rivalités musulmanes, il prit Arsouf, Césarée, Saint-Jean-d'Acre, Beyrouth et Sidon; il occupa la Transjordanie et, dès lors, contrôla la route des caravanes vers la Mecque. Au nord du royaume de Jérusalem, le comte de Saint-Gilles (Toulouse) prenait Tripoli, Tortose et Byblos. Mais la période conquérante s'achevait pour les croisés. Les musulmans s'étaient ressaisis; ils comprenaient que les chrétiens ne faisaient pas seulement une guerre de conquête, mais une guerre sainte. Baudouin II, malgré d'indiscutables talents politiques et militaires, ne put que maintenir l'intégralité de son petit royaume. Sans doute les croisés continuaient-ils d'arriver en Terre Sainte, mais par petits groupes et pour le temps de leur pèlerinage. La pire menace pour le royaume de Jérusalem, ce n'était pas d'être isolé au milieu des États musulmans, mais le manque d'effectifs militaires stables. L'insécurité était telle que Baudouin II se fit capturer au cours d'une partie de chasse et que les pèlerins étaient fréquemment dévalisés, voire massacrés, entre Caïpha et Césarée.

Ce fut alors que se manifestèrent les premiers Templiers, oh bien modestement! Ils étaient neuf groupés autour de leur premier maître, Hugues de Payns. Jacques de Vitry, évêque de Saint-Jean-d'Acre, conte ainsi leurs débuts: «Des chevaliers agréables et dévoués à Dieu, brûlant de charité, renonçant au monde, et se consacrant au service du Christ, s'astreignirent par une profession de foi et des vœux solennels, prêtés entre les mains du patriarche de Jérusalem, à défendre les pèlerins contre ces brigands et ces hommes de sang, à protéger les routes publiques, à combattre pour le souverain Roi, en vivant, comme des chanoines réguliers, dans l'obéissance, dans la chasteté, et sans propriété.» Tout est dit en ces quelques lignes: les premiers Templiers étaient des moines-soldats, de pieux gendarmes assurant la sécurité des routes qui menaient à Jérusalem. Quand ils ne se battaient pas, ils priaient. Et Jacques de Vitry ajoute qu'ils vivaient d'aumônes, ne possédant rien par eux-mêmes. La légende veut que, pendant neuf ans, ils n'eussent été qu'une poignée. Il faut croire que leur nombre s'accrut au contraire rapidement, car Baudouin II leur attribua une partie de son palais, qui était l'ancienne mosquée El Aqsa construite sur l'esplanade du temple de Salomon. En 1120, Baudouin II transféra sa résidence dans la tour de David, plus facile à défendre; la totalité du temple de Salomon fut alors attribuée aux pauvres chevaliers du Christ, qui prirent désormais le nom de chevaliers du Temple, ou Templiers. Il est à noter que l'un des sceaux de leur ordre représente précisément le dôme de la mosquée El Aqsa. Le roi de Jérusalem tenait enfin sa milice permanente! Le Temple attirait à lui les meilleurs chevaliers et les fixait en Terre Sainte. Il représentait en effet, dans son but et dans son principe, la quintessence de toute chevalerie, car il mettait l'honneur du Christ au-dessus de l'honneur du monde. Les chevaliers qui se sentaient appelés par Dieu, n'eussent pu mener l'existence monastique; c'étaient d'intrépides cavaliers, habitués à vivre au grand air, dangereusement, par surcroît animés d'un bellicisme héréditaire! Le temple leur offrait le martyre (c'est-à-dire le salut de leur âme) et l'occasion de se battre. Il s'imposa très vite comme un idéal aux hommes de cette trempe et de ce milieu. Mais la Terre

Sainte comptait si peu de «Francs» que Baudouin II imagina d'étendre le recrutement à l'Occident. En 1127, il envoya donc en Europe Hugues de Payns et quelques-uns de ses compagnons. Le premier maître du Temple rencontra le pape Honorius II, qui fut pris au dépourvu. D'ailleurs il y avait de quoi déconcerter le plus avisé des théologiens: un tel ordre, à la fois religieux et militaire, n'avait pas de précédents; il ne ressemblait à aucun autre. Honorius ne découragea pas Hugues de Payns, mais chargea le cardinal d'Albano (qui était un Français) d'étudier l'affaire. Le cardinal se rendit en France, mais entre-temps, Hugues de Payns avait pris contact avec saint Bernard, abbé de Clairvaux, maître de la pensée religieuse de l'époque. Saint Bernard s'enflamma pour le Temple et se chargea d'organiser un concile. Il mit son génie et sa science au service d'Hugues de Payns. Le concile se réunit à Troyes, le 14 janvier 1128. Il groupait deux archevêques, huit évêques, huit abbés mitrés et divers conseillers militaires, dont Thibaut, comte de Champagne et de Brie. Ce fut devant cet aréopage que comparurent Hugues de Payns et ses compagnons: Godefroi de Saint-Omer, Payen de Montdidier, Archambaut de Saint-Amand, Geoffroi Bisot et Rotald (ou Roland). Les chroniqueurs prêtent souvent à Hugues de Payns l'âme simplette d'un preux. Or le premier maître du Temple eut à exposer la genèse de l'Ordre et les principaux articles de la Règle primitive. Il le fit avec assez de pertinence pour obtenir l'adhésion générale. Il est vrai que saint Bernard dirigeait en réalité les débats, mais enfin Hugues de Payns sut répondre habilement aux questions qui lui furent posées. La Règle, toute cistercienne d'inspiration, fut passée au crible et remodelée sur quelques points. Le concile chargea saint Bernard de lui donner sa forme définitive. Il est donc inexact de dire que le concile de Troyes «donna» une règle aux Templiers; il l'adapta.

Le texte rédigé par saint Bernard est superbe! Je ne résiste pas au plaisir de citer un extrait de son prologue: «Vous qui avez renoncé à vos propres volontés, vous autres qui servez le souverain roi, avec chevaux et armes, pour le salut de vos âmes, veillez universellement à entendre matines et tout le service entièrement selon l'établissement canonique et l'usage des maîtres réguliers de la sainte cité de Jérusalem...»

Et cette exhortation sans pareille:

«Et donc nous vous admonestons, vous qui avez mené séculière chevalerie jusqu'ici, en laquelle Jésus-Christ n'en fut mie cause, mais que vous embrassâtes, par humaine faveur seulement, de suivre ceux que Dieu a extraits de la masse de perdition et auxquels il a commandé par son agréable pitié de défendre la sainte Église, que vous vous hâtiez de vous joindre à eux perpétuellement... En cette religion a fleuri, est ressuscité l'ordre de chevalerie...»

La règle divisait le Temple en quatre catégories: les chevaliers, les sergents et écuyers, les prêtres, les frères de métier (les ouvriers et serviteurs). Elle définissait avec précision les obligations des Templiers et le fonctionnement de l'ordre, les pouvoirs du maître et les attributions des chapitres. Cependant elle ne traçait pas de barrières trop rigides, laissait une part à l'initiative et à l'opportunité. C'était un mélange de souplesse et de fermeté. Le seul privilège des Templiers était de porter le manteau blanc.

Après le concile de Troyes, Hugues de Payns, qui avait l'appui du comte de Champagne (il lui était peut-être apparenté), recruta des adhérents et recueillit les dons. Il avait lui-même montré l'exemple en offrant à l'ordre la seigneurie de Payns. Il se rendit ensuite en Normandie, où il rencontra le roi d'Angleterre, Henri I^er^. Puis il alla en Provence, après avoir visité l'Anjou et le Poitou. Godefroi de Saint-Omer, qui était de la Maison de Flandre, fut envoyé dans ce comté, Hugues Rigaud en Languedoc et en Espagne. Partout, les dons affluaient, souvent considérables: manoirs, places fortes, maisons, fermes, terres et forêts, droits divers. Partout, Hugues de Payns recrutait de nouveaux chevaliers, des sergents. Il fallut organiser le Temple d'Occident, en particulier en France. Hugues de Payns chargea deux de ses compagnons de cette mission. Cependant, ici et là, des murmures s'élevaient. Ils venaient des gens d'église, n'admettant pas que des moines fussent en même temps soldats. Hugues de Payns flaira le danger et s'adressa une nouvelle fois à saint Bernard, qui fit un peu attendre sa réponse! Elle parvint enfin au «très cher Hugues». Saint Bernard reconnaissait qu'il était interdit aux religieux de verser le sang. Mais les Infidèles menaçant l'héritage spirituel de la chrétienté, on devait se résoudre à les mettre dans l'impossibilité d'anéantir cet héritage. Au surplus, la Terre Sainte n'était pas un royaume ordinaire, Jésus-Christ l'ayant baptisée de son divin sang pour le salut du genre humain. La guerre en Terre Sainte n'avait donc pas le caractère d'une guerre quelconque; elle était la sauvegarde du Saint Sépulcre, berceau de la Chrétienté. Il était donc licite que les moines qui s'étaient voués à cette tâche, portassent l'épée. Une diatribe véhémente contre la chevalerie du siècle, décorant ses écus, habillant ses chevaux d'étoffes précieuses, suivait cette prise de position. Elle avait pour but de démontrer que la défense des Lieux Saints ne pouvait être confiée aux chevaliers selon le monde, mais aux seuls chevaliers-moines dont saint Bernard écrivait:

«Ils vont et viennent sur un signe de leur commandeur; ils portent les vêtements qu'il leur donne, ne cherchant ni d'autres habits ni d'autres nourritures. Ils se méfient de tout excès en vivres et en vêtements, ne désirant que le nécessaire. Ils vivent tous ensemble sans femme ni enfants... on ne trouve dans leur compagnie ni paresseux ni flâneurs; quand ils ne sont pas de service – ce qui est rare – ou en train de manger leur pain en rendant grâces au Ciel, ils s'emploient à réparer leurs habits et leurs harnais déchirés ou déchiquetés; ou bien ils font ce que le maître leur commande, ou ce que les besoins de leur maison prescrivent. Nul n'est inférieur parmi eux; ILS HONORENT LE MEILLEUR, NON LE PLUS NOBLE; ils se font des courtoisies les uns aux autres, et pratiquent la loi du Christ en s'entraidant.»

Après sa mort qui survint en 1136, Hugues de Payns fut remplacé par Robert de Craon, «esprit avisé et ouvert». Les Templiers avait fait le bon choix, car la prolifération rapide des templeries en Occident soulevait un autre problème. Jusqu'ici le Temple relevait de l'autorité du patriarche de Jérusalem. Ce dernier ne pouvait avoir la haute main sur les biens de l'ordre en Europe. Robert de Craon fut assez heureux pour obtenir du pape Innocent II, grâce à l'appui de saint Bernard à nouveau mis à contribution, la bulle *Omne datum optimum*. Cette bulle fameuse, datée du 29 mars 1139, témoignait du merveilleux essor de l'ordre et de son utilité en Terre Sainte. Elle affranchissait le Temple des juridictions épiscopales, pour le placer sous l'autorité directe et exclusive du Saint-Siège. En outre, elle le dispensait de verser des dîmes aux évêques. Ce qui éclaire cette affirmation de Guillaume de Tyr, selon laquelle les Templiers «commencèrent dans la bonne voie, mais ensuite ils rejetèrent PAR ORGUEIL l'autorité des évêques et du patriarche». La même bulle autorisait les templeries à avoir leurs propres chapelains. Il y eut des protestations, assez vives pour que le pape, par la bulle *Militia Dei* (1145), crût nécessaire de confirmer les privilèges du Temple. Deux ans plus tard, le pape Eugène III se rendit à Paris; il assista au chapitre du Temple de Paris et conféra aux moines-soldats le privilège de porter une croix vermeille sur l'épaule gauche, afin que «ce signe triomphant leur serve de bouclier et qu'ils ne tournent jamais bride en face d'un infidèle». Cette croix de sang fut pour beaucoup d'entre eux le symbole du martyre.

Déjà, la situation de la Terre Sainte se dégradait. Le successeur de Baudouin II, Foulques, ne put empêcher Zengi le sanguinaire de s'emparer d'Édesse. Il sauva de justesse Antioche et Tripoli. Des rivalités intestines minaient le royaume de Jérusalem. Le roi Foulques mourut d'une chute de cheval en 1141. Sous la régence de sa veuve, la reine Mélisande, Zengi s'empara de tout le comté d'Édesse. Le prince d'Antioche laissa faire et bientôt sa «princée» fut elle-même envahie. La régression des Francs alarma l'Europe. Saint Bernard prêcha une seconde croisade, à laquelle prirent part l'empereur Conrad III d'Allemagne et le roi de France Louis VII. Ce fut un lamentable échec. En 1151, la principauté d'Antioche n'était plus qu'une bande de terre entre l'Oronte et la mer. Le jeune Baudouin III éloigna sa mère (Mélisande) du pouvoir et tenta de redresser la situation. Il fortifia Gaza et confia cette ville aux Templiers, déjà maîtres de Saphet. Ils soutinrent, presque seuls, la furieuse attaque des Égyptiens. Leur maître, Bernard de Tremelay, aida Baudouin III à prendre Ascalon et se fit tuer à la fin du siège. Baudouin III mourut du typhus en 1162. Son frère, Amaury Ier, lui succéda. Il pensait que l'Égypte était la clef du royaume de Jérusalem; il ne put s'emparer du Caire, mais perdit Harim et Banyas. Les forces franques étaient à bout de souffle. Geoffroi Foucher, trésorier du Temple, écrivait: «Nous n'avons plus de troupes pour résister, car de six cents cavaliers et douze mille piétons, il n'échappa que les quelques gens qui en ont apporté la nouvelle... Si peu nombreux en Jérusalem, nous sommes menacés d'invasion et de siège...» La maladresse d'Amaury Ier avait permis au redoutable sultan

Saladin de s'emparer de l'Égypte. Le royaume de Jérusalem était encerclé. Amaury I^er^ mourut à trente-neuf ans, en 1174; il laissait la couronne à un enfant de treize ans, Baudouin IV. Ce jeune roi, qui fut affligé de la lèpre, est sans doute le plus admirable personnage de l'épopée d'Orient, pourtant si fertile en héros. Couvert de plaies et de pustulences, il se faisait porter en litière à la tête de l'armée et parvint à soustraire son royaume à la rapacité de Saladin. Sa mort sonna le glas de Jérusalem. La sœur de Baudouin IV avait épousé un bellâtre, Gui de Lusignan. Les Templiers s'étaient donné un mauvais maître en la personne de Gérard de Ridfort. Ce dernier incita Lusignan, contre tout bon sens, à attaquer Saladin. La bataille eut lieu aux Cornes de Hattin le 4 juillet 1187, et se solda par un désastre. Sur les deux cent trente chevaliers que comptait la templerie chêvetaine de Jérusalem, il n'en restait plus que vingt, mais Ridfort suivait, ainsi que l'incapable Lusignan. Il n'y avait plus de chevalerie franque; tout était mort ou captif! Saladin s'empara de Saint-Jean-d'Acre, puis de Jaffa, de Beyrouth et d'Ascalon. Le 20 septembre, Jérusalem capitulait. Quand cette nouvelle parvint en Europe, elle provoqua une explosion de colère et de douleur. Une troisième croisade fut organisée, conduite par Philippe Auguste et Richard Cœur de Lion. Elle aboutit à la reconquête de quelques villes, mais Jérusalem resta aux mains des musulmans. Innocent III lança une quatrième croisade, qui fut détournée de son but par les Vénitiens qui s'emparèrent de Constantinople. Pendant le règne de Jean de Brienne, la situation se rétablit. Il maria sa fille à l'empereur Frédéric II de Hohenstaufen, qui prit la croix bien qu'il fût excommunié. Mais il ne sut que négocier avec les musulmans et pratiquer envers les barons de Terre Sainte une politique déloyale. Il partit en laissant le royaume en pleine anarchie. Seuls les ordres militaires, Templiers, Hospitaliers et Teutoniques, tenaient tête aux musulmans et présentaient une relative cohésion malgré leurs rivalités Les deux croisades de saint Louis, celle d'Égypte et celle de Tunis, ne purent sauver le royaume de Jérusalem, ou plutôt ce qui en restait. Quand le maître du Temple, Thomas Bérard, mourut en 1273, la Terre Sainte était condamnée. Au cours de deux raids foudroyants, le sultan Beibars s'était emparé de presque toutes les villes et forteresses franques. Lorsque Beibars assiégea le château de

Gastein, les Templiers restèrent seuls à se défendre, par suite de la désertion des sergents. Ne pouvant résister, ils démantelèrent la forteresse et se replièrent vers Saint-Jean-d'Acre. Le chapitre jugea sévèrement leur conduite; ils furent condamnés à perdre l'habit pendant un an et un jour. Cet exemple démontre que, dans la débâcle générale, la discipline templière restait inflexible. Guillaume de Beaujeu succéda au maître Thomas Bérard. Il ne restait plus alors du royaume de Jérusalem que Saint-Jean-d'Acre et c'était en vain que Beaujeu implorait des secours. L'esprit de croisade expirait. L'Occident était las d'envoyer des hommes et de l'argent. Emporté par le désespoir, Olivier le Templier osait exhaler cette plainte furieuse: «La colère et la douleur se sont assises dans mon cœur, à tel point que j'ose à peine rester en vie. Car on nous rabaisse la Croix que nous avons prise en l'honneur de Celui qui fut crucifié. Ni la Croix ni la Loi ne valent plus rien pour nous; elles ne nous protègent plus contre les Turcs félons, que Dieu maudisse! Mais il semble, à ce qu'il paraît, que Dieu veuille les soutenir pour notre perte...» Guillaume de Beaujeu s'efforçait de maintenir un semblant d'ordre à Saint-Jean-d'Acre. Les musulmans respectaient en lui «l'homme véritable». Il fut en quelque sorte le dernier vrai roi de Jérusalem. Il ne put cependant empêcher le sultan Malec-El Essaraf de prendre Saint-Jean-d'Acre. Il ne sut que mourir héroïquement. Ses compagnons s'ensevelirent sous les décombres. Sayète tenait encore. Les Templiers qui défendaient cette place élirent pour maître Thibaud Gaudin, puis ils s'embarquèrent pour Chypre. Gaudin mourut en 1293 et fut remplacé par Jacques de Molay. Avec les renforts venus des maisons d'Occident il tenta d'occuper Tortose, mais en vain. Cette île eût servi de base de débarquement.

Qu'allait-il décider? L'Ordre avait perdu l'élite de ses chevaliers, mais il n'était pas détruit et sa richesse restait intacte. Plus avisés, les Hospitaliers avaient acquis de grands biens à Chypre; la plupart des Teutoniques étaient rentrés en Allemagne. Deux possibilités s'offraient à Jacques de Molay: ou négocier l'achat de domaines avec les Chypriotes pour y installer la maison chêvetaine et préparer la revanche; ou rentrer en France. Il choisit la dernière solution, la plus désastreuse pour l'ordre. Il aurait beau rappeler que, sur vingt-trois maîtres, treize étaient morts en combattant, ce qui donne effectivement une idée de l'acharnement et du sacrifice des Templiers, il n'empêcherait point l'opinion de juger désormais inutiles les chevaliers au manteau blanc et de leur imputer la perte de la Terre Sainte. Quand ils rentrèrent en France, quand on put voir leur cortège trop fastueux, les murmures de la calomnie se changèrent en bourrasque. Cela, Jacques de Molay ne l'avait pas prévu. Il avait été reçu chevalier à Beaune, sous le règne de saint Louis. Il avait vécu dans les templeries d'Orient; il s'était battu, il avait souffert. Son vieux cœur restait simple. Il croyait que d'avoir tant fait, et si longtemps, que d'avoir sauvé l'honneur suffisait pour imposer le respect. Pour lui, l'Ordre demeurait sans tache, malgré l'échec final. Mais le monde avait changé. Ce n'était plus saint Louis qui régnait, mais Philippe le Bel. Molay ne sentait pas que les Templiers, avec leur gloire et leurs vertus chevaleresques, étaient devenus anachroniques.

## III

## AU MOIS D'OCTOBRE, AU POINT DU JOUR

Au début de 1305, un certain Esquieu de Floyrano, natif de Béziers, communiqua certaines accusations contre le Temple au roi d'Aragon, Jayme II. Esquieu ne faisait pas œuvre pie ; il espérait que la dénonciation serait payante. Jayme II l'éconduisit, tout en lui promettant une grosse récompense (3 000 livres et une rente de 1 000 livres) au cas où les accusations seraient ultérieurement prouvées. Esquieu ne se découragea pas. Il se présenta à Philippe le Bel qui l'écouta avec attention. On ignore la teneur des accusations portées par ce triste personnage. Elles étaient cependant assez graves pour intéresser le roi. A cette époque, selon toutes les apparences, Philippe le Bel ne voulait aucun mal aux Templiers. Il n'avait d'ailleurs qu'à se louer de leurs services : non seulement ils géraient une partie du trésor royal mais, dans le conflit contre Boniface VIII, ils avaient pris résolument le parti du roi, promettant de défendre le royaume s'il en était besoin. De plus, la bienveillance de Clément V leur était acquise, encore que certaines rumeurs fussent parvenues à ses oreilles quand il était encore archevêque de Bordeaux, mais il les avait dédaignées, estimant qu'il s'agissait d'indignes ragots. Il est d'ailleurs singulier que ces rumeurs prirent naissance dans le Midi, secteur de Nogaret ! Or Nogaret, chargé par Philippe le Bel de suivre l'affaire, devint par le fait l'instigateur de l'arrestation des Templiers et le maître d'œuvre de leur procès. Ayant à se faire pardonner l'attentat d'Anagni, il crut se rédimer en manifestant un zèle intempestif. Et, sinon, quelles rancunes personnelles assouvissait-il ? Il avait l'âme policière et les méthodes d'un commissaire politique. Que fit-il? Il enquêta avec soin sur les Templiers exclus de l'Ordre pour indignité et fautes graves. Jean de Saint-Victor: «Longtemps avant l'arrestation, les désordres étaient connus par quelques grands personnages et par d'autres, nobles et non nobles, qui avaient été Templiers. Nogaret les fit arrêter, amener à Corbeil, mettre en prison et les y tint au secret longtemps. Ils furent placés sous la garde de frère Humbert, confesseur du roi, et retenus jusqu'à l'arrestation de l'ordre; ils se déclarèrent prêts à prouver sa culpabilité.» Ce fut avec leurs témoignages que Nogaret nourrit le dossier. Témoignages recueillis, on le répète et on y insiste, auprès d'ex-frères chassés du Temple, quelques-uns chevaliers, les autres sergents.

Philippe le Bel n'ignorait rien des initiatives de Nogaret, mais il hésitait. S'en prendre à l'ordre du Temple, en invoquant des dépositions suspectes, était une entreprise aussi difficile que de s'attaquer au pape. Les Templiers jouissaient de privilèges insignes; ils ne relevaient point de la justice royale, mais de celle du Saint-Siège. De plus, malgré la perte de la Terre Sainte, on les respectait encore. Enfin les chevaliers du Temple appartenaient à la noblesse. Mais la situation de l'Ordre constituait une anomalie. Il formait un État dans l'État; il possédait en outre des richesses considérables et ne versait pas de décimes pour ses biens. La Terre Sainte étant perdue, à quoi emploierait-il ses revenus, sur le montant desquels Philippe le Bel s'illusionnait un peu?

Les quelque sept cents commanderies d'Occident, avec leurs dépendances, agricoles, citadines, étaient productives. S'y ajoutaient des droits innombrables, sans parler des bénéfices de la templerie bancaire de Paris. La gestion de leurs entreprises agricoles était rigoureuse. L'organisation générale de l'Ordre restait militaire. Le maître détenait des pouvoirs quasi absolus; il pouvait mobiliser rapidement sa chevalerie, dont le roi s'exagérait l'importance. L'Ordre était à ses yeux une puissance potentiellement dangereuse. Que le maître du Temple eût rang de prince souverain augmentait la perplexité de Philippe. Il avait brisé la volonté théocratique de Boniface VIII, fait élire un pape à sa dévotion, écrasé la rébellion flamande, anéanti toute velléité d'indépendance dans le baronnage français. Pouvait-il tolérer que le Temple s'installât en France, établît sa maison chêvetaine à Paris?

Prenant prétexte d'une hypothétique croisade vouée à la reconquête de Jérusalem, il suggéra la fusion des Templiers et des Hospitaliers, assortie d'une maîtrise suprême qui serait confiée à un prince capétien (l'un de ses trois fils). L'idée séduisit Clément V qui se fit un devoir de consulter les maîtres des deux ordres: sur le projet de croisade et sur celui de fusion. Touchant à la croisade, l'avis de Jacques de Molay fut lumineux et pertinent: on sent bien que la raison d'être de ce vétéran était de reprendre le combat. Mais sur la fusion des deux ordres, sa réponse fut décevante, pis: affligeante! Loin de peser les avantages qui résulteraient de cette mesure, il invoquait la différence des deux Règles, la nécessité où l'on serait de diminuer le nombre des dignitaires et des commandeurs, les rivalités traditionnelles entre Templiers et Hospitaliers. Il admettait pourtant que la fusion permettrait d'alléger les dépenses et de défendre plus efficacement les droits et les biens en cas de contestation. «Il est notoire, écrivait-il sans grandeur, que toutes les nations eurent autrefois accoutumé d'avoir une grande dévotion à l'égard des religieux; ce qui paraît complètement changé, parce qu'on trouve plus de gens disposés à prendre qu'à donner aux religieux...» Tout autre à sa place eût tenu le langage de l'héroïsme, rappelé les exploits de son ordre, les sacrifices, les combats d'arrière-garde qui avaient assuré au royaume de Jérusalem abandonné par tous plus d'un siècle de survie. Il pouvait écrire aussi que les Hospitaliers, prévoyant le désastre final, avaient acquis de grands biens dans l'île de Chypre, alors que les Templiers jetaient toutes leurs ressources en hommes et en argent dans le combat contre les musulmans. Il est vrai que les Hospitaliers inquiétaient beaucoup moins Philippe le Bel, précisément parce qu'ils avaient établi leur maison chêvetaine à Chypre et que, dans une certaine mesure, ils poursuivaient leur action. Cela, Jacques de Molay ne le percevait pas. Il se comportait comme un vieux fonctionnaire parvenu au faîte des honneurs et craignant de perdre son fauteuil. Il refusait de céder la place au maître des Hospitaliers, ou de partager ses prérogatives. Il finassait, au lieu de défendre son ordre, et éludait l'essentiel.

Clément V communiqua le mémoire de Jacques de Molay à Philippe le Bel. Ce dernier comprit tout de suite quelle sorte d'homme était le maître du Temple et combien il serait aisé de le manœuvrer: parce que c'était un esprit d'un autre âge, confit dans sa chevalerie religieuse, sans malice et sans détour, et trop sûr de son droit, bref une intelligence très moyenne et un cœur naïf. A coup sûr, en face d'un personnage aussi âpre et tortueux que Nogaret, le pauvre maître n'était pas à la hauteur. Il n'entendait rien aux affaires, ne connaissant que les chevauchées militaires et les graves débats des chapitres templiers. Lorsque le pape lui fit part, à l'instigation de Philippe le Bel, des accusations portées contre l'Ordre, Molay le prit de très haut. Il sollicita spontanément l'ouverture d'une enquête, sans se rendre compte qu'il tombait dans un piège. Mais, en vérité, qui pouvait déceler l'infâme machination ourdie par les gens du roi? Elle surprit le pape lui-même, malgré sa subtilité. D'ailleurs, aux yeux de Clément V, la requête de Jacques de Molay constituait une présomption d'innocence. Il est hors de doute que l'enquête pontificale, conduite avec soin et contrôlée par des prélats non suspects de partialité, eût abouti à un non-lieu. Tout au plus aurait-on constaté un certain laxisme dans le recrutement templier, surtout au niveau des sergents et écuyers et, peut-être, ici et là, quelques relâchements. Il ne faut pas oublier que les meilleurs chevaliers étaient morts en Terre Sainte dans les dernières années, à Saint-Jean-d'Acre et ailleurs; les survivants ne formaient pas une élite: il s'agissait de chevaliers trop jeunes ou trop âgés, ou de gestionnaires des biens du Temple; la fleur de la chevalerie, les plus courageux des sergents avaient péri en Orient.

Cette situation était parfaitement connue par Philippe le Bel. Depuis des mois, l'équipe gouvernementale travaillait, dans le plus grand secret, à monter l'opération du 13 octobre. Le roi ne voulait pas de l'enquête pontificale, en connaissant par avance les résultats. De plus, il se méfiait de la mollesse du pape, tout autant que de ses entêtements. Il voulait frapper fort et vite. Mais pourquoi? Les avis sont partagés. Il semble bien que Philippe le Bel ait eu plusieurs motifs: abattre quand il en était temps cette puissance templière indépendante et qui, par ce fait même, échappait à l'autorité royale; tenter de s'approprier des biens immobiliers et une richesse mobilière considérables, en un moment où la situation du trésor tournait au drame et contraignait à une nouvelle dévaluation de la monnaie ; soustraire à Clément V l'appui d'une puissance militaire, puisque l'Ordre ne relevait que de lui par application de la bulle *Omne Datum.* On ne peut croire Philippe assez naïf pour s'être monté la tête à propos des prétendues hérésies du Temple, de la sodomie érigée en règle et autres extravagances ! La piété chez lui était de tradition. Mais enfin, ce n'était pas un esprit candide et sa foi s'accommodait assez bien de combinaisons politiques. Déjà, à l'encontre de Boniface VIII, il s'était posé en champion de l'orthodoxie, n'hésitant pas à accuser son rival de crimes imaginaires. Cette audace lui avait réussi ; grâce à l'attentat d'Anagni, c'est-à-dire à l'initiative de Nogaret ! On admettra que pour lui la tentation était grande de réitérer, et d'autant qu'il savait Clément V incapable de résister et Jacques de Molay inapte à jouer une telle partie. Jugeant les témoignages recueillis par Nogaret suffisants pour accuser les Templiers d'hérésie, il prit donc la décision de les remettre à l'inquisition, c'est-à-dire de faire procéder à leur arrestation massive. Ce n'était pas l'inquisition qui réclamait le concours de l'autorité séculière, mais l'inverse : étrange procédure ! Philippe le Bel expliquerait à Clément V, mis devant le fait accompli, qu'il avait agi comme roi très chrétien, fils zélé de l'Église, et pour écarter le danger que lui faisait courir pareille association de moines hérétiques ! Il laissait à Nogaret le soin de trouver la coloration juridique convenable et, le moment venu, d'intoxiquer l'opinion. L'accusation d'hérésie était à cette époque un moyen assuré d'abattre un adversaire ; la foi perdant de sa vivacité, on préférait la lettre à l'esprit. En outre, imputer aux Templiers la responsabilité des désastres de Terre Sainte, présentait un grand avantage : trop de croyants accusaient les princes d'avoir renoncé à prendre la croix !

Ce qui reste de plus troublant en cette affaire, c'est que rien ne filtra des délibérations du conseil, ni de la décision royale. S'il y eut des fuites et si des informations secrètes parvinrent à Jacques de Molay, il les dédaigna, sûr de son bon droit et, sinon, le comportement de Philippe le Bel à son égard dissipa ses soupçons. Toute l'opération fut menée par Nogaret dans l'ombre et le silence. Aucune indiscrétion ne fut commise. Personne n'eut connaissance des instructions que des commissaires spéciaux devaient remettre aux baillis et aux sénéchaux. Ces instructions, cependant recopiées en un grand nombre d'exemplaires et par plusieurs clercs, restèrent absolument secrètes. Aucun extrait ne fut communiqué à quiconque et personne ne parla. Elles comprenaient deux parties: un réquisitoire implacable, enflammé, emphatique et un ordre d'arrestation avec un mode d'emploi détaillé et précis. Dans l'une et l'autre partie, on reconnaît l'esprit méthodique de Nogaret et son éloquence très particulière, mais on y détecte aussi une sorte de hargne et de haine personnelles. Et, certes, les chevaliers du Temple incarnaient tout ce que Nogaret détestait le plus: la noblesse dans ce qu'elle avait de meilleur, le désintéressement, l'abnégation, l'orgueil d'être les derniers tenants d'une façon d'être, d'agir et de penser, et le refus d'un monde rabaissé, utilitaire. C'étaient, si l'on veut, des Don Quichotte de la foi, superbes, ridicules, touchants, haïssables, parce qu'enfermés dans un rêve impossible, c'est-à-dire l'exact contrepoint de Nogaret.

Son réquisitoire commençait ainsi:

«Une chose amère, une chose déplorable, une chose assurément horrible à penser, terrible à entendre, un crime détestable, un forfait exécrable, une chose tout à fait inhumaine, bien plus, étrangère à toute humanité, a, GRACE AU RAPPORT DE PLUSIEURS PERSONNES DIGNES DE FOI, retenti à nos oreilles, non sans nous frapper d'une grande stupeur et nous faire frémir d'une violente horreur; et, en pesant sa gravité, une douleur immense grandit en nous d'autant plus cruellement qu'il n'y a pas de doute que l'énormité du crime déborde jusqu'à être une offense pour la majesté divine, une honte pour l'humanité, un pernicieux exemple du mal et un scandale universel...» Qu'on ne s'y méprenne pas. Nogaret ne se laissait pas emporter par son lyrisme. Mais il fallait, dès l'exorde, frapper un grand coup, pour ainsi dire prendre le destinataire à la gorge, car il pouvait être l'ami des Templiers, compter un parent parmi eux, les tenir en grand respect, peut-être les admirer.

«Naguère, continuait-il, sur le rapport de personnes dignes de foi qui nous fut fait, il nous est revenu que les frères de l'ordre de la milice du Temple, CACHANT LE LOUP SOUS L'APPARENCE DE L'AGNEAU, et, sous l'habit de l'ordre, insultant misérablement à la religion de notre foi, crucifiant de nos jours à nouveau Notre-Seigneur Jésus-Christ déjà crucifié pour la rédemption du genre humain, et l'accablant d'injures plus graves que celles qu'il souffrit sur la croix, quand, à leur entrée dans l'ordre et lorsqu'ils font leur profession, on leur présente son image et que, par une cruauté horrible, il lui crachent trois fois à la face; ensuite de quoi, dépouillés des vêtements qu'ils portaient dans la vie séculière, nus, mis en présence de celui qui le reçoit ou de son remplaçant, ils sont baisés par lui, conformément au rite odieux de leur ordre, premièrement au bas de l'épine dorsale, secondement au nombril et enfin sur la bouche, à la honte de la dignité humaine. Et, après qu'ils ont offensé la loi divine par des entreprises aussi abominables et des actes aussi détestables, ils s'obligent, par le vœu de leur profession et sans craindre d'offenser la loi humaine, à se livrer l'un à l'autre, sans refuser, dès qu'ils en seront requis par l'effet du vice d'un horrible et effroyable concubinat. Et c'est pourquoi la colère de Dieu s'abat sur ces fils d'infidélité. Cette gent immonde a délaissé la source d'eau vive. remplacé sa gloire par la statue du veau d'or et elle immole aux idoles...» Nogaret expliquait ensuite que le roi n'avait pas voulu admettre de pareilles accusations; qu'il avait cru qu'elles provenaient «de l'envie livide, de l'aiguillon de la haine, de la cupidité, plutôt que de la ferveur de la foi, du zèle pour le justicier ou du sentiment de charité». Il s'était pieusement ouvert de ses doutes au Saint-Père Clément, tout en poursuivant son enquête. Or plus cette enquête progressait et plus la véracité des accusations se précisait. Devant cette évidence, le roi ne pouvait plus hésiter, à moins de trahir sa mission de fils aîné de l'Église. On aperçoit ici le mélange de vérités et de mensonges, et aussi l'humour noir de Nogaret.

Il entrait alors dans le vif du sujet:

«Par suite, nous qui sommes établi par le Seigneur sur le poste d'observation de l'éminence royale pour défendre la liberté de la foi de l'Église... nous vous chargeons et vous prescrivons rigoureusement en ce qui concerne le bailliage de..., de vous transporter personnellement à..., seul ou à deux d'entre vous, D'Y ARRÊTER TOUS LES FRÈRES DUDIT ORDRE SANS EXCEPTION AUCUNE, de les retenir prisonniers en les réservant au jugement de l'Église, et DE SAISIR LEURS BIENS, MEUBLES ET IMMEUBLES, et de retenir très rigoureusement sous votre main ces biens saisis, sans consommation ni dévastation quelconques...»

Il était spécifié que Guillaume de Paris, inquisiteur général, avait dirigé l'enquête et conclu à l'arrestation des Templiers, le roi agissant donc comme bras séculier. C'était une contrevérité de plus!

Les commissaires spéciaux devaient se rendre dans les bailliages et les sénéchaussées et se livrer à une enquête fictive sur les maisons religieuses du ressort, prétexte pris d'une levée de décime. Ils étendraient l'enquête aux templeries, feignant d'ignorer l'exemption dont elles bénéficiaient, en réalité pour reconnaître les lieux. Il incombait aux baillis et aux sénéchaux de réunir le nombre d'hommes nécessaire: ce devaient être «des prud'hommes puissants du pays, à l'abri des soupçons, chevaliers, échevins, conseillers», et de ne leur révéler qu'au dernier moment la mission qui leur était confiée au nom du roi et de l'Église. Après l'arrestation des Templiers, leurs biens, mis sous séquestre, seraient commis à la garde de personnes de confiance qui veilleraient à ce que les terres fussent correctement exploitées. Enfin, il appartiendrait aux baillis d'interroger les prisonniers, les aveux étant au besoin obtenus par la torture et consignés par écrit. Ils appelleraient ENSUITE les inquisiteurs.

La manière de conduire les interrogatoires était minutieusement définie:

«On leur adressera des exhortations relativement aux articles de la foi et on leur dira comment le pape et le roi sont informés par plusieurs témoins dignes de foi, MEMBRES DE L'ORDRE, de l'erreur et de la bougrerie (sodomie) dont ils se rendent spécialement coupables au moment de leur entrée et de leur profession, et ils leur PROMETTRONT LE PARDON s'ils confessent la vérité en revenant à la foi de Sainte Église, ou qu'autrement ils seront condamnés à mort.»

Les chefs d'accusation, sur lesquels il convenait d'interroger les prisonniers, étaient ceux-ci:

«Celui qui est reçu demande d'abord le pain et l'eau de l'ordre, puis le commandeur ou le maître qui le reçoit, le conduit secrètement derrière l'autel, ou à la sacristie, ou ailleurs, et lui montre la croix et la figure de Notre-Seigneur Jésus-Christ et lui fait renier trois fois le prophète, c'est-à-dire Notre-Seigneur Jésus-Christ dont c'est la figure, et par trois fois cracher sur la croix; puis il le fait dépouiller de sa robe et celui qui le reçoit le baise à l'extrémité de l'échine, sous la ceinture, puis au nombril, puis sur la bouche et lui dit que, si un frère de l'ordre veut coucher avec lui charnellement, qu'il lui faut l'endurer, parce qu'il le doit et qu'il est tenu de le souffrir, selon le statut de l'ordre, et que, pour cela, plusieurs d'entre eux, par manière de sodomie, couchent l'un avec l'autre charnellement et ceints chacun par-dessus la chemise d'une cordelette, que le frère doit toujours porter sur soi aussi longtemps qu'il vivra, et l'on entend dire que ces cordelettes ont été placées et mises autour du cou d'une idole, qui a la forme d'une tête d'homme avec une grande barbe, et que cette tête, ils la baisent et l'adorent, dans leurs chapitres provinciaux; mais ceci, tous les frères ne le savent pas, excepté le grand maître et les plus anciens. De plus, les prêtres de leur ordre ne consacrent pas le corps de Notre-Seigneur; et là-dessus, on fera une enquête spéciale touchant les prêtres de l'ordre.»

Hérésie, sodomie, idolâtrie, catharisme, un seul de ces crimes contre la foi menait droit au bûcher! Nogaret avait fait bonne mesure. Mais il y avait pis: les commissaires étaient invités à transmettre les dépositions écrites de ceux «qui confesseront les dites erreurs, principalement le reniement de Notre-Seigneur-Jésus-Christ». Ce qui signifiait que les commissaires ne devaient retenir que LES AVEUX, à l'exclusion des dénégations; n'envoyer à Paris que des documents conformes à l'orientation générale que l'on voulait donner au procès.

Le 12 octobre 1307, le maître Jacques de Molay assistait aux obsèques, dans l'église des frères prêcheurs de Paris, de l'épouse de Charles de Valois, Catherine de Courtenay, «héritière de l'empire de Constantinople». Étant souverain de son ordre, il figurait parmi les princes. A l'aube du 13 octobre, les gens du roi cernaient l'Enclos du Temple et Nogaret demanda l'entrée au nom de Philippe le Bel. Jacques de Molay et ses chevaliers se laissèrent arrêter sans opposer la moindre résistance. Ils étaient stupéfaits, abasourdis, et beaucoup d'entre eux, sans doute le maître lui-même, crurent à un malentendu; ils se savaient d'ailleurs justiciables du pape et croyaient qu'ils n'avaient rien à craindre du roi. De plus, et ce détail est d'une importance capitale, la Règle leur interdisait, sous peine d'exclusion, de tirer l'épée contre un chrétien. Partout, en cette aube tragique du vendredi, à la même heure, les hommes des

des baillis et des sénéchaux cernèrent les commanderies et demandèrent la porte au nom du roi. Partout les Templiers et les sergents se laissèrent cueillir, sans même tenter de prendre la fuite. Quelques-uns pourtant évitèrent la capture. Ils étaient en mission et par les chemins. Ceux-là disparurent mystérieusement, soit qu'on les eût assassinés ou qu'ils eussent trouvé un refuge. Le scandale fut énorme et général. Quelle que fût l'issue du procès, l'Ordre était perdu; jamais il ne se relèverait de cette honte! Cependant les Templiers conservaient des amis; l'opinion parisienne n'était pas unanime. Dès le samedi 14 octobre, Nogaret réunit les maîtres de l'université de Paris et les principaux officiers du roi. Il leur exposa l'affaire et reçut leur approbation. Le dimanche, les Parisiens eurent accès au jardin du palais et Nogaret renouvela sa harangue. Là aussi, il rencontra un plein succès. La foule se dispersa rassurée. Puisque «l'apostole» l'avait ordonné, le roi n'avait fait que son devoir en arrêtant ces mécréants, dissimulant sous leur hautainerie le plus infâme des vices. Quelques esprits pourtant doutaient de la sincérité de Nogaret. Geoffroy de Paris était de ceux-là:

*Je ne sais si à tort ou droit*
*Furent les Templiers sans doutance*
*Tous pris par le royaume de France,*
*Au mois d'octobre, au point du jour...*

Et plus loin, après avoir évoqué leurs prétendus crimes:

*Adoncques Dieu, qui tout surmonte,*
*De leur haut état les trébuche,*
*Si les brise comme une cruche.*
*Ainsi des Templiers a fait,*
*Car ils avaient par trop méfait,*
*Si comme assez de gens le disent,*
*Mais je ne sais s'ils ne médisent...*

Philippe le Bel écrivit aux rois et princes d'Europe pour les inviter à procéder sans retard à l'arrestation des Templiers de leurs États. Il espérait par là leur faire partager sa responsabilité, tout au moins recevoir leur approbation. Ceux qui n'opposèrent pas un refus catégorique, répondirent qu'ils n'agiraient que sur injonction du pape. Tous protestaient hautement contre des accusations qu'ils ne pouvaient ni ne voulaient croire, les estimant dictées par la haine, l'envie ou la cupidité. Philippe le Bel resta donc seul en face de Clément V. Mais il détenait une arme terrible: les aveux extorqués aux Templiers par des promesses ou arrachés par la torture!

# IV

# LES AVEUX

L'instruction de Philippe le Bel aux baillis et sénéchaux fut appliquée avec la dernière rigueur, tant l'énormité des crimes imputés aux Templiers impressionna les exécutants, gens du roi et prud'hommes désignés à cet effet. Après leur arrestation, les Templiers furent donc interrogés, hors la présence des inquisiteurs. On avait un questionnaire type. Il était formellement prescrit de n'enregistrer que les aveux des prisonniers: ce qui explique l'accablante uniformité des procès-verbaux d'interrogatoire. On donna d'emblée à choisir aux Templiers entre les aveux spontanés avec promesse de pardon, ou la torture suivie d'une probable peine de mort. On invoqua d'abord les témoignages recueillis par Nogaret, émanant de personnes de bonne foi, voire même de dignitaires de l'Ordre; on montra les instruments de supplice à ces malheureux qui, la veille encore, étaient honorés par la population, ne connaissaient rien d'autre que leur inflexible Règle et, il faut le souligner, constituaient de petits groupes isolés, privés de l'appui et des directives de leurs supérieurs. On se garda bien, je le répète, d'enregistrer les protestations, les récris, les dénégations. Le roi ne voulait que des aveux! On tortura sans ménagements, souvent avec maladresse, parfois avec férocité, les captifs. Certains cédèrent à la peur, la plupart à la douleur. Il y avait parmi eux de vieux chevaliers aux forces déclinantes, à l'esprit débile. Il y en avait d'autres qui souffraient d'anciennes blessures, de fièvres contractées en Orient. Quelques-uns n'étaient guère plus que des agriculteurs dénués de pugnacité. Quelques autres, des frères au cœur incertain, et qui, mus par l'amertume, la jalousie ou la haine, en profitèrent pour régler leurs comptes. Mais c'étaient précisément les brebis galeuses qui intéressaient Philippe le Bel et Nogaret, non l'ensemble du troupeau qui restait sain! Que les aveux fussent arrachés ou non par la torture importait peu au roi. Cependant quelle valeur avaient-ils? On objectera que ces hommes de guerre auraient dû mieux résister, s'ils avaient été sûrs de leur innocence. Mais c'est une chose que de braver la douleur et la mort les armes à la main, et c'en est une autre que de supporter les brodequins, le supplice de l'eau, les brûlures au fer rouge, la morsure des tenailles brûlantes, sinon pis! Cependant il se trouva des chevaliers et des sergents pour persister dans leurs dénégations, et même pour mourir entre les mains des bourreaux. Ceux-là, les procès-verbaux les ignorent. Ils ne font état que des aveux... Alors que les inquisiteurs auraient dû interroger d'abord les prisonniers, puisque Philippe le Bel prétendait agir au nom de Clément V et de l'Église, ces derniers ne leur furent remis qu'après avoir «avoué» tous les crimes supposés de l'Ordre. Pourquoi? Parce que, selon la procédure du temps, ils devenaient relaps s'ils se rétractaient. Aperçoit-on le machiavélisme? D'ores et déjà, le Temple était perdu, car ces aveux innombrables, enregistrés par les gens du roi et par des personnes «honorables», venaient étayer la thèse de Philippe le Bel et justifiaient de façon éclatante son coup de force. Ce n'était pas à l'inquisition d'Église que les prisonniers se trouvaient confrontés, mais à une inquisition d'État. Les inquisiteurs n'infligeaient la torture qu'à la dernière extrémité; encore recommandait-on qu'elle fût légère et n'attentât pas à la vie. Or, on avait traité les Templiers en voleurs de grands chemins, en meurtriers endurcis, en brigands professionnels! Les inquisiteurs, pourtant si férus de leurs prérogatives, si intransigeants sur leurs droits, acceptèrent ensuite de jouer les seconds rôles, de laisser les gens du roi agir à leur guise et même intervenir dans des interrogatoires et dans une procédure où ils n'avaient que faire! Ils admirent tout ce qu'on voulut, acceptèrent les prétendus aveux des Templiers sans se préoccuper de la manière inique dont ils avaient été obtenus; ils ne s'émurent ni des pressions ni des violences ni des brutalités policières des agents de Philippe. A Paris, dans la salle basse de la grande Templerie, cent trente-huit Templiers furent «interrogés», ou plutôt si bien travaillés par les experts en supplices que tous avouèrent les crimes dont on accusait l'Ordre, tous sauf trois enragés qui préférèrent se laisser estropier ou mourir! Et tous, on comprend bien pourquoi, avouèrent les mêmes choses, avec parfois de menues variantes, tout à fait négligeables, des précisions misérables où il faut voir l'effet de la torture sur des désespérés! Mais voici peut-être le moment le plus tragique de cette sinistre histoire: l'interrogatoire du maître, Jacques de Molay, qui eut lieu le 24 octobre, onze jours après l'arrestation. Il comparut devant l'inquisiteur. Il s'agit donc en réalité d'un second interrogatoire. Molay, comme ses frères, avait tâté de Nogaret et de ses séides. Quels sévices lui avait-on infligés, en dépit de sa qualité de prince souverain? Quelles promesses perfides lui avait-on faites? Dans quelle mesure Nogaret avait-il exploité le bouleversement de ce vieux chevalier figurant, la veille encore, parmi les grands du royaume et précipité de son piédestal? Pour un esprit aussi retors et pénétrant que Nogaret, c'était un jeu dérisoire que de manœuvrer un homme tel que Molay. Le 24 octobre, devant l'inquisiteur, il ne restait plus au vieux maître qu'à confirmer ses aveux:

«Voici quarante-deux ans que j'ai été reçu à Beaune, par le frère Humbert de Pairaud, chevalier, en présence de frère Amaury de la Roche et de plusieurs autres dont je n'ai plus les noms à la mémoire. Je fis d'abord toutes sortes de promesses au sujet des observances et des statuts de l'Ordre, puis l'on m'imposa le manteau. Le frère Humbert fit ensuite apporter une croix d'airain où se trouvait l'image du Crucifié, et me commanda de renier le Christ figuré sur cette croix. Je le fis, de mauvais gré; le frère Humbert me dit ensuite de cracher sur la croix; je crachai à terre.» L'inquisiteur lui demanda combien de fois il avait craché. «Une fois seulement, si j'ai bonne mémoire», répondit Molay. L'inquisiteur: «Quand vous avez fait vœu de chasteté, vous fut-il dit à peu près de vous unir charnellement avec les autres frères?» Molay dit que non. L'inquisiteur: «Les autres frères sont-ils reçus de même manière?» Réponse: «Je ne crois pas que le cérémonial ait été différent pour moi de ce qu'il est pour les autres; quant à moi, je n'en ai pas reçu un bien grand nombre. Après leur réception toutefois, je priais les assistants de mener faire ce qu'ils devaient. Mon intention était qu'ils accomplissent ce que j'avais accompli moi-même, et qu'on les reçût selon les mêmes cérémonies.» L'inquisiteur lui demanda alors s'il avait menti par crainte de la torture ou de la prison. Molay: «Non. Je n'ai dit que la vérité, pour le salut de mon âme.» Hugues de Pairaud, Visiteur de l'Ordre pour toute la France, haut dignitaire, comparut le 9 novembre. Il avait été reçu par son oncle, Humbert de Pairaud. Il déclara qu'on lui avait ordonné, à lui aussi, de renier le Christ et de cracher sur la croix; qu'il avait renié des lèvres, non du cœur, mais refusé de cracher. Il avoua qu'il s'était fait baiser par les profès le bas du dos et le nombril et qu'il leur avait commandé de renier la croix et de cracher sur elle. Qu'il avait autorisé la sodomie. Tout cela des lèvres, non du cœur! Et il ajouta qu'il ne croyait pas que tous les frères du Temple aient été reçus de la même manière. Étrange réticence, significative! Mais, après la reprise de l'interrogatoire, Pairaud revint sur sa déposition, il affirma que tous les frères étaient pareillement reçus. Que s'était-il passé pendant l'interruption de séance? Il est probable que les gens du roi avaient accablé le Visiteur de menaces. Le malheureux dit encore qu'au chapitre de Montpellier il avait adoré une idole à quatre pieds dorés.

Geoffroi de Charnay, Précepteur de Normandie, interrogé le 21 octobre, avoua le reniement et les crachats et plus encore: celui qui l'avait reçu lors de sa profession, dans la commanderie d'Étampes, avait qualifié le Christ de «faux prophète». Il déclara que, sauf un, il avait reçu les profès selon l'ancienne règle templière, ayant constaté par lui-même que l'autre manière «était une profanation impie, contraire à la foi catholique».

Geoffroi de Gonneville, Précepteur d'Aquitaine et du Poitou, interrogé le 15 novembre, fit à peu près les mêmes aveux, mais il donna une précision troublante. Comme il refusait de renier et de cracher, le frère qui le recevait lui dit que cet usage résultait de la promesse consentie par un mauvais maître du Temple, prisonnier des musulmans, et qui obtint sa libération à ce prix.

L'inquisiteur se contenta de ces explications. Il ne chercha pas réellement à savoir le motif des prétendus reniements. Tout se passait comme s'il était aux ordres de Philippe le Bel, et il l'était de fait! Quant au roi et à Nogaret, les aveux des dignitaires et de la majorité des frères leur suffisaient amplement. Le 25 octobre, plusieurs prélats et dignitaires de l'Église parisienne, les docteurs de l'Université de Paris et leurs élèves furent convoqués au Temple. On fit comparaître devant eux Jacques de Molay, Geoffroi de Charnay et quelques frères. Encore une fois, à quelles promesses insidieuses de Nogaret, à quelles effroyables menaces cédèrent-ils? Molay reconnut publiquement les crimes de l'Ordre et demanda à l'assistance de supplier le pape de lui pardonner. Ensuite, et l'on touche ici le fond de l'ignominie, il consentit à écrire une cédule scellée de son sceau, par laquelle en sa qualité de maître il ordonnait aux Templiers de confesser les crimes dont ils avaient connaissance. L'obéissance étant le devoir absolu des Templiers, on imagine l'effet d'une pareille lettre-circulaire, qui fut envoyée dans toutes les templeries françaises et étrangères! L'ordre de Jacques de Molay paralysait les récalcitrants, c'est-à-dire les rares défenseurs du Temple. Le 26 octobre, on fit comparaître une trentaine de frères devant une assemblée identique. Tous confirmèrent leurs aveux et implorèrent pitié. Désormais Philippe le Bel n'avait plus à s'inquiéter des prévisibles réactions de Clément V.

Le pape n'avait pas été averti. Quand il apprit l'arrestation des Templiers, son émotion fut vive. Il tint, les jours suivants, plusieurs consistoires, afin d'examiner les mesures à prendre, car le coup de force de Philippe le Bel était inadmissible, quand bien même le Temple eût été coupable. Le 27 octobre, Clément V lui envoya une protestation solennelle: «...pendant que nous étions loin de vous, vous avez étendu la main sur les personnes et les biens des Templiers; vous avez été jusqu'à les mettre en prison et, ce qui est le comble de la douleur, vous ne les avez pas relâchés; même à ce qu'on dit, allant plus loin, vous avez ajouté à l'affliction de la captivité une autre affliction que, par pudeur pour l'Église et pour nous, nous croyons à propos de passer actuellement sous silence...» On aura remarqué que le pape ne prenait point la défense du Temple; il condamnait les méthodes de Philippe le Bel et, principalement, la hâte de l'arrestation. Sa lettre émanait d'un pontife humilié, ulcéré, alors qu'il était le protecteur de l'Ordre par application de la bulle *Omne Datum* et devait s'exprimer en cette qualité: car c'était à lui, et à nul autre, d'aviser.

Cette protestation de pure forme fut suivie de négociations secrètes. Il se peut que Clément V fût sincèrement atterré par l'énormité des aveux confessés par les Templiers, impressionné surtout par l'attitude de Jacques de Molay et des dignitaires de l'Ordre. Il se peut aussi que cet homme sans caractère cédât à la menace. Toujours est-il que, le 22 novembre, la bulle *Pastoralis prœminentiae* ordonnait bel et bien que les Templiers fussent arrêtés et remis aux mains de l'Église. Donc, en apparence, la victoire de Philippe le Bel était totale. En réalité, on pouvait discerner, derrière la soumission du pape, son intention de soustraire les prisonniers à l'arbitraire des gens du roi et peut-être de reprendre l'enquête à zéro. Ce qui crédite cette hypothèse, c'est que le pape envoya deux cardinaux à Paris, Bérenger Frédol et Étienne de Suisy. Ils avaient mission de rencontrer Philippe le Bel et d'obtenir que les Templiers fussent effectivement remis à l'Église. Philippe le Bel, n'ayant cessé de prétendre qu'il agissait au nom du pape, ne pouvait qu'acquiescer. Mais il croyait que cette exigence était symbolique et constituait, somme toute, l'approbation de son coup de force. Or, dès que les Templiers apprirent qu'ils échapperaient à la juridiction civile, pleins de confiance en Clément V, encouragés d'ailleurs par les cardinaux, ils rétractèrent leurs aveux, notamment Jacques de Molay et Geoffroi de Charnay. Ce qu'apprenant, Clément V cassa les pouvoirs des inquisiteurs, ce qui revenait à annuler toute la procédure. Ce revirement inattendu provoqua la colère et plus encore l'inquiétude de Philippe le Bel. Il savait qu'une nouvelle enquête, conduite objectivement et par des juges ecclésiastiques, aboutirait à des conclusions toutes différentes. Mais il restait en position de force, car ses agents avaient la haute main sur les biens du Temple et le pape n'avait pas les moyens matériels de garder les prisonniers. Il consulta pour la forme les docteurs de l'Université; c'étaient, comme on sait, des théologiens; leur réponse fut ambiguë: s'ils hésitaient à contrecarrer le roi, ils ne pouvaient tout de même pas ignorer que le Temple ne relevait que du pape. Philippe le Bel recourut aux méthodes qui lui avaient si bien réussi dans sa lutte contre Boniface VIII: l'intoxication de l'opinion par des libelles appropriés et la convocation des États Généraux. Le 25 mars 1308, Nogaret rédigea cette convocation, qui était en réalité un implacable réquisitoire contre les Templiers et la plus perfide profession de foi: «Toujours nos prédécesseurs se sont appliqués à extirper de l'Église de Dieu et du royaume de France les hérésies et autres erreurs; toujours ils ont eu à cœur de défendre, contre les voleurs et les larrons, la foi catholique, cette perle précieuse.» Suivait une singulière exhortation à servir le Christ en vengeant les outrages qu'il subit. Puis: «Oh, douleur! O abominable, amer et funeste dévoiement des Templiers. Vous le savez, non seulement ils reniaient le Christ en leur profession, mais ils y forçaient ceux qui entraient dans leur ordre sacrilège; ses ouvrages, sacrements nécessaires de nos vies, et sa création entière, en crachant sur la croix, c'est sur eux qu'ils crachaient; ils les foulaient aux pieds, méprisant la dignité des créatures de Dieu; ils se donnaient des baisers aux endroits les plus vils, adoraient des idoles; et n'hésitaient point à affirmer que des mœurs contre nature, refusées par les bêtes, leur étaient permises à eux, en vertu d'ignobles rites. Le ciel et la terre s'émeuvent de tant de crimes; les éléments en sont perturbés. Ces énormités, le fait est avéré, ont été commises dans toutes les parties du royaume; les dignitaires de l'ordre – à peine ose-t-on les appeler ainsi – les ont clairement confessées...» En foi de quoi, le très chrétien Philippe le Bel était résolu «à extirper ces crimes effroyables et ces errements», à en saisir personnellement le Siège apostolique et à associer les destinataires, prélats, nobles et bourgeois, à cette œuvre salutaire. Ainsi, bien qu'il eût affirmé à plusieurs reprises qu'il avait fait arrêter les Templiers sur l'injonction de Clément V ou avec son accord, il revendiquait son initiative, en la justifiant par son zèle catholique. Les États Généraux se réunirent à Tours et siégèrent du 11 au 20 mai 1307. Plusieurs grands seigneurs s'étaient excusés; d'autres donnèrent procuration à des envoyés. La prélature était hésitante: trop de personnes intelligentes et instruites la composaient. Le tiers état répondit en masse; il ne comptait pas moins de sept cents députés. Les approbations furent si chaleureuses et unanimes que Philippe le Bel, qui devait ensuite se rendre à Poitiers pour y rencontrer le pape, se fit accompagner par une délégation de bourgeois et de nobles triés sur le volet.

Pendant l'entrevue de Poitiers, on assista à de belles joutes oratoires, et l'on négocia secrètement. Malgré le succès des États Généraux, Philippe le Bel ne put obtenir du pape qu'il se dessaisît de l'affaire, ni qu'il se prononçât clairement sur l'affectation ultérieure des biens du Temple. Sans opposer un refus, Clément V, fidèle à son génie, proposait des solutions de rechange, que récusait le roi. Clément V, avant de prendre position, voulait entendre lui-même les Templiers et leurs dignitaires. Philippe le Bel acquiesça, mais, comme le pape ne pouvait interroger tous les Templiers, on ne lui envoya que des frères choisis et endoctrinés avec soin. Quant aux dignitaires, ils tombèrent opportunément malades et ne purent aller audelà de Chinon. Clément V ne fut pas dupe et leur dépêcha deux cardinaux. Ces derniers interrogèrent Jacques de Molay et ses compagnons, mais en présence de Nogaret et de Plaisians. Comme on pouvait le prévoir, les captifs se rétractèrent à nouveau et revinrent à leurs premiers aveux. Cependant Clément V avait bel et bien obtenu que l'Église jugerait en définitive les Templiers, tout en les laissant dans les prisons royales. Et il avait imaginé deux procédures distinctes, assez complexes. Des commissions pontificales effectueraient une enquête approfondie sur l'Ordre en tant qu'institution religieuse. Des commissions diocésaines, présidées par les évêques et composées de dominicains et de franciscains, jugeraient les personnes. L'administration des biens du Temple serait mixte, à la fois ecclésiastique et laïque. Les commissions diocésaines fonctionnèrent diversement, selon la personnalité des évêques-présidents, et la proximité du pouvoir! L'intrusion des agents du roi entrava le fonctionnement des commissions pontificales: le pauvre Molay n'osa pas défendre l'Ordre, parce que, soudain, il vit apparaître Guillaume de Nogaret. Et pourtant il se trouva des Templiers assez courageux pour déclarer que les aveux leur avaient été arrachés par la torture, ou par de fausses promesses; que l'Ordre était innocent des crimes dont on l'accusait. Leur nombre grandit bientôt, prit même une importance inquiétante. L'archevêque de Sens, Philippe de Marigny (frère d'Enguerran), manifesta son zèle; il fit brûler comme relaps cinquante-quatre défenseurs de l'Ordre. D'autres disparurent, obscurément. Bientôt les commissaires durent interrompre leurs audiences: il ne se présentait plus personne pour déposer contre les mensonges et les crimes des gens du roi.

V

# EXTINCTION DU TEMPLE

La commission pontificale de Paris laissa passer plusieurs mois: elle voulait donner le temps aux Templiers de se reprendre, de surmonter leurs craintes. Elle reprit ses séances et recueillit de nombreuses dépositions. Dans quelle mesure étaient-elles sincères? Les membres de la commission n'ignoraient rien des pressions exercées par Nogaret, Plaisians et les autres, ni du traitement rigoureux que subissaient les captifs, le plus souvent réduits au pain et à l'eau, certains enchaînés dans des geôles humides, quoique malades, ni des tortures qu'on leur avait infligées et dont ils avaient pu constater les traces et les séquelles, ni des tourments moraux éprouvés par ces malheureux déchus de leur honneur. Ils avaient été à même de détecter les faux témoignages en posant d'adroites questions; et d'apprécier la disparité des effectifs templiers: il restait assez peu de frères instruits; la simplesse était commune à la plupart d'entre eux; certains étaient des rustauds sans la moindre élévation de cœur et d'esprit, tout juste bons à rapporter de misérables ragots n'intéressant que leurs petites templeries. Mais, si l'on avait effectué une enquête semblable chez les Hospitaliers, ou en d'autres couvents, on eût constaté la même dégénérescence; cela, les membres de la commission le savaient et le déploraient. Le siècle de saint Louis avait cessé d'être, où le zèle religieux suppléait au moins le manque d'instruction. Ils savaient aussi que le Temple avait reçu un coup mortel lors de la chute de Saint-Jean-d'Acre. Pendant la quinzaine d'années qui avaient suivi la perte totale du royaume de Jérusalem, l'Ordre n'avait pas su se réadapter, trouver un nouvel emploi susceptible de justifier son existence; pourtant il continuait à recruter. Et ce n'étaient pas la médiocrité intellectuelle de Jacques de Molay, ses revirements, la pauvreté de ses moyens de défense et son attitude incertaine, qui pouvaient impressionner favorablement la commission. On était porté à se demander pourquoi c'était un tel homme que les frères avaient choisi pour maître. Il était évident que le Temple comptait nombre de chevaliers plus héroïques et valeureux que lui.

Ayant entendu quelque cent trente témoins en un an et demi, la commission décida de clore ses sessions à la date du 5 juin 1311 et d'en remettre le procès-verbal à Clément V. Simultanément d'autres commissions pontificales avaient fonctionné en Angleterre, à Chypre, en Allemagne, en Italie et dans les royaumes espagnols. Elles avaient abouti à des résultats très différents, la plupart concluant à l'innocence de l'Ordre. Le pape disposait donc d'une masse de documents de grande valeur, mais contradictoires. C'était bien entendu la commission pontificale de Paris qui avait accumulé le plus grand nombre de griefs. Était-ce à dire que les Templiers français, occasion de scandale, étaient les plus coupables, ou les seuls coupables? Il tombait sous le sens que cela n'était pas possible, les frères prisonniers n'ayant pu déposer librement. L'holocauste des cinquante-quatre frères envoyés au bûcher par l'archevêque de Sens, connu pour ses attaches avec le pouvoir, pesait lourd dans la balance et faussait les résultats de l'enquête. La lecture du procès-verbal éclaire parfaitement la position des membres de la commission française; leur évolution y est perceptible. Ils discernèrent promptement le montage politique de l'affaire par Philippe le Bel et Nogaret, et l'extravagance de presque tous les chefs d'accusation: l'adoration des idoles, la sodomie institutionnalisée ou même simplement permise, les baisers impudiques, l'omission volontaire des paroles de la Consécration par les chapelains de l'Ordre. Les baisers sur la bouche, lors des réceptions, n'étaient que les baisers de paix à la mode médiévale. Les cordelettes blanches dont se ceignaient les Templiers attestaient simplement leur condition de moines. Il n'y avait point de cathares parmi les chapelains, ni de «Temple noir» où se perpétuât une doctrine ésotérique. La commission dut se rendre à l'évidence: la Règle templière restait appliquée telle qu'à l'origine de l'Ordre, avec une discipline aussi rigoureuse et tatillonne. Sans doute existait-il, çà et là, des relâchements: mais quelles étaient alors les maisons religieuses qui en étaient exemptes? Au fond, le principal crime du Temple était l'abominable scandale suscité par Philippe le Bel et Nogaret. En supposant que Clément V eût décidé de sauver l'Ordre, en le réformant peut-être et en infligeant des pénitences à certains de ses membres, le Temple ne pouvait se relever de la honte où il était tombé. Et c'est bien là ce qu'avait calculé le roi.

Au surplus, l'affaire prit un jour nouveau, à partir des négociations entre le pape et les envoyés de Philippe le Bel. Le contentieux avec Clément V portait sur deux grosses questions: le procès posthume de Boniface VIII et la suppression du Temple. Philippe le Bel savait parfaitement qu'il n'obtiendrait pas entière satisfaction. Il s'intéressait moins à Boniface VIII qu'aux Templiers. Il abandonna donc le procès contre le défunt pontife, tout en demandant la levée de l'excommunication contre Nogaret. En revanche, Clément V lui abandonna les Templiers! Philippe le Bel aurait voulu qu'il prononçât la dissolution de l'Ordre «par provision», c'est-à-dire sans jugement au fond. Clément V reculait devant cette responsabilité; il s'obstinait dans sa volonté de soumettre le cas à un concile. Le roi finit par y consentir.

Le concile se réunit à Vienne (en Dauphiné) le 16 octobre 1311, groupant plus de cent prélats. On donna lecture des procès-verbaux des commissions pontificales, ce qui nécessita plusieurs séances, on l'imagine! A la suite de quoi, on débattit, puis on vota. O désagréable surprise pour le roi de France! A l'exception de quatre (dont l'archevêque Marigny), les pères conciliaires décidèrent d'entendre les Templiers, avant d'entamer la procédure. Clément V, lié par ses promesses envers Philippe le Bel plus que par son intime conviction, préféra clore la session. En février 1312, on apprit l'arrivée du roi et de sa suite, non point à Vienne mais dans les environs immédiats de cette ville. Le pape comprit la menace et agit en conséquence. Il rassembla quelques cardinaux en consistoire secret et rédigea la bulle *Vox Clamentis*. Lorsque le concile ouvrit sa seconde session, le 3 avril 1312, le pape lui soumit la bulle. Considérant la mauvaise réputation des Templiers, les soupçons et les accusations dont l'Ordre était l'objet, la manière et la façon mystérieuse des réceptions, Clément V prononçait l'extinction et l'abolition de l'Ordre, «NON SANS AMERTUME ET DOULEUR INTIME, NON PAS EN VERTU D'UNE SENTENCE JUDICIAIRE, mais PAR MANIÈRE DE DÉCISION EN ORDONNANCE APOSTOLIQUE...». Les pères conciliaires, peut-être soulagés, ne protestèrent pas contre cette décision unilatérale. Partout, déjà, la politique ternissait la pureté de la foi et l'on montrait envers le pouvoir une complaisance assez indigne. Ce qui aide à comprendre le lien secret existant entre l'affaire de Boniface VIII et celle du Temple! L'abolition de l'Ordre, par décision de Clément V mais à l'instigation de Philippe le Bel, n'est rien d'autre que la suite réelle de l'attentat d'Anagni. Le roi avait triomphé successivement de la volonté théocratique de Boniface VIII et de la dangereuse autonomie templière. Le pouvoir laïque primait désormais le pouvoir spirituel. Philippe le Bel avait balayé ces anachronismes. Le comportement impérieux de Boniface comme la singulière institution de couvents militaires, de moines-soldats, appartenaient à un âge révolu. Le monde moderne pouvait dès lors commencer; ce sont là ses premiers pas!

Par la bulle *Ad providam Christi Vicarii,* datée du 2 mai suivant, le pape attribuait les biens du Temple aux Hospitaliers, afin qu'ils servissent à recouvrer la Terre Sainte. Il n'exceptait que les biens templiers de Castille, d'Aragon et du Portugal affectés à d'autres ordres qui avaient d'ailleurs agrégé les ex-Templiers. Sur le plan matériel, l'affaire templière fut donc moins bonne pour Philippe le Bel qu'il ne l'avait espéré. Mais enfin ses agents avaient fait main basse sur toutes les liquidités, vendu le cheptel, l'outillage et jusqu'aux tuiles et aux ardoises des commanderies et de leurs annexes. Ce furent des terres à l'abandon et des immeubles vides qui furent restitués, non sans mal, à l'Ordre de l'Hôpital.

Pendant ce temps, les commissions diocésaines n'avaient pas suspendu leurs travaux; elles continuaient à juger les Templiers en tant qu'individus et l'extinction de l'Ordre n'arrêta point les procédures. Selon le cas, les ex-Templiers étaient réconciliés et absous, ou bien condamnés à l'emmurement (la prison), parfois perpétuel. Que firent ceux qui étaient élargis? Presque tous étaient pauvres: ils avaient donné leurs biens à des parents, lors de leur entrée au Temple. Ils gagnèrent leur vie comme ils le purent, entrèrent en d'autres couvents (quand on acceptait de les recevoir), se retirèrent dans leur famille (si elle avait les moyens de les héberger), ou devinrent errants, l'amertume rendant encore plus noires leur misère et leur déchéance. Clément V s'était réservé le jugement des dignitaires: Jacques de Molay, Hugues de Pairaud, Geoffroi de Charnay et Geoffroi de Gonneville.

Le 18 mars 1314, tous quatre furent extraits de leur geôle et conduits sur le parvis de Notre-Dame de Paris, afin d'entendre la sentence prononcée contre eux par les délégués apostoliques, parmi lesquels figurait l'archevêque de Sens, leur ennemi. Il y avait un grand concours de peuple. La vue des quatre dignitaires aux barbes et aux chevelures broussailleuses, hâves et loqueteux, éveilla la compassion. On les entendit répéter docilement la leçon apprise. Pour la dernière fois, ils confessaient publiquement les crimes de l'Ordre, sans en omettre un seul. Sans doute leur avait-on promis une peine légère, peut-être même la liberté, en échange de leur complaisance. Ce n'était pour eux qu'une humiliation après tant d'autres! Ils apprirent alors que les délégués apostoliques les condamnaient à la prison perpétuelle...

La fureur, la fierté de Jacques de Molay éclatèrent soudain. Il clama, il hurla à la face des cardinaux et du peuple de Paris que le Temple était innocent, que les crimes dont on l'accusait n'étaient que mensonges, que la Règle templière était sainte, juste et catholique, et qu'il méritait la mort parce que, dans son indignité, par la crainte des tourments et les tromperies du pape et du roi, il avait fait de faux aveux! Hugues de Pairaud imita son maître et cria lui aussi sa lâcheté et l'innocence de l'Ordre. Pour un peu, la foule, complètement retournée, se fût ruée sur l'estrade et eût fait un sort aux cardinaux. Un instant désemparés, ces derniers se ressaisirent. Les deux Templiers furent remis au prévôt du roi. Les prélats voulaient délibérer sur leur cas. Ils les eussent certainement envoyés au bûcher comme relaps, mais Philippe le Bel les devança et l'hostilité soudaine des Parisiens détermina sa promptitude. Il ordonna que Jacques de Molay et Hugues de Pairaud fussent brûlés le soir même, dans une petite île de la Seine, proche du jardin royal: exactement à l'actuelle pointe du Vert-Galant. Geoffroy de Paris, clerc royal assista à leur exécution. Il donne sur celle-ci des détails que l'on ne trouve chez aucun autre, car ils émanent d'un témoin, cela est tout à fait perceptible. Il raconte que Jacques de Molay, apercevant le bûcher, se dépouilla lui même de ses vêtements et apparut en chemise, le visage joyeux. On le lia à l'estache (au poteau).

Il dit:

*... seigneurs, au moins,*
*Laissez-moi joindre un peu mes mains*
*Et vers Dieu faire m'oraison.*

Selon Geoffroy, il aurait dit aussi:

*Que tous ceux qui nous sont contraires*
*Pour nous en auront à souffrir.*

Et il aurait demandé qu'on lui tournât le visage vers Notre-Dame:

*... et je vous prie*
*Que devers la Vierge Marie,*
*Dont Notre-Seigneur est né,*
*Mon visage vous me tourniez...*
*En cette foi je veux mourir...*

D'après un autre témoignage, alors que les flammes l'enveloppaient, le maître eût crié:

«Les corps sont au roi de France, mais les âmes sont à Dieu!» Hugues de Pairaud sut mourir avec le même héroïsme, la même fierté. Le ronflement des flammes étouffa leurs ultimes cris. Les deux corps calcinés tombèrent en cendres sous le regard glacial de Philippe le Bel. Que lui importait que Jacques de Molay et son compagnon fussent des martyrs! Désormais le Temple avait cessé d'être. La sublime protestation du maître obscurcissait encore un peu plus le mystère dans lequel, par cette nuit de mars, l'Ordre s'ensevelissait.

Mais l'opinion commençait à douter de la bonne foi du roi, à apercevoir la sinistre vérité. «Et au monde en est grand'bataille», déclare Geoffroy de Paris, lequel, à la fin de son récit, lance cette pointe:

*L'on peut bien décevoir l'Église,*
*Mais l'on ne peut en nulle guise*
*Dieu décevoir. Je n'en dis plus,*
*Qui voudra dira le surplus.*

SEPTIÈME PARTIE

# *LA FIN DES CAPÉTIENS*

## I

## ENGUERRRAN DE MARIGNY

Revenons aux Flamands et à leurs démêlés avec Philippe le Bel, plus précisément aux années 1308-1309. Ce fut au cours de cette période que se dessina l'influence politique d'un nouveau venu: Enguerran de Marigny, qui sut remplir les fonctions de ministre des Affaires étrangères, sans avoir d'autre titre que celui de chambellan, puis le rôle de «coadjuteur» du roi. C'était un petit noble normand qui commença probablement par être écuyer du chambellan Hugues de Bouville, puis entra comme panetier au service de la reine Jeanne de Navarre. Ce n'était pas un légiste, mais il avait le génie de l'intrigue et c'était un diplomate-né. Il parvint en peu de temps à se mettre dans les bonnes grâces de la reine et à attirer l'attention de Philippe le Bel toujours à la recherche d'hommes de talent. Il dut, dès cette époque, rendre divers services au roi qui le gratifia de la garde de la châtellenie d'Issoudun. Conseiller officieux de la reine, il accomplit sans aucun doute plusieurs missions sur son ordre. Quand elle mourut, en 1305, il fut l'un de ses exécuteurs testamentaires, mais Philippe le Bel l'avait déjà nommé chambellan. Il paraît s'être intéressé aux affaires de Flandre à partir de 1302. Ayant succédé à Bouville en qualité de premier chambellan, il devint ès qualités responsable de l'hôtel du roi, ce qui lui donna l'occasion de se faire de hautes relations et d'élargir ses activités. Peu à peu Philippe le Bel se persuada de son utilité. Les intransigeances de Nogaret (et de Guillaume de Plaisians) au sujet du procès posthume de Boniface VIII l'avaient probablement lassé. Il avait désormais moins besoin de champions que de «conciliateurs». Marigny, intelligent, imaginatif, souple et réaliste, était l'homme de la situation. Non point que Philippe le Bel retirât quoi que ce fût de leurs fonctions à Nogaret (qui était garde du sceau royal) ou à Plaisians, mais il confiait des missions de plus en plus importantes à Marigny. La sympathie qu'il éprouvait envers lui, était trop prononcée pour ne pas être qualifiée de favoritisme. A mesure qu'il vieillissait, il se reposait de plus en plus sur Marigny, avec lequel il était au surplus en parfaite symbiose pour la conduite des affaires. Apparemment même, en plus d'une circonstance, il lui aurait donné carte blanche pour négocier au mieux. Mais on connaît assez Philippe le Bel pour penser qu'il avait préalablement étudié avec soin les hypothèses laissées à la discrétion de Marigny. Que celui-ci fût parfois assez habile pour imposer son point de vue au roi, qu'il ait exercé une influence personnelle sur les affaires, cela est presque sûr. Mais, encore une fois, s'il n'y avait pas eu concordance de vues, Marigny n'aurait rien pu faire. D'ailleurs, il n'exerça une prépondérance réelle qu'à la fin du règne de Philippe le Bel et pendant à peine un an. Mais il est vrai que l'habile homme avait su capter la confiance du roi comme celle de Clément V. Il avait sans aucun doute plus d'esprit que de connaissances mais une ingéniosité et une promptitude intellectuelle qui contrastaient avec les pesantes arguties des légistes. C'était l'homme des solutions de rechange, adroit à progresser tout en ayant l'air de recourir aux cotes mal taillées, aux demi-mesures qui ne satisfaisaient personne, plus à l'aise à une table de négociations que dans les chevauchées militaires, bien qu'il fût d'extraction chevaleresque. Un tel caractère ne pouvait déplaire à Philippe le Bel, dont on sait qu'il ne crut jamais aux batailles, fussent-elles victorieuses. Le temps vint où Marigny partagea avec lui, – et lui seul! – l'exacte connaissance du trésor royal. Il savait donc ce qu'il était possible de financer, et ce qui ne l'était pas, où l'on devait s'arrêter, au risque de décevoir. Ce réalisme exigeant était sa marque; mais c'était aussi la caractéristique de Philippe le Bel. Il n'empêche qu'à sa manière Marigny restait un féodal, ou plutôt rêvait de devenir un grand baron; il ne cessa d'agrandir ses propriétés, d'accumuler sans prudence châteaux et seigneuries. Mais on a vu que Philippe le Bel, malgré son modernisme, gardait aussi la mentalité d'un haut seigneur. Ayant l'œil et l'oreille du roi, Marigny était respecté, mais encore plus envié et dénigré. Les grands étaient obligés de compter avec lui, mais cherchaient à le perdre. Il faut dire qu'il avait l'art d'entretenir les ambiguïtés et peut-être s'attribuait-il parfois une importance qu'il n'avait pas. Pourtant il était de fait que nombre d'affaires importantes passaient par ses mains et que les services royaux exécutaient ses ordres, bien qu'il n'eût eu d'autre titre que celui de chambellan! Parlant au nom de Philippe le Bel avec une assurance qui ne craignait point le désaveu, décidant en apparence pour lui (encore que les positions de repli aient été prévues), paraissant en Flandre dans un appareil quasi royal, menant un train quasi princier, courtisé par les feudataires (léchant la main qu'ils ne pouvaient couper), il était inévitable qu'on le prît pour l'alter ego du roi. Jamais Pierre Flote et Nogaret n'avaient assumé un pareil rôle. On pouvait croire que Marigny était le maître de la politique. Il ne l'était en réalité qu'assez peu. Le fait même que Philippe le Bel l'eût établi et le maintînt dans cette position démontre que Marigny n'était qu'un lieutenant, certes plus brillant que ses devanciers, mais lui aussi remplaçable et qui aurait eu quelque jour un successeur, si Philippe le Bel avait régné plus longtemps. On le répète, Flote comme Nogaret, comme Marigny, furent choisis en fonction de conjonctures précises. La faveur de Marigny ne s'explique que par ses aptitudes à débrouiller l'écheveau des affaires flamandes. Il ne faudrait pas pour autant minimiser le rôle qu'il assuma, ni même oublier qu'il fut, toutes proportions gardées, le prédécesseur de ces premiers ministres et surintendants des finances qui jalonnent l'histoire de la monarchie. Il en exerça, brièvement, la fonction sans en porter le titre et peut-être serait-il tombé dans l'oubli si sa réussite et sa fortune un peu trop rapide ne l'avaient finalement conduit au gibet de Montfaucon.

Au cours de l'entrevue de Poitiers (1307), Clément V, pour complaire à Philippe le Bel, avait ratifié le traité d'Athis, et menacé le nouveau comte de Flandre, Robert de Béthune, d'excommunication en cas d'inexécution de ce traité. On avait eu ensuite beaucoup de mal à recueillir l'adhésion des échevinages flamands. Bruges, la plus durement traitée, résista autant qu'elle le put et ne céda qu'à la contrainte. En réalité, si l'ensemble de la population flamande souhaitait l'apaisement du conflit avec la France, personne ne voulait payer et Robert de Béthune n'avait aucune envie de remettre Lille, Douai et Béthune, les châteaux de Cassel et de Courtrai, en gage de paiement. Le pouvoir qu'il détenait ne ressemblait en rien à celui de Philippe le Bel. Non seulement ce n'était pas un pouvoir absolu, mais il se heurtait constamment et dans tous les domaines aux libertés des communes. Philippe le Bel ne pouvait comprendre à fond cette situation, encore qu'il eût pris la précaution de recueillir le serment des échevins dans plusieurs circonstances importantes. Il s'obstinait à traiter le comte de Flandre en féodal, au nom d'un système périmé et qu'il s'efforçait de battre en brèche dans son propre royaume! Le pouvoir comtal reposait moins sur l'allégeance des échevins des grandes cité flamandes que sur leur adhésion; il était «parlementaire» de fait. La difficulté de gouverner était aggravée précisément par l'absence d'une assemblée, par la dispersion et par les rivalités des échevinages: on veut dire par là qu'il fallait traiter non pas avec l'ensemble des cités, mais avec chacune d'elles. Mais au sein même des cités l'opinion n'était pas unanime: les corps de métiers luttaient contre le patriciat. Les difficultés que l'on éprouva à lever l'énorme amende fixée par le traité d'Athis traduisent assez bien ces rivalités, chacun s'efforçant de faire payer le voisin et tout le monde accusant le comte de détourner une partie des fonds collectés. Philippe le Bel ne mesura point l'importance du parti populaire flamand. Il ne pouvait admettre que le comte, les nobles, le patriciat citadin, ne fussent pas à même d'imposer raison au menu peuple, ni que les corps de métiers aient pu constituer une puissance politique avec laquelle il fallait compter. Maintes fois il soupçonna le comte et le patriciat de pactiser au contraire avec le peuple, alors qu'ils essayaient simplement de rétablir leur autorité. Il y avait toutefois identité de vues sur un point: ne pas exécuter l'humiliant et coûteux traité d'Athis. Les négociations se succédèrent, dans le but de l'adoucir, sinon de le réduire à une simple paix. Elles aboutirent, dans une première phase, au traité de Paris, ratifié par le pape en 1310. Philippe le Bel avait, dans un esprit de conciliation, renoncé à ce que les remparts des cités flamandes fussent démantelés (comme le prévoyait le traité d'Athis), exception faite de Bruges. Nogaret avait eu quelque rôle dans ces négociations; mais, déjà, c'était l'avis de Marigny qui prévalait. Le garde des sceaux eût volontiers poussé au châtiment des cités rebelles. Marigny préférait les solutions pacifiques, fussent-elles décevantes. Il savait, aussi bien que Philippe le Bel, que la situation du trésor ne permettait pas de faire la guerre dans des conditions favorables. Néanmoins il n'hésitera pas à pratiquer le chantage à la guerre, l'intimidation: cette politique ne sera pas comprise.

Il va sans dire que le traité de Paris se révélait aussi inapplicable que celui d'Athis. Bruges en faisait les frais; elle demanda en vain l'aide pécuniaire des autres villes, qui la lui refusèrent. Par surcroît et contre toute attente, Clément V refusa à Marigny d'excommunier les Flamands, malgré les engagements qu'il avait souscrits à Poitiers. On décida donc de reprendre les négociations sur de nouvelles bases. Cette fois, c'était Marigny qui était chargé de conduire l'ambassade française. Son interlocuteur principal était Louis de Nevers, fils aîné du comte de Flandre. La rencontre eut lieu à Tournai, en 1311. On disputa âprement et pour rien. Marigny eut le tort d'affirmer trop péremptoirement que la paix d'Athis était «débonnaire et gracieuse», Philippe le Bel ayant le droit d'annexer purement et simplement le comté de Flandre. Ensuite il «exigea» l'abdication de Robert de Béthune moyennant diverses compensations. Il va sans dire qu'il se heurta à un refus catégorique, mais il ne voulait pas autre chose. Philippe le Bel avait en effet décidé de modifier sa politique. Dans ce dessein, il était indispensable de mettre le comte de Flandre en difficulté: c'est ce que Marigny venait de faire en présentant une demande irrecevable. Les comtés de Nevers et de Rethel, qui appartenaient à Louis de Nevers, furent confisqués. Louis et son père furent cités à comparaître pour répondre de l'inexécution du traité. Simultanément Philippe le Bel s'efforçait de dissocier les intérêts des corps de métiers de ceux du patriciat et du comte de Flandre.

Une seconde conférence s'ouvrit à Tournai, le 15 octobre, en l'absence de Robert de Béthune et de son fils, qui s'étaient abstenus parce qu'ils craignaient, non sans raison, d'être arrêtés. Du côté flamand, il n'y avait que les députés des villes convoqués tout exprès. Marigny leur fit la leçon. Il déclara que les véritables et constants ennemis du peuple flamand étaient ses comtes! Que le vrai maître de la Flandre et son protecteur naturel, c'était le roi de France, lequel était prêt à recevoir l'appel du Flamand le plus humble, à réparer les torts qu'il aurait subis, et à en châtier le comte. Le procès que l'on projetait contre lui, ne visait pas son peuple. C'était le comte, et personne d'autre, qui refusait d'exécuter le traité et détournait à son profit les fonds destinés au roi, son seigneur. Et Marigny rappelait le sort réservé naguère au duc de Normandie et au comte de Toulouse.

Cette diatribe n'émut pas l'assistance. On se sépara sans résultats. La tentative de Philippe le Bel de désolidariser les Flamands de leurs princes avait échoué. On ne pouvait croire à la sincérité du roi. Une fois de plus, Philippe le Bel et Marigny infléchirent leur politique. A la fin de la même année Louis de Nevers se présenta à la cour; son père s'était abstenu. On reprocha à Louis d'avoir excité le peuple flamand contre le roi et la paix; autrement dit, on l'accusa du double crime de rébellion et de lèse-majesté. Ce fut en vain que Louis de Nevers protesta, avec la dernière violence: il avait un tempérament impulsif. On l'arrêta sur-le-champ et on l'envoya dans la tour de Moret. Puisqu'on se référait au droit féodal pour l'inculper, il réagit en féodal et proposa un duel judiciaire pour soutenir sa cause. Mais on a déjà vu que Philippe le Bel n'empruntait au droit féodal que les dispositions servant son intérêt. Louis de Nevers fut menacé de mort, puis d'emprisonnement perpétuel. Cependant on le transféra à Paris et il fut simplement gardé à vue dans son hôtel. Il en profita pour enivrer ses gardiens au cours d'un festin et s'évader. Il galopa d'une traite jusqu'en Flandre impériale. Cette évasion ne surprit pas Philippe le Bel. Dans quelle mesure n'était-elle pas prévue? Elle eut en tout cas pour résultat de diviser le père et le fils, car Robert de Béthune choisit de céder.

Il comparut devant la cour des pairs qui voulut bien l'absoudre, parce qu'il se reconnaissait «coupable». C'était le moment attendu par Philippe le Bel et par Marigny. Ce dernier, pour en finir avec le traité d'Athis, obtint de Robert de Béthune la cession de Lille, Béthune et Douai, en dédommagement de la rente perpétuelle de vingt mille livres promise au roi. Ce fut ce qu'on appela «le transport de Flandre». Ce «transport» n'était autre qu'un transfert de propriété portant sur trois riches cités et sur les régions avoisinantes. L'acte fut signé le 11 juillet 1312. Mais Louis de Nevers n'accepta pas de voir son futur comté mutilé de la sorte. Il rameuta les corps de métiers et, contre son gré, à peine de perdre tout crédit aux yeux de son peuple, Robert de Béthune dut emboîter le pas. On crut que la guerre allait recommencer. Les Flamands ne se souvenaient que de Courtrai et les Français de Mons-en-Pévèle. Philippe le Bel réunit une armée, qui occupa Courtrai et ne fit rien de plus. Le légat envoyé par Clément V arrêta les hostilités. C'était le cardinal de Fréauville, cousin de Marigny! On ne courait pas le risque que cet «arbitre» prît parti contre le roi. Le pauvre Robert de Béthune promit tout ce qu'on voulut, une fois de plus.

A la fin de 1313, la situation se détériora à nouveau. Français et Flamands étaient résolus à se battre. Les turbulences de Louis de Nevers portaient leurs fruits. Henry VII étant mort (empoisonné par une hostie, selon Geoffroy de Paris!), Louis posa sa candidature à l'empire avec des chances de succès. Philippe le Bel avait essayé vainement de pousser la candidature d'un de ses fils (le futur Philippe V le Long). Que Louis de Nevers fût élu, et l'échiquier de l'Europe eût été bouleversé; jamais le nouvel empereur n'aurait accepté de renouveler l'alliance désormais traditionnelle entre la France et l'Empire. Cela décida Philippe le Bel à la guerre. Il infligea un ultime sacrifice à ses sujets. On se saigna aux quatre veines; c'était vraiment le dernier effort que les Français, appauvris par les dévaluations et par une fiscalité galopante, pouvaient consentir Geoffroy de Paris:

*Le conseil que le roi a dur*
*Nous mit de bémol à bédur,*
*S'en va le monde à déchéance...*

Les Flamands libérèrent Courtrai, vinrent mettre le siège devant Lille et Douai. On ne pouvait plus tabler sur la complaisance de Clément V pour les excommunier ou pour dépêcher quelque arbitre de l'espèce de Fréauville: il était mort le 20 avril 1314; comme dit Geoffroy de Paris:

*Après Pâques, à la quinzaine,*
*Droit au mardi de la semaine,*
*Mit à Clément, notre apostole,*
*Sous le banc la mort sa viele.*

Les Français se dirigèrent vers Tournai, qu'ils débloquèrent le 20 août. Les Flamands levèrent d'eux-mêmes le siège de Lille. Jean de Namur rencontra Marigny à Marquette. Le 3 septembre, la paix était faite. Philippe le Bel restituait les comtés confisqués à Louis de Nevers, mais il gardait Lille, Courtrai, Béthune et Douai. Bien entendu, la convention de Marquette ne dénouait nullement le conflit. Elle n'eut d'autre conséquence que de provoquer la colère des Français, car finalement cette armée qui avait coûté si cher rentrait sans avoir rien fait. L'accroissement qu'elle procurait au royaume était tenu pour rien. On aurait voulu une grande victoire, l'écrasement des rebelles flamands. Marigny, qui avait été le principal négociateur, fut accusé d'avoir trahi le roi. On ne comprenait point qu'il l'avait au contraire servi fidèlement, en le tirant de cette impasse. Mais la noblesse n'avait cure de ces considérations; frustrée d'une victoire qui lui paraissait assurée, elle se mit à haïr le «coadjuteur» du roi. Et d'autant que, loin de perdre la faveur de Philippe le Bel, Marigny recevait une nouvelle mission de confiance: celle de préparer l'élection de son cousin, le cardinal de Fréauville, comme successeur de Clément V. S'il avait réussi, qu'elle n'eût pas été la destinée de ce petit chevalier normand!

## II

# LES BRUS DU ROI

Le jour de la Pentecôte 1313, Philippe le Bel conféra la chevalerie à ses trois fils: Louis qui était l'aîné, et ses deux frères puînés, Philippe et Charles. Ce fut l'occasion de festivités encore jamais vues, au dire des témoins. Elles ne durèrent pas moins d'une semaine. En les racontant tout au long avec un luxe de détails qui fait sourire, Geoffroy de Paris atteint presque au lyrisme. Cette fête splendide, pendant laquelle on oublia les impôts, la dévaluation et les affaires flamandes, fut la dernière du règne de Philippe le Bel, pareille à l'ultime rayon de soleil avant l'orage. Et certes, rien ne laissait alors prévoir la tragédie qui allait frapper la Maison capétienne, déshonorer trois princesses, ridiculiser leurs époux, remettre en cause l'avenir de la lignée royale et jeter Philippe le Bel dans un chagrin mortel. Le roi d'Angleterre, Édouard II, accompagné d'Isabelle de France, assistait à la chevalerie de ses beaux-frères. Mais on y avait convié tout ce que le royaume comptait de hauts seigneurs et de dignitaires: les ducs de Bourgogne et de Bretagne, les comtes d'Artois, de Saint-Pol, de Clermont, de Hainaut, de Dreux, de Sancerre, d'Armagnac, de Foix, une multitude de barons de moindre importance. Geoffroy de Paris se délecte à les énumérer, tant cette brillante assistance impressionna le modeste clerc qu'il était! Le pauvret n'en croyait pas ses yeux. Il ne comprenait point que ces fêtes dispendieuses étaient en réalité un instrument politique entre les mains des rois: prétexte pour rassembler la haute noblesse, entretenir le loyalisme des feudataires; moyen de réaffirmer la prééminence du monarque, de faire sentir sa richesse et sa puissance. Mais, en 1313, l'organisateur n'était autre que Marigny, qui tenait les cordons de la bourse. Il fit les choses grandement et habilement, car le peuple de Paris fut largement associé aux festivités. Pendant des jours et des jours, on put s'ébahir, s'amuser, se restaurer et boire plus que de raison, faire de bonnes affaires, en attendant d'être imposé pour l'ultime campagne de Flandre. Dans la suite royale, ce fut la reine Isabelle d'Angleterre que Geoffroy de Paris remarqua surtout. Il ne tarit pas d'éloges sur sa beauté. Il déclare que jamais les Anglais n'ont eu une aussi belle reine:

*Ainsi dit ma dame Isabeau*
*Qui cœur afin et le chef beau.*
*Hardiment bien dire j'ose*
*Que c'est des plus belles la rose,*
*Le lis, la fleur et l'exemplaire:*
*Bref, elle n'a point de paire (pareille).*

Geoffroy décrit les rues de Paris pavoisées de «blanc, noir, jaune, rouge ou vert», les riches atours des princes et de la noblesse, les joyaux des dames, le banquet royal fastueux, les grandes torches brûlant en plein midi, l'abondance de luminaires de cire, les joutes. L'animation, la joie, les prouesses des chevaliers, les cris de la foule, lui font perdre le fil de ses idées. Il voudrait tout dire à la fois, ne rien omettre, car il espère que son récit passera à la postérité; il écrit à l'intention de ceux «qui naîtront». Il oublie presque de mentionner que Philippe le Bel et ses fils, son gendre le roi d'Angleterre, la noblesse des deux royaumes, avaient annoncé solennellement leur intention de se croiser. Ils avaient en effet reçu la croix des pèlerins, au cours d'une magnifique cérémonie, des mains du légat du pape, Nicolas de Fréauville. Se sont-ils engagés de cœur à partir pour la Terre Sainte, ou seulement des lèvres? De toute manière, la croisade n'aura pas lieu; trop d'événements requerront l'attention des uns et des autres en venant bouleverser la situation. Il est probable que Clément V ne crut pas davantage à cette croisade, mais enfin il ne pouvait refuser les décimes indispensables à sa préparation!

Après les joutes et les banquets, la ville de Paris offrit ses divertissements: un défilé des bourgeois et des corps de métiers formant un cortège de vingt mille cavaliers et de trente mille piétons, un pont de bateaux jeté sur la Seine et construit en deux journées, des concerts aux carrefours, un théâtre en plein air, où l'on vit l'Ancien et le Nouveau Testament, mais aussi l'histoire de Renart, tour à tour «physicien et mire», évêque, archevêque et pape, mais encore des animaux sauvages ou fabuleux, lions, léopards, sirènes. Il y eut même des chasses simulées. Paris illumina pendant trois nuits. Partout, ce n'étaient que chants, rondes et danses. Les parures des bourgeoises surprirent les Anglais. Ils ne croyaient pas que la capitale du royaume recelât tant de gens riches.

Les cours de France et d'Angleterre se transportèrent ensuite à Pontoise. Pendant la nuit, un incendie ravagea le logis du roi d'Angleterre. Édouard n'eut que le temps de se sauver en chemise, emportant la reine Isabelle dans ses bras. Geoffroy:

*Car il l'aimait d'amour fine.*
*C'était la plus belle des belles,*
*Comme soleil sur les étoiles,*
*La noble et sage dame Ysabeau.*
*Son père des beaux le plus beau,*
*C'est bien droite égalité*
*Que bel engendre grand'beauté.*
*Le roi la sauva par prouesse*
*Et plusieurs dont il eut détresse,*
*Mais amour le fait œuvrer*
*Pour soi et les siens retrouver*

Que se passa-t-il à Pontoise, au cours de cet incident? Que découvrit-on? Quel est le sens de ces vers obscurs par lesquels Geoffroy en dit trop ou trop peu?

*Ainsi ce péril d'outrage,*
*Dont Maubuisson y eut dommage;*
*Si s'en sentirent une pièce*
*Fils et fille, neveu et nièce.*

Une petite scène, relatée dans une chronique flamande mais certainement exacte, montre quelle était l'ambiance intime de la famille royale à cette époque. La cour séjournant à Vincennes, les fils de Philippe le Bel invitèrent leur oncle, Charles de Valois, à un spectacle de marionnettes qu'ils avaient improvisé :

«Y avait un lit paré de drap d'or, sur lequel gisait un personnage à la semblance du roi. Puis avait ledit maître[1] plusieurs images faites et ordonnées à la semblance de plusieurs grands seigneurs, lesquels vinrent pour parler au roi l'un après l'autre. Premier y vint Charles de Valois, qui heurta à l'huis de la chambre et dit qu'il voulait parler au roi, dont lui dit le chambellan: «Monseigneur, vous ne pouvez parler, car le roi l'a défendu.» Dont se partit de l'huis tout courroucé. Puis y vinrent les autres frères du roi, et puis Louis de Navarre et Charles de La Marche, à qui on répondit tout pareillement. Après ceux-ci vint Enguerran de Marigny, en grand boban (appareil), avec trois sergents à masse devant lui, auquel on ouvrit la chambre en disant: «Monseigneur, bien soyez venu, le roi a grand désir de parler à vous. «Puis s'en alla jusqu'au lit du roi. Quand Enguerran, qui était à la fenêtre, se perçut que ledit jeu était pour le moquer, moult en fut argué. Quand Louis de Navarre et Charles son frère dirent que c'était leur fait, le roi se fâcha et les châtia.»

On notera que leur frère Philippe (le futur Philippe V) n'était pas de la partie. Il n'était pas d'un caractère spécialement facétieux, ressemblant plutôt à son père dont il avait l'intelligence et la gravité. On notera aussi que Philippe le Bel prenait le parti d'Enguerran et que, malgré son autorité, il ne pouvait cependant imposer son favori à la famille royale. Les princes ne se contentaient pas de mépriser Marigny, malgré la confiance que lui montrait leur père, mais ils le frondaient et se moquaient de lui ouvertement. Ce qui laisse supposer que, dans son privé, le terrible roi devait manifester quelque indulgence à l'égard de ses enfants. J'estime pour ma part que sa colère en apprenant la petite farce de Louis et de Charles était surtout due à leur puérilité. Il est d'ailleurs probable que Philippe le Bel se sentait quelque peu étranger dans sa propre famille. La reine n'était plus là pour donner le ton et diriger la maison.

C'étaient, depuis plusieurs années, ses trois brus qui étaient maîtresses du palais et régentaient toutes choses. Trois jeunes femmes rieuses, élégantes et belles et qui ne se souciaient de rien sauf de leurs parures et de leurs divertissements! Marguerite,

1. Il s'agit du montreur de marionnettes.

fille du duc Robert II de Bourgogne, avait épousé, en 1305, le futur Louis X le Hutin, fils aîné du roi, et déjà roi de Navarre. Jeanne, fille d'Othon, comte palatin de Bourgogne (Franche-Comté) et de Mahaut, comtesse d'Artois, avait épousé, en 1307, le futur Philippe V le Long, comte de Poitiers. Et Blanche, sœur de Jeanne, en 1308, le futur Charles IV le Bel, comte de La Marche. Les trois brus redoutaient quelque peu leur beau-père, mais il était souvent absent et quasi toujours occupé! Elles ne craignaient pas du tout leurs maris, surtout Marguerite et Blanche. Les jeunes princes étaient, semble-t-il, aussi beaux que leur père, mais Louis était un colérique et Charles, un anxieux. Nul ne surveillait la jeune reine de Navarre ni ses belles-sœurs, tant, chez les Capétiens, épouses et princesses jouissaient d'une réputation sans tache. Il était acquis, dans la famille royale, que les femmes ne pouvaient qu'être fidèles! Le hautain souvenir de Blanche de Castille était toujours vivant. Cependant des rumeurs commençaient à courir dans les couloirs du palais, peut-être dans Paris. Comme il est de règle en pareil cas, les principaux intéressés furent les derniers à les connaître.

Ici nous entrons en plein mystère! Un mystère soigneusement entretenu et exploité par maintes œuvres romanesques, souvent passionnantes il faut le dire! J'incline à croire que la délation était fréquente dans l'entourage de Philippe le Bel, sans aller jusqu'à prétendre qu'elle était institutionnelle. L'indécent murmure des courtisans venant aux oreilles de Philippe le Bel, on procéda à une enquête. Il ne dut pas être difficile de tendre un piège aux coupables et de les prendre sur le fait. Cela en bonne logique, et si l'on tient compte des procédés en vigueur. Mais enfin certaines chroniques – qui ne peuvent tout de même pas être entièrement récusées – donnent une autre version des faits, à vrai dire peu reluisante et qui eût bien déçu l'admiration de Geoffroy de Paris pour la belle reine d'Angleterre, «soleil sur les étoiles»! Ces chroniques font état de la jalousie d'Isabelle d'Angleterre, jeune épousée et déjà délaissée par son époux (qui lui préférait les jeunes hommes), à l'encontre de ses belles-sœurs, en particulier de la reine de Navarre et de la comtesse de La Marche. Elle aurait remarqué leur insolent bonheur, mais aussi le manège de deux jeunes écuyers, les frères d'Aunay. Prise de soupçons, elle eût offert des aumônières à Marguerite et à Blanche. Et quelle n'eût pas été sa surprise de voir les frères d'Aunay les arborer! Il se peut aussi qu'elle eût surpris quelque secret lors du tumulte de Pontoise si complaisamment retracé par Geoffroy de Paris. Tout cela n'est que supputations. La tradition veut qu'elle eût ensuite effectué un bref séjour à Paris, au cours duquel elle eût elle-même averti Philippe le Bel du déshonneur de ses fils. Il est hors de doute qu'elle en eût été capable, car elle avait l'esprit implacable de son père et la suite de son existence montre assez son cynisme et son aptitude à se venger: par la suite ne fit-elle pas périr son mari de façon atroce et ignominieuse, après l'avoir écarté du pouvoir avec l'aide de Mortimer, son amant, et cela pour gouverner seule l'Angleterre!

Quoi qu'il en soit, Philippe le Bel fut informé du comportement de ses brus. Il s'en alla à Maubuisson, pour réfléchir et méditer sur ce scandale, qui était aussi une catastrophe politique et familiale sans précédent. Il faut bien comprendre qu'il ne s'agissait pas pour le roi d'un simple adultère, mais de l'avenir de la dynastie. Deux solutions s'offraient à lui: ou tirer des coupables un châtiment exemplaire montrant par là que la justice royale n'épargnait personne, pas même les princes, ou agir secrètement. Mais ce qui incite à croire que l'on avait procédé à une enquête, c'est que Philippe le Bel préféra le châtiment public. Le scandale devait être assez répandu pour qu'il parût impossible de l'étouffer. Sans doute consulta-t-il ses fils: seul Philippe le Long était capable de garder son sang-froid et d'émettre un avis sensé; d'ailleurs le cas de sa femme était moins grave. Soudain, la justice du roi frappa comme la foudre. Les trois princesses furent arrêtées et conduites en prison. Ainsi que les deux frères, Philippe et Gautier d'Aunay. En droit féodal, l'adultère commis avec la femme de son seigneur était assimilé au crime de haute trahison et puni de mort. Dans le cas des frères d'Aunay s'y ajoutait la lèse-majesté, puisqu'il s'agissait de personnes appartenant à la famille royale. On leur appliqua la question. Philippe avoua qu'il était l'amant de Marguerite, reine de Navarre, et Gautier de Blanche, comtesse de La Marche. Sous l'empire de la souffrance, ils donnèrent tous les détails de leur double liaison, remontant à deux ans et demi, le lieu des rencontres, le nom des complices. La reine de Navarre commença par nier. Les aveux de Philippe d'Aunay la confondirent. Il en fut de même de Blanche, laquelle, toute jeunette encore, ne savait que gémir. Quant à Jeanne, sa sœur, elle protestait de son innocence avec un emportement qui impressionna ceux que Philippe le Bel avait chargés de l'interroger. La culpabilité de Marguerite et de Blanche étant établie, on les dépouilla de leurs atours pour les vêtir de robes de bure; on coupa leurs beaux cheveux et on les conduisit à Château-Gaillard. Les interrogatoires montraient que Jeanne n'avait point commis l'adultère, mais qu'elle était complice de sa sœur et de sa belle-sœur: connaissant leur liaison, elle ne l'avait pas dénoncée par peur de complications. Elle supplia Philippe le Bel de la faire juger. Il répondit froidement:

«Dame, nous saurons de ce, et droit nous vous en ferons, mais vous demeurerez par devers nous.»

On la conduisit au château de Dourdan dans un chariot bâché. Elle criait aux passants:

– «Pour Dieu, dites à mon seigneur Philippe que je meurs sans péché!»

Diverses personnes furent torturées, et discrètement noyées en Seine, dont un huissier qui avait facilité les rencontres des amants. Les Parisiens, apprenant l'arrestation des trois brus, furent stupéfaits. A la mode du temps, on parla de philtres d'amour pour excuser leur faute. La sentence de Philippe le Bel s'abattit sur les frères d'Aunay. Leur exécution fut horrible, ignominieuse, marquée par un véritable sadisme. Elle eut lieu à Pontoise, en présence du peuple. Les malheureux furent d'abord écorchés vifs:

*Puis fut leur nature coupée,*
*Aux chiens et aux bêtes jetée.*

On traîna les deux corps sanglants jusqu'au gibet, auquel on les suspendit après les avoir décapités. Cette boucherie, à la vue de Marguerite et de Blanche enfermées dans leur chariot, à ce que l'on dit; et ce raffinement de cruauté ne surprendra pas! Étant la plus coupable, la reine de Navarre fut placée dans une geôle haute de Château-Gaillard. Elle passait ses journées à pleurer, à exhaler ses regrets et son repentir, et ne put résister longtemps à l'humidité glacée des murailles. Blanche était dans une salle basse, moins éventée. Elle s'accrochait à la vie, sinon à l'espérance d'être un jour pardonnée. Elle se consola comme elle put et devint grosse, peut-être de son geôlier. Au bout de sept ans de captivité, on l'interrogea à nouveau, non pas sur l'adultère avec Gautier d'Aunay, mais parce que son époux voulait faire annuler leur mariage. Elle était très calme, mieux que résignée, presque rieuse. On adoucit sa captivité. Elle mourut en 1326, religieuse à l'abbaye de Maubuisson. Quant à Jeanne, ses protestations d'innocence portèrent leurs fruits. Après la mort de Philippe le Bel, son époux la reprit et elle devint reine de France. Sans doute n'avait-elle agi que par légèreté: les princes et princesses capétiens étaient encore si jeunes en 1314! Mais on ne peut s'empêcher de penser que sa répudiation eût, peut-être, remis en cause la possession de la Franche-Comté. Le futur Philippe V était aussi calculateur que son père.

Il semble que la cruauté de Philippe le Bel fut à la mesure de la honte et de la douleur qu'il éprouva. Sa succession paraissait assurée, non celle de ses fils. Seule Marguerite avait eu une fille encore vivante, dont on ne savait si elle avait pour père Louis le Hutin ou Philippe d'Aunay. L'adultère n'étant point pour l'Église un cas d'annulation, les trois princes restaient sans femmes, et la situation paraissait inextricable.

## III

# LES LIGUES

La réorganisation du Trésor, résultant de l'ordonnance de 1313, n'eut pas l'importance que lui ont prêtée quelques historiens. Elle se limita à définir les compétences entre deux services, d'ailleurs traditionnels: le trésor du Temple et celui du Louvre. Les Capétiens ne mettaient pas leurs œufs dans le même panier! Contrairement à ce que l'on a dit, cette ordonnance n'attribuait point les recettes et les dépenses ordinaires au trésor du Temple et les extraordinaires à celui du Louvre. Il y avait au contraire interférence, pour ne pas dire imbroglio, entre les recettes et les dépenses ordinaires et extraordinaires. Ce système volontairement complexe était une invention d'Enguerran de Marigny. Les deux trésoriers du Temple, comme ceux du Louvre, devaient s'engager par serment à garder le secret sur leurs opérations, sauf instructions du roi ou de Marigny. Ils ne pouvaient ordonnancer aucune dépense sans l'autorisation du roi ou de Marigny. Quel était le but de ce dernier? Imposer une unité de vues, rendue nécessaire par l'extension des services financiers et administratifs; en fait, contrôler toutes les opérations, dans un sens comme dans l'autre. Marigny venait bel et bien de créer la surintendance des finances, sans en porter le titre. Il restait chambellan du roi et ne percevait que le traitement attaché à cette fonction. Mais il était en réalité le seul maître du budget de l'Etat, de par la volonté de Philippe le Bel. Par là même, il endossa aux yeux de l'opinion l'entière responsabilité de dépenses jugées excessives, somptuaires. Mais il faisait fond sur l'approbation royale et dédaignait la calomnie. Il n'hésitait nullement à se faire remettre par les trésoriers des sommes considérables, avec l'aveu du roi, mais dont il était seul à connaître la destination ou l'emploi. Charles de Valois et les autres princes capétiens, les seigneurs de la cour et les hauts dignitaires admettaient de plus en plus mal que le roi plaçât sa confiance dans ce parvenu. Ils considéraient d'un œil envieux ses richesses sans cesse croissantes, et guettaient un faux pas. Marigny, grisé par sa réussite et par la dilection que lui montrait le roi, se croyait hors d'atteinte. Mais l'opinion murmurait, l'opposition grandissait, dans l'ombre. Sans le savoir, Enguerran était en train de devenir le bouc émissaire d'un régime trop pesant, d'un règne trop long. Il est vrai qu'il ne pouvait deviner que Philippe le Bel ne passerait pas l'année. Geoffroy de Paris qui le détestait, tout en enviant sa réussite, énumère avec complaisance les griefs qu'on lui imputait. On lui reprochait d'abord d'avoir accaparé la faveur de Philippe le Bel:

*En cette année que j'ai dit,*
*Ce chevalier, sans contredit,*
*Enguerran ci-dessus nommé,*
*Fut au royaume moult renommé,*
*Du roi Philippe il était sire,*
*Nul de rien ne l'osait dédire;*
*Tout était fait comme il voulait.*
*Et du parti qu'il se coulait (adoptait)*
*Le roi faisait entièrement;*
*De tout eut le gouvernement.*
*Nul vers le roi Philippe aller*
*Ne pouvait, ni lui parler,*
*Si de sa volonté n'était.*

Geoffroy lui reproche d'avoir manigancé l'affaire de Flandre, au grand dommage du royaume:

*Ce fut lui qui fit les accords*
*En Flandre et tailles lever*
*Dont fut le royaume grevé.*

D'avoir fait à sa guise des cardinaux et des prélats, d'avoir établi des chanoines dans sa fondation d'Écouy comme l'eût fait un grand seigneur, et de s'être enrichi avec l'aide du diable et de nécromanciens:

*Fut celui qui fit cardinaux,*
*Aussi le pape tint en ses las (lacets),*
*Que de petits clercs fit prélats.*
*Il fit prieurs, abbés et moines,*
*Et à Écouy chanoines*
*Rentés, moustiers et grands manoirs*
*Qui ne furent pas tous aux hoirs (à ses aïeux).*

Il est exact qu'un des frères d'Enguerran fut archevêque de Sens et que le reste de sa famille ne fut pas oublié. Mais c'était la manière du temps: Boniface VIII n'avait pas agi autrement à l'égard des Caetani et Clément V à l'égard des siens. Geoffroy accuse aussi Marigny d'avoir fait et défait les trésoriers et maître des comptes, afin de peupler les services royaux de ses créatures, ce qui n'était pas entièrement faux.

Mais voici l'accusation majeure, celle qui se rapporte à la convention de Marquette avec les Flamands:

*Tous les accords, trêves baillées,*
*Qui en Flandre furent données,*
*De temps passé tout ce fit-il;*
*Aussi eut d'eux deux cents et mil*
*De livres, plus qu'on ne sait,*
*Dont de maintes parts on le hait.*

Selon l'opinion commune et celle de Geoffroy, Marigny aurait donc vendu la convention de Marquette aux Flamands, deux cent mille livres ou plus! Et Geoffroy apporte comme preuve les charretées de draps flamands amenés après la trêve à la foire d'Écouy, créée par Enguerran:

*Et bien parut en cette année,*
*Car depuis que trêve fut baillée*
*Fut, à chars et à chariots,*
*A grands peines, à grands riots (disputes);*
*Quand ces choses furent ouïes,*
*Draps de Flandres à Escouy*

*Furent amenés à sa foire.*
*Si surent bien tous, et sans croire,*
*Que tel présent lui était fait*
*Pour la trêve qu'il avait faite.*
*Ce fait se passa en telle guise*
*A dommage, comme le devise,*
*Mais le profit eut Enguerran*
*Qui avait l'olivier courant.*

Il est certain que la convention de Marquette fut la goutte d'eau qui fit déborder le verre. On avait mobilisé – une fois de plus aux frais des contribuables – une grosse armée dont on attendait merveille. Elle était revenue sans avoir rien fait par «la trahison» de Marigny. On se demanda quand s'arrêteraient les exigences du «coadjuteur». La noblesse se sentait déshonorée, à tout le moins discréditée. En cette fin d'été 1314, on parla beaucoup dans les villages et les châteaux et l'on commença à se grouper. Un vent de fronde passait sur le royaume. On n'en voulait point à la personne du roi: Philippe le Bel, malgré son despotisme à peine voilé, bénéficiait de l'attachement viscéral des Français pour les Capétiens. C'était à Marigny, aux chevaliers ès lois, que l'on s'en prenait. Les seigneurs n'acceptaient pas d'être réduits en servitude par les légistes. Les dévaluations successives diminuaient leurs revenus. Beaucoup étaient appauvris par les ponctions fiscales et par les dépenses résultant de campagnes jugées inutiles. Et surtout ils n'admettaient pas le progrès de l'étatisation, la mainmise du pouvoir central sur des institutions plusieurs fois séculaires et qui fonctionnaient naguère à leur profit. C'était leur indépendance et leurs privilèges qu'ils regrettaient. Ils avaient naguère l'exclusivité du service militaire; Philippe le Bel en avait étendu le principe au tiers état. Nombre d'entre eux détenaient un droit de justice; sans l'abolir, Philippe l'avait émietté et subordonné à l'appel devant le parlement. Ils étaient exemptés d'impôts; Philippe avait prélevé une part de leurs revenus et même de leur capital. Par surcroit, les bourgeois acquéraient des fiefs et s'acheminaient vers la noblesse. Mais surtout leur individualisme – c'était la forme que la liberté prenait chez les nobles – avait dû s'effacer devant l'autorité souvent tatillonne des agents royaux. La crainte d'un nivellement général les faisait frémir. Ils auraient plus facilement accepté les sacrifices que l'on exigeait d'eux, s'ils avaient pu briller dans les batailles, se tailler des réputations glorieuses. Mais Philippe le Bel n'aimait pas la guerre. Il préférait négocier des trêves. Les grands seigneurs perdaient encore davantage et sur tous les plans. Naguère les rois les associaient à leurs décisions; ils leur confiaient les commandements, les hautes charges, les missions diplomatiques. Philippe le Bel ne se servait que de petits nobles et de bourgeois. Ses administrateurs et ses diplomates étaient les chevaliers ès lois. Il ne s'appuyait sur les grands feudataires et les barons du royaume qu'en cas de nécessité absolue et pour obtenir leur adhésion sans débats. Encore avait-il associé le tiers état à ces assemblées de pure forme. Quant aux princes de la famille royale et aux dignitaires de la cour, ils étaient pareillement réduits à l'obéissance et domestiqués, souffrant de n'être plus écoutés – ou si peu! – et, plus encore, de la faveur dont jouissait insolemment Marigny. Quant au tiers état, s'il ne prétendait pas encore assumer un rôle politique, encore que Philippe eût, à plusieurs reprises, convoqué ses députés avec ceux du clergé et de la noblesse, les sujets de mécontentement ne lui manquaient pas. Les prélèvements fiscaux de plus en plus lourds et répétés, le «remuement» des monnaies, la hausse des prix, l'avaient durement éprouvé. Il ne comprenait pas que l'impôt devînt permanent. Il faut lire la chronique de Geoffroy de Paris pour se donner une idée exacte de l'opinion du Français moyen en 1314. Ce sont surtout les fonctionnaires royaux que l'on tient pour responsables des malheurs, en particulier de la disparition des «bonnes coutumes», alors qu'ils ne sont que des exécutants, parfois trop zélés:

*Nous sommes versés à revers*
*Et par vilains et par convers,*
*Chétives gens qui sont venues*
*A la cour maîtres devenues,*
*Qui cousent, rognent et taillent,*
*Toutes bonnes coutumes faillent...*
*Serfs, vilains, avocateriaux*
*Sont devenus empériaux.*

Geoffroy rappelle les conquêtes de Philippe Auguste, de

Louis VIII, de saint Louis, de Philippe le Hardi. Aucun de ces rois n'a écrasé le peuple d'impôts. Aucun ne s'est laissé gruger par son entourage. Mais Philippe le Bel n'a pas imité ses prédécesseurs:

*Qui de leur royaume rien ne prirent*
*Ni ne tolèrent ni ne happèrent,*
*Mais du leur largement donnèrent.*

S'il continue à ruiner les pauvres gens, les prières, les pénitences, les aumônes, la croisade même, ne lui serviront à rien. Il a eu le centième, puis le cinquantième, et toutes les «subventions», et cela n'a pas suffi:

*Toute France de ire (colère) allume.*
*Roi, encore as-tu eu,*
*Aux mains l'a ta gent reçu*
*Des Templiers l'argent et l'or*
*Qui doit être en ton trésor,*
*Des Juifs et des usuriers*
*Et des Lombards les grands deniers.*
*Tôtes et tailles as levées,*
*Qui toutes ont été payées.*

Philippe a remué la monnaie et ce sont ses conseillers qui ont encaissé les bénéfices. Ils les cachent dans les grands manoirs qu'ils ont achetés, où l'on peut voir plus de pots et d'écuelles, de coupes et de hanaps d'or et d'argent que le roi n'en pourrait posséder. Mais il laisse faire, car la chasse absorbe son temps:

*Tu ne fais que chasser aux biches,*
*Laisse la chasse et t'avise*
*Et regarde leur convoitise,*
*Leurs maisons peintes et couvertes,*
*Dont leurs folies sont apertes.*

Qu'il s'entoure donc de sages conseillers; qu'il les écoute:

*Adonc verras comme à grand'honte*
*Les choses vont par le pays,*
*Dont tu es blâmé et haï.*

Ce sont les mauvais conseillers qui l'ont entraîné dans des guerres ruineuses et de nul profit: contre l'Angleterre et contre la Flandre. C'est leur faute, si on l'a accusé plusieurs fois de lâcheté. S'il les garde, il sera déshonoré et son peuple entier se révoltera contre lui, car il n'a pas tenu le serment prêté à Reims lors de son couronnement.

Geoffroy de Paris rapporte ce qu'il a entendu dire à Paris; il y ajoute probablement quelques idées propres à son milieu de cléricature. Si vives que soient ses attaques, elles restent relativement modérées. En province, l'ambiance était plus chaude. On se montait la tête, on s'excitait l'un l'autre, les rassemblements prenaient des allures de complots. La noblesse orchestrait ces mouvements encore sporadiques. Elle attisait, par démagogie, le mécontentement du tiers état (laboureurs et bourgeois), espérant gagner son appui. Le moment paraissait venu d'exploiter la colère du peuple. Les seigneurs étaient des soldats; ils savaient que les rébellions populaires étaient vouées à l'écrasement. Ils crurent de leur devoir héréditaire, et de leur intérêt, de se mettre à la tête des pauvres gens, de canaliser les bonnes volontés. Le but apparent, c'était de défendre les libertés, en mettant un terme à l'expansion du pouvoir royal, dont il était aisé de montrer qu'il s'était changé en despotisme. Le but réel, d'en revenir au bon vieux temps de la féodalité. Il n'empêche que les seigneurs prétendaient exprimer aussi les aspirations du peuple, ce qui était pour le moins un paradoxe, mais attestait l'importance de la bourgeoisie: on ne pouvait plus l'ignorer, bien qu'on la jalousât. Geoffroy de Paris:

*Le barons de France assemblèrent;*
*Et tous ensemble s'accordèrent,*
*Et de France et de Picardie,*
*Avecques ceux de Normandie,*
*Et de Bourgogne et de Champagne,*
*D'Anjou, de Poitou, de Bretagne,*
*De Chartrain, du Perche, du Maine,*
*Ceux d'Auvergne et ceux de Gascaigne,*
*De tout le royaume de France.*
*Et disant que telles souffrances*
*Ne pourraient plus endurer;*
*Le peuple ne pourrait durer...*

Des ligues se constituèrent effectivement un peu partout, d'abord en Bourgogne, puis en Champagne, en Artois, en Ile-de-France, dans le Forez, puis dans l'ouest et le centre du royaume. Ces ligues se donnèrent un programme et une organisation, ou s'y efforcèrent. Des chartes furent rédigées en commun, qui ne sont pas sans rappeler les revendications figurant dans les Cahiers de 1789: «...Plusieurs tailles, subventions, exactions non dues, changements de monnaie et plusieurs autres choses, pour quoi les nobles et les communes du royaume de France ont été moult grevés, appauvris et à moult grand méchef, et ne se peut qu'ils soient tournés en l'honneur ni au profit du roi ni du royaume, de quels griefs nous avons plusieurs fois requis et supplié ledit seigneur roi, que ces choses voulût défaire et délaisser, et rien n'en a fait. Et encore en cette année présente, l'an mille trois cent quatorze, ledit notre sire a fait imposition non dûment, laquelle chose ne se peut souffrir ni soutenir en bonne conscience, car ainsi perdrions-nous nos honneurs, nos franchises et nos libertés et serions-nous en servitude, nous et ceux qui après nous viendront.»

Tout en protestant de leur loyalisme et de leur obéissance, les ligues entendaient contrôler le pouvoir central, surtout en matière fiscale. Pour accroître leurs moyens, elles se confédérèrent. Mais, à partir de là, les particularismes provinciaux intervinrent et se manifesta l'inaptitude foncière des nobles à concevoir un plan d'ensemble, à organiser, à synchroniser! Les confédérations n'agirent point avec ensemble. D'ailleurs on ne savait où les rebelles voulaient réellement en venir, ni quelles étaient les forces dont ils disposaient. Au surplus, comment les seigneurs pouvaient-ils, éventuellement, agir de conserve avec les échevins des villes? Pourquoi les laboureurs auraient-ils pris fait et cause pour eux? Il était certain que, dans l'hypothèse d'une rébellion armée, les ligues nobiliaires auraient été finalement vaincues, après avoir semé le désordre, comme au temps de la minorité de saint Louis. Pourtant l'ampleur du mouvement était incontestable. Le royaume entier (noblesse, clergé, tiers état) était las de la politique royale, des charges excessives qui en résultaient, de la prolifération et du despotisme des fonctionnaires, du rôle pernicieux des conseillers, de la toute-puissance de Marigny. C'était la condamnation massive et sans appel de tout un règne, l'anéantissement probable de trente années d'efforts! Philippe le Bel s'alarma. Il renouvela l'interdiction des tournois, pour empêcher, à tout hasard, les rassemblements armés. Mais le mouvement dépassait le petit monde des tournoyeurs; il embrasait tout le royaume. Une fois de plus, et la dernière, il fit une analyse sans complaisance de la situation, et comprit que les ligues étaient incapables d'agir avec ensemble, qu'elles se dissoudraient d'elles-mêmes. Il reçut les députés de plusieurs d'entre elles, les écouta avec bienveillance, et céda, ou feignit de céder. Geoffroy de Paris:

*Si vous en dirai tôt nouvelles*
*Qui vous seront bonnes et belles.*
*Ils ont le roi remercié*
*Et puis prirent de lui congé,*
*Le roi ne voulut plus attendre:*
*Les maletôtes fit défendre,*
*Les tailles, les subventions.*
*Jamais depuis n'en fut mention,*
*Ni plus, si Dieu plaît, ne sera.*

Quelles mesures eût-il prises, s'il en avait eu le temps? Peut-être aurait-il promulgué des réformes assez spectaculaires pour apaiser les mécontents, donner le change aux séditieux les plus virulents. Sans doute eût-il châtié de façon ou d'autre les principaux responsables des ligues, dont les baillis avaient reçu l'ordre de dresser la liste. Persuadé comme il l'était d'incarner le bien du royaume et de réaliser une grande œuvre, jamais, semble-t-il, il n'eût renoncé à ses principes.

## IV

# LE PRINCE DE CE MONDE EST VENU

Le souvenir de la chevalerie des fils du roi s'estompait, non ceux de la tragédie des trois brus, de la mort cruelle de Jacques de Molay, et de l'étrange expédition de Flandre. Cette fête somptueuse avait été comme ces clartés éblouissantes qui annoncent le crépuscule. Soudain, les événements se précipitaient et les ombres obscurcissaient le royaume de France. Pour la première fois depuis les débuts de la dynastie capétienne, le monarque devait affronter l'hostilité quasi unanime de son peuple. Les séditieux l'avaient contraint à annuler la levée d'une taille, bien que le trésor fût vide. Dès lors comment vivrait l'État? Quel serait l'avenir? Jusqu'ici Philippe le Bel avait connu le prix du pouvoir, et le poids de la solitude, mais, passionné par son métier de roi et persuadé de bien faire, il en ignorait l'amertume. Il avançait d'un pas ferme dans la voie qu'il s'était tracée et qui était celle de l'ordre, de la grandeur. Il lui importait peu d'être aimé, car il était sûr d'être obéi. Pas un instant il n'avait douté de son génie, ni de son bon droit, même quand il devait sévir. La raison d'État effaçait les scrupules qu'il éprouvait peut-être; elle le justifiait à ses propres yeux. Il allait ainsi, pareil au destin, tour à tour implacable, courtois, plein de ruses et de détours, impassible et presque silencieux, le regard fixé au but qu'il voulait atteindre. Et voici que la sédition grondait de toutes parts, que les barons relevaient la tête et que l'œuvre qu'il avait eu tant de peine à édifier se trouvait compromise, contestée par ceux-là même qui en étaient, selon lui, les bénéficiaires. Car bâtir un État digne de ce nom ne profite-t-il pas finalement au peuple, dans le présent et plus encore dans l'avenir? Or rien n'était vraiment achevé, et Philippe le Bel s'en rendait compte. La question flamande restait en suspens: le roi savait que la convention de Marquette n'aurait pas de durée, que de nouvelles difficultés surgiraient à la moindre occision. Les cardinaux n'avaient pu s'accorder pour élire un pape français, Nicolas de Fréauville ou un autre: il était nécessaire que le nouveau pontife fût ami des Capétiens et résidât à Avignon pour que se maintînt le principe acquis au terme de la lutte contre Boniface VIII. L'État fortement structuré, tentaculaire, dont Philippe n'avait cessé de rêver, n'était encore qu'une ébauche. Les barons refusaient d'admettre l'égalité devant la loi et l'impôt. Tels étaient les sujets de réflexion de Philippe le Bel en cet automne de 1314! Ils s'ajoutaient aux chagrins intimes, aux malheurs familiaux. Philippe était doublement blessé dans son orgueil, et doublement inquiet: l'avenir de ses fils, de la dynastie, le préoccupait autant que les affaires publiques. Il ne lui restait que la chasse pour oublier un moment ses soucis. Il y usait le surcroît de ses forces, mais non le noir chagrin qui le rongeait...

Or, vers la fin d'octobre, en forêt de Pont-Saint-Maxence, son cheval broncha. Le cavalier, peut-être absorbé dans ses songes, peut-être las, vida les étriers. On le releva avec une jambe cassée. On le transporta à l'abbaye de Poissy, qu'il avait fondée en mémoire de saint Louis. Il restait assez vigoureux pour qu'on ne craignît pas pour sa vie. Par malheur, une vieille blessure s'infecta. Bientôt la fièvre apparut, accompagnée de violentes douleurs à l'estomac et d'une soif inextinguible. Philippe comprit-il alors qu'il était condamné et voulut-il mourir dans le lieu même où il était né? Ou bien suivit-il le conseil de ses médecins qui attachaient alors des vertus curatives à l'air de certaines régions? On ne sait. Il fit le voyage en litière, avec une faible escorte. Il est probable que, sur son ordre, la chute de cheval et la maladie étaient encore tenues secrètes. Mais l'air de Fontainebleau ne pouvait rien contre ce qui était peut-être un début de gangrène. Les médecins tentèrent en vain d'enrayer l'infection. «Emplâtre, sirop, physique» n'eurent aucun effet. Pendant trois semaines, Philippe lutta contre la mort, car c'était une sorte d'Hercule. Il ne semblait pas souffrir, sauf d'une soif ardente. Quand on lui demandait:

– «Sire, comment vous est?»

Il répondait sereinement:

– «Selon qu'il plaît à Dieu, aussi il me plaît.»

Le 26 novembre, se sentant perdu, il se confessa et communia. Puis il prit ses dernières dispositions et fit plusieurs donations à des monastères. Il s'était informé du temps qu'il lui restait à vivre. Il conservait toute sa lucidité et semblait parfaitement calme, au témoignage de Guillaume l'Écossais, le moine qui l'assistait et qui écrivit une relation de ses derniers moments. Il récitait le verset: *In manus tuas, Domine, commendo spiritum meum*, ainsi que l'hymne *Jesu, nostra redemptio*. Il demandait fréquemment qu'on lui humectât les lèvres avec de l'eau bénite. Cependant, sous ce masque impassible et cette piété de tradition, quoique certainement sincère, quels tourments intimes, quelles pesantes pensées, quels regrets poignants, agitaient ce puissant esprit qui s'était donné pour inflexible règle la froideur? Faut-il voir l'effet d'une prémonition quelconque dans le dernier acte officiel qu'il fit établir et qui prescrivait le retour à la couronne du comté de Poitiers dans le cas où Philippe le Long mourrait sans héritier mâle? Cette décision qui excluait par avance les femmes de l'héritage d'un fragment détaché du domaine royal servira bientôt de précédent, sinon de modèle. Elle inspirera certaine décision capitale dans la dévolution du trône, décision qui fut l'une des causes de la guerre de Cent Ans. Geoffroy de Paris, parlant par ouïdire et cédant à son animosité personnelle, prétend que le mourant se reprocha ses exactions et ses injustices et déclara qu'en agissant ainsi il avait compromis son salut. Cette insinuation n'a aucun sens. La foi de cette époque portait à faire fond sur la miséricorde divine; elle était espérance de pardon, même pour le pécheur le plus endurci, même pour le criminel le plus coupable. Elle était le contraire du jansénisme. Par ailleurs Philippe le Bel, même à l'article de la mort, était incapable d'une lâcheté, incapable de fuir ses responsabilités! De plus, il avait trop donné à la majesté royale, au cours de son existence, pour ne pas vouloir mourir en roi. Les quelques paroles que l'on a recueillies attestent cette volonté suprême. La maladie rongeait le corps, mais elle laissait le cerveau intact. Le roi se mourait, mais s'exprimait encore en roi. Il avait pardonné certaines offenses dirigées contre sa personne, non celles qui étaient dirigées contre l'État, c'est-à-dire la violation délibérée, réitérée, de la loi. Il n'était pas l'homme à se repentir des graves décisions qu'il avait dû prendre dans cette perspective.

Il fit appeler sa famille et les dignitaires de sa cour, puisque c'était l'usage des rois de France de mourir en public. Il ne se déroba pas davantage à ce devoir qu'il n'avait fait des autres pendant le cours de sa vie. Il se devait d'aller jusqu'au bout, jusqu'à son dernier souffle, en lequel s'éteindrait son règne. Il donna les conseils utiles à Louis le Hutin, son fils aîné et successeur. Il lui recommanda aussi Enguerran de Marigny, qu'il savait menacé par la faction des grands seigneurs, en particulier par Charles de Valois.

– «Aimez Dieu en toutes choses, lui dit-il; Sainte Église ayez toujours en grande révérence...»

Cela, tous les rois capétiens l'avaient dit, car c'était leur rôle de monarques très chrétiens, fils aînés de l'Église. Mais l'homme d'État réapparut dans cette phrase qui résumait une longue expérience des hommes et des affaires:

– «Sachez par vous-même, à votre pouvoir, l'état de votre royaume, et le plus tôt que vous pourrez.» Et connaissant la légèreté et l'inconsistance de Louis, il ajouta...

– «Pesez, Louis, pesez (ce) que c'est d'être roi de France!» Il prit congé des siens, en leur demandant de s'entr'aimer, de prier et de faire prier pour lui. Un peu plus tard, il dit:

– «Frères, regardez ce que vaut le monde; voici le roi de France.»

Saint Louis ne se fût pas exprimé différemment. Mais, dans la bouche de Philippe le Bel, la phrase rendait un autre son: peut-être traduisait-elle un constat déchirant. Il n'avait pas été comme son aïeul sans cesse de la terre au ciel. Il avait appartenu de toutes ses fibres à la terre, si tant est que l'on puisse juger de telles choses. Ce n'était pas d'une Jérusalem terrestre qu'il avait rêvé, mais d'un pouvoir dominateur!...

Le vendredi 29 novembre 1314, il semblait reposé, presque mieux. Dans un calme impressionnant, il demanda pardon des scandales et des mauvais exemples qu'il avait pu donner. Les clercs lurent la Passion, qu'il écouta avec ferveur. On l'entendit réciter à nouveau le verset: *In manus tuas, Domine, commendo spiritum meum.* Mal intentionné, Geoffroy de Paris dit qu'il ne put achever. Mais, s'il est vrai que, pendant un moment, il parut inanimé et qu'on le crut mort, vers midi, il ouvrit les yeux:

– «Frère Renaud, dit-il, je vous connais bien et tous ceux qui sont ici. Priez Dieu pour moi.»

Les moines commencèrent l'office du Saint-Esprit, et quand ils prononcèrent ces paroles: «Le prince de ce monde est venu», Philippe le Bel s'arrêta de respirer.

Il avait quarante-six ans et régnait depuis vingt-neuf ans.

Sa dépouille mortelle fut transportée par bateau de Fontainebleau à Paris. La messe mortuaire fut célébrée à Notre-Dame, par l'archevêque de Sens. Le lendemain, 3 décembre, le défunt roi fut conduit à Saint-Denis, où on l'inhuma à l'emplacement qu'il avait lui-même désigné. Ces cérémonies se déroulèrent en présence des princes, des grands, des dignitaires de la couronne et d'une délégation de bourgeois parisiens vêtus de noir. Les chroniqueurs se gardent de signaler que le peuple versa d'abondantes larmes! Mais on sait que Louis X le Hutin eut quelque peine à obtenir de l'Église des prières publiques pour le repos de l'âme de son père.

Le cœur de Philippe le Bel fut remis, selon ses dernières volontés, aux dominicains de Poissy. D'après un historien du XVIIIe siècle, ce cœur aurait été découvert en 1687 dans ce monastère. Il était enfermé en deux vases d'argent enveloppés d'une toile d'or semée de fleurs de lis. Une inscription gravée dans une feuille de cuivre aurait permis de l'identifier.

Cette mort accidentelle ne manqua pas de frapper les esprits crédules et les malveillants. Survenant après celle de Clément V et de Nogaret, ils y virent l'effet d'un châtiment céleste, ou d'une malédiction. Tel fut le point de départ de la légende selon laquelle, du haut de son bûcher, Jacques de Molay eût assigné le pape, le roi et le garde des sceaux à comparaître devant Dieu dans le délai d'un an. Or le maître du Temple avait péri le 18 mars 1314, alors que Nogaret était mort l'année précédente[1]...

Mais les esprits connaissaient alors un trouble profond. La lutte contre Boniface VIII, les accusations monstrueuses portées contre lui par Nogaret, le procès des Templiers dont on apercevait l'ignominie, la chute de cet Ordre naguère tellement respecté, avaient ébranlé les convictions, infiltré le doute dans l'âme populaire. Le ciel était plein de présages menaçants. Des prophètes, ici et là, annoncent une ère de calamités et le règne

1. En avril 1313.

de l'Antéchrist. Une étrange complainte circulait:

*Car Jhésus Christ*
*Nous fait savoir*
*Que né pour voir (vraiment)*
*Est Antechrist.*
*Plus n'est lié,*
*Car délié Court par le règne...*

Ce roi Philippe, jadis le Bel, dont la dépouille se défaisait dans le caveau de Saint-Denis, on le honnissait. Il était mort incompris, comme il avait vécu. On ne voulait voir que l'envers de son règne: les abus, les crimes politiques, le despotisme, et l'on s'étonnait qu'un si beau visage ait dissimulé une âme si noire. Ce qu'il avait construit, amorcé, la grandeur et la puissance qu'il avait acquises, on ne les percevait pas, car on ne pouvait encore les comprendre, et, sinon, on les tenait pour peu de chose. Un temps viendrait pourtant où, dans la mémoire du même peuple, le règne de saint Louis et celui de Philippe le Bel se confondraient, où l'on regretterait amèrement cet «âge d'or». Mais, alors, l'Antéchrist s'appellera guerre de Cent Ans et le noble royaume de France ploiera sous les humiliations.

# V

# LES FILS DE PHILIPPE LE BEL

Louis X le Hutin n'avait que vingt-cinq ans. On ne sait exactement ce que signifiait son surnom de Hutin: soit le turbulent, soit le bruyant. Et l'on ne peut davantage formuler un jugement de valeur sur lui, car il ne fit que passer sur le trône. Dès son avènement, il se trouva confronté à un double problème: les ligues provinciales et les réactions de la cour. Il ne pouvait d'ailleurs en cette grave conjoncture que chercher à gagner du temps afin de décourager les ligueurs et de les désunir. tout laisse penser que son père lui avait donné des conseils précis, car l'habileté de Philippe le Bel transparaît dans les mesures qui furent prises. Louis X n'essaya point de faire front; il feignit de céder. Il ne réunit point les États Généraux afin de leur proposer des réformes générales, mais, au contraire, négocia séparément avec les représentants de chaque ligue. Il accorda des chartes à celles de Normandie, de Bourgogne, de Champagne, de Picardie, de Bretagne, d'Auvergne, de Languedoc. Apparemment les délégués avaient obtenu ce qu'ils demandaient; Louis X, pressé par la nécessité, accordait des concessions énormes. En réalité, il ne faisait que de vagues promesses et ne s'engageait pas à fond. Il confirmait des privilèges, tout en se réservant de faire examiner les titres que l'on invoquait. Il exceptait aussi «les cas royaux», laissant à l'interprétation une marge assez grande pour que les légistes l'exploitassent le moment venu au mieux des intérêts de la couronne. Bref, il était parvenu sans trop de peine à calmer les esprits, tout en sauvegardant ses droits et prérogatives. Il avait d'ailleurs la partie facile, car les ligueurs ne demandaient aucune garantie.

L'ombre de Philippe le Bel les incitait au respect et à la prudence. Au surplus les nobles pouvaient être réellement satisfaits: le roi leur avait rendu le «gage de bataille» , c'est-à-dire le cher vieux droit de se battre privément, de régler leurs différends par de petites guerres. A la cour, l'opposition des grands eut plus d'efficacité. Charles de Valois l'inspirait, s'il n'en était pas le chef direct. L'occasion était trop belle de régler enfin leur compte aux conseillers trop écoutés par le feu roi. Louis retira les sceaux à Pierre de Latilly, évêque de Châlons. Ce dernier fut arrêté sous l'inculpation d'avoir empoisonné son prédécesseur et Philippe le Bel. Il sauva sa tête en se plaçant sous la juridiction ecclésiastique. Le roi le remplaça par Étienne de Mornay, chambellan de Charles de Valois! Le procureur au parlement, Raoul de Presles, fut accusé de complicité avec Latilly, mais il résista à la torture, en sorte qu'il fallut le libérer, mais on confisqua ses biens. Restait l'indésirable Enguerran de Marigny. Une commission, peu suspecte de complaisance à son égard, avait examiné ses comptes et lui avait délivré quitus. Mais Charles de Valois, qui était son ennemi personnel, veillait! Puisque la gestion d'Enguerran paraissait en ordre, on lui demanderait de s'expliquer sur sa fortune privée, qui était considérable. A partir de là, les accusations de péculat, de forfaiture et de trahisons seraient imparables. Mais l'homme était madré; il savait aussi trop de choses pour ne pas se défendre âprement. Pour aggraver son cas, on accusa ses parents de comploter la mort de Louis X et des princes. Non sans hésitations, le roi abandonna Marigny à la vindicte de son oncle Valois et d'une commission de grands seigneurs. Torturé, Marigny ne fit aucun aveu. On le condamna néanmoins à la peine capitale. Il fut pendu le 30 avril 1315, au gibet de Montfaucon. Il était la victime expiatoire d'un règne détesté. On veut croire que Louis X ne consentit pas à cette parodie de justice sans un serrement de cœur, car c'était en réalité la mémoire de son père que jugeaient Charles de Valois et ses comparses. L'épouse adultère de Louis, Marguerite de Bourgogne, mourut à Château-Gaillard, étranglée, dit-on, par ordre de son époux. Il est probable que les courants d'air, les murailles humides et le désespoir suffirent à tuer cette malheureuse. Louis épousa Clémence de Hongrie en secondes noces: elle appartenait à la Maison des Anjou de Naples. Il se fit couronner avec elle, le

25 août 1315, par Robert de Courtenay, archevêque de Reims. Puis il dut faire de l'argent, car le comte de Flandre refusait, comme on pouvait s'y attendre, d'appliquer la Convention de Marquette. Il rappela en France les juifs et les Lombards, contre espèces sonnantes. Il engagea le revenu de plusieurs provinces et vendit, sous des prétextes humanitaires, leur affranchissement aux serfs qui subsistaient en Ile-de-France. Bref, il recourut aux expédients habituels, sans oser demander une aide! Il parvint ainsi à réunir une armée assez forte pour impressionner le comte de Flandre. Mais il perdit beaucoup de temps à essayer, sans y parvenir, de bloquer les Flamands. Quand il se résolut enfin à combattre, la saison était trop avancée; la boue, les pluies, les inondations, les maladies, découragèrent les Français. Louis X se laissa facilement convaincre de regagner Paris. Il se promettait de recommencer l'expérience au printemps de l'année suivante. Mais l'année fut désastreuse pour le peuple. La récolte de blé et de vin fut mauvaise. La disette fut telle que les pauvres mouraient de faim. Les épidémies décimaient les populations. Louis X n'avait pas les moyens de se remettre en campagne. Il n'en eut pas davantage le temps, car il mourut subitement à Vincennes le 4 juin 1316, pour avoir bu du vin glacé après une partie de paume. Il laissait une fille, Jeanne, née de Marguerite de Bourgogne. La reine Clémence était enceinte.

Le frère puîné du défunt, Philippe le Long, s'occupait alors du conclave. Les cardinaux ne s'étaient toujours pas mis d'accord pour élire un nouveau pape. Ils se plaignaient de l'insécurité régnant à Avignon. Philippe les persuada de se réunir à Lyon, où il lui serait plus facile de les protéger. Ils s'empressèrent d'accepter. Philippe venait d'arriver avec eux dans cette ville, quand il apprit la mort de Louis X. Il confia la garde du conclave au comte de Forez et se rendit en toute hâte à Paris. Il convoqua les barons du royaume et se fit proclamer régent pour une durée de dix-huit années, si l'enfant de Clémence de Hongrie était un fils. Si c'était une fille, il prendrait la couronne. Grave décision, ne reposant sur aucune loi, sur aucun précédent! A vrai dire, la question ne s'était jamais posée pour les Capétiens. Pour la première fois dans la longue histoire de leur dynastie, la ligne directe de mâle en mâle s'interrompait. Certes, la succession par les femmes était admise dans plusieurs royaumes et dans les grands fiefs français. Jeanne de Navarre avait hérité du royaume de Navarre et du comté de Champagne, avant d'épouser Philippe le Bel. Le comté d'Artois avait été octroyé à Mahaut, non pas à son neveu Robert III. On pouvait considérer que l'héritière naturelle de Louis X le Hutin était, à défaut du fils à naître, la jeune Jeanne, fille de Marguerite de Bourgogne. Mais il était douteux qu'elle eût Louis pour père. Elle fut donc écartée par les barons de ses droits éventuels à la couronne. C'était un choix délibéré et une absolue nouveauté, encore qu'on la conforta par la suite d'une prétendue loi «salique». Il est à croire que les barons craignirent de compromettre l'unité monarchique, car si la petite Jeanne fût devenue reine de France, quel prince aurait-elle pu épouser? Que serait devenu le fier royaume? Ils connaissaient aussi les aptitudes de Philippe le Long à régner. Ils décidèrent donc avec raison. Sans doute Philippe le Long leur rappela-t-il la décision de son père relative au comté de Poitiers. Seul, le duc de Bourgogne protesta. Il réserva les droits de la petite princesse, sa nièce. Il demanda qu'on la confiât à sa garde et se heurta à un refus.

En novembre 1316, la reine Clémence mit au monde un fils, qui fut prénommé Jean et ne vécut que cinq jours. Certains historiens considèrent qu'il régna pendant ce court laps de temps et le nomment Jean Ier. Philippe cessa donc d'être régent et prit la couronne selon les conventions précédentes. Il se fit sacrer à Reims, avec son épouse Jeanne de Bourgogne, le 6 janvier 1317, par le même Robert de Courtenay. Il était désormais Philippe V le Long. Bien qu'il n'eût alors que vingt-quatre ans, tout montrait en lui qu'il était le digne successeur de son père. Il en administra la preuve en réunissant les États Généraux le mois suivant son couronnement. Son but était de se faire reconnaître pour roi par les représentants des trois ordres, afin d'anéantir les contestations présentes ou futures. Il obtint sans peine l'adhésion de l'assemblée, qui déclara solennellement que les femmes ne pouvaient prétendre à l'héritage du royaume de France. L'Université adopta la même position. Désormais le dogme revêtait une existence légale; la règle successorale de la monarchie était fixée. Il importait assez peu que la prétendue loi «salique» résultât d'une interprétation erronée – et même d'un véritable contresens – de l'antique coutume des

Saliens: elle exprimait la volonté du peuple entier.

Le conclave s'était enfin décidé à choisir un nouveau pape: Jean XXII. Ce dernier, qui avait assumé la charge de chancelier du royaume de Naples, était un juriste réputé. Il apporta la sanction de l'Église à la loi «salique». Le duc de Bourgogne renonça dès lors à faire valoir les droits de sa nièce. Il renonça même, au nom de Jeanne, à l'héritage des comtés de Champagne et de Brie, contre certaines compensations. Il est à noter que, si le roi Édouard II d'Angleterre se dispensa d'assister au sacre de Philippe V, il envoya son adhésion écrite en sa qualité de duc de Guyenne.

Philippe s'attela ensuite à la besogne. Son premier objectif était d'abolir les ligues provinciales. Il aurait pu les supprimer par ordonnance; il préféra les affaiblir et provoquer finalement leur dissolution en divisant les factions qui les composaient. Le faible Louis le Hutin était parvenu sans trop de mal à les diviser et à les apaiser relativement. Sans le vouloir, en restituant aux nobles le fameux «gage de bataille», il leur avait porté un coup fatal. Car les guerres privées recommencèrent aussitôt, désolant les campagnes, entravant les activités commerciales des villes, aggravant la misère des pauvres gens. On avait haï l'ordre royal – bien qu'il assurât la sécurité générale autant que faire se pouvait; on le regretta; on souhaita son retour: c'était un moindre mal, malgré le despotisme des baillis et de leurs agents. Philippe le Long exploita cette situation. Ayant parfaitement compris que les barons avaient entrainé le peuple dans la sédition, et pour leur seul profit, ce fut un jeu pour lui de détacher le tiers état des ligues et, même, de le retourner contre les barons. Il convoqua les représentants du tiers à Paris – eux seuls! – et, avec leur accord, il organisa des milices urbaines placées sous les ordres d'un capitaine général par bailliage. Le but de ces milices était d'intervenir dans les guerres seigneuriales, afin de protéger les humbles. Ainsi le roi renouait-il ostensiblement la vieille alliance capétienne! Simultanément les commissaires de Philippe, envoyés dans les provinces, négocièrent avec les nobles et les prélats pour les inciter à abandonner les ligues qui, de la sorte, disparurent d'elles-mêmes. Corollairement le jeune roi régla la question d'Artois. Bien entendu, l'impétueux Robert III, poursuivant toujours sa chimère d'héritage, avait profité du «gage de bataille» pour essayer de reconquérir militairement l'Artois, où il avait conservé des partisans. Il se crut un moment maître du comté. Mais la comtesse Mahaut était mère de Jeanne de Bourgogne, donc belle-mère de Philippe le Long. Ce détail avait échappé à la sagacité de Robert III. Au surplus la noblesse d'Artois était divisée ; on se battait ici et là, c'est-à-dire que l'on ravageait allègrement les terres du parti adverse. Philippe V obligea les compétiteurs à déposer les armes et plaça le comté d'Artois sous séquestre. Pour Robert III, ce n'était que partie remise.

A l'égard de la Flandre, la politique de Philippe fut peut-être encore plus réaliste que celle de son père. Sachant qu'il n'avait pas les moyens pécuniaires d'entreprendre une campagne contre Robert de Béthune, persuadé aussi qu'une victoire ne mettrait pas fin à l'imbroglio, il renouvela pour quatre ans la trêve accordée par Louis le Hutin et provoqua l'intervention de Jean XXII. La médiation du pape aboutit à la signature d'un traité aux termes duquel Robert de Béthune renonçait définitivement à la possession des villes cédées naguère à Philippe le Bel. A vrai dire le comte de Flandre avait obtempéré de mauvais gré aux injonctions de Jean XXII, mais le peuple flamand était las de cette guerre « de sécession » : il préférait la prospérité à l'incertaine gloire des armes. Débarrassé des ligues provinciales, Philippe V s'attacha à restaurer le pouvoir royal, plus exactement à parfaire l'œuvre de Philippe le Bel. Il rappela Raoul de Presles aux affaires et rendit aux chevaliers ès lois, avec discrétion et prudence, leur rôle au sein du conseil. Les fonctionnaires des provinces reçurent de nouvelles consignes, en lesquelles la fermeté s'alliait au respect des administrés. Philippe promulgua ensuite une série d'ordonnances, qui sont à juste raison considérées comme des plus remarquables de l'ancienne monarchie. Elles attestent la clairvoyance et le goût de l'ordre de leur auteur. Elles ont le mérite, non point d'innover, mais de réformer et d'actualiser les textes de Philippe le Bel. Fruits de l'expérience et de la pratique, elles corrigent les imperfections dûment constatées. Toutes répondent à un souci évident d'efficacité, mais aussi à un principe clairement énoncé : « Messire Dieu tient dans sa main tous les rois, et ne les a établis sur terre qu'afin qu'ordonnés premièrement en leurs personnes, ils gouvernent ensuite dûment et ordonnent leurs royaumes et leurs sujets. »

La composition, les attributions des chambres du parlement, les règles de leur fonctionnement, furent fixées. On redéfinit avec précision la juridiction des maîtres des requêtes de l'hôtel qui avaient à connaître des causes particulières réservées au roi. L'Échiquier de Normandie, rétabli par Louis le Hutin, fut maintenu: il jugeait désormais en dernier ressort.

La Chambre des Comptes fut institutionnalisée. Sa nouvelle organisation consacrait son autonomie vis-à-vis du conseil royal. Les ordonnances donnèrent des règles précises et uniformes à la comptabilité publique, aux services de trésorerie, à l'établissement du budget. On s'efforça de distinguer les dé penses et recettes ordinaires des dépenses et recettes extraordinaires. On prescrivit qu'une partie des recettes collectées par les bailliages fût employée aux dépenses locales, l'excédent étant versé au trésor. Les attributions financières des baillis furent transférées à des trésoriers et à des receveurs. Les dépenses de l'hôtel (du roi) furent aussi réformées dans le sens d'un contrôle plus strict. Contraint d'admettre que les Français rejetaient le principe d'un impôt permanent, Philippe en limita la levée en cas de guerre; c'était cependant un léger acquis. Pour obvier aux libéralités des monarques envers leurs favoris éventuels, Philippe décréta l'inaliénabilité et l'imprescriptibilité du domaine royal. Il garantissait ainsi la perpétuité des ressources propres de la monarchie. Cette mesure renforçait aussi la décision prise par Philippe le Bel, prévoyant le retour des apanages à la couronne, en cas d'absence d'héritier mâle.

De son côté, le pape Jean XXII, malgré son grand âge (soixante-douze ans), montrait le même génie d'organisation. Juriste et théologien éminent, il s'employa à remettre de l'ordre dans l'Église. Il réforma la hiérarchie, les universités, étendit l'enseignement du droit civil (le droit romain), créa des évêchés et mit fin à certaines déviations des ordres mendiants ayant abouti à la formation de sectes qu'il estima dangereuses: les Fratricelles, les Spirituels, les Beggards. Ces dissidents interprétaient l'Évangile à leur avantage et ne se gênaient pas pour critiquer le Saint-Siège. L'infatigable vieillard trancha les questions de doctrine, révisa les statuts et expédia les récalcitrants aux inquisiteurs. A Marseille, à Toulouse, à Narbonne et ailleurs, on célébra des «sermons publics», autrement dit des autodafés, au cours desquels les hérétiques étaient brûlés en présence des populations.

En dépit de cette remise en ordre politique et religieuse, les esprits restaient troublés; l'inquiétude était à fleur de peau; la crainte de l'Antéchrist persistait, d'autant plus redoutable qu'elle était diffuse. En 1320, le phénomène étrange des Pastoureaux réapparut. Des bandes de pauvres gens se reformèrent, nombreuses, disparates, conduites par un moine apostat et par un prêtre dégradé. Le prétexte était le même que jadis: se substituer aux princes qui oubliaient la Terre Sainte, aux riches qui ne se préoccupaient que de leurs intérêts matériels, partir en croisade afin de délivrer le Saint-Sépulcre. Les bandes se grossirent de vagabonds et de gens sans aveu. Parties du nord du royaume, elles traversèrent Paris et se dirigèrent vers le Midi. Partout elles pillaient et malmenaient les populations, pourchassaient les juifs qu'elles contraignaient au baptême, dépouillaient de leurs biens ou massacraient. Jean XXII s'émut. Les sénéchaux de Beaucaire et de Carcassonne reçurent l'ordre de réprimer ces actes de brigandage. Les Pastoureaux furent cernés dans les marais d'Aigues-Mortes. Les plus coupables d'entre eux furent pendus. Les autres se dispersèrent et disparurent.

Une vague d'antisémitisme courait dans le royaume. On en voulait aux juifs des droits et privilèges que leur avait accordés le roi, de la protection qu'il leur assurait, moyennant redevances. On les accusait de pactiser avec les musulmans, d'ourdir un vaste complot visant à détruire la chrétienté, avec l'aide des lépreux. On disait que les musulmans fournissaient aux juifs de l'or et du poison, et que les lépreux empoisonnaient les fontaines. On accusait les uns et les autres des épidémies, des incendies, et, après les avoir torturés, on les condamnait avec une écœurante partialité. A Chinon, cent soixante juifs furent brûlés ensemble dans une fosse par une population furieuse. Il faut avouer ici que Philippe le Long céda, un peu trop facilement, à l'opinion. Il rendit une ordonnance d'une rigueur extrême prescrivant que les lépreux, suspectés du crime d'empoisonnement, seraient arrêtés et mis à la torture: ceux qui passeraient aux aveux seraient brûlés; les autres, emprisonnés. En Languedoc, en un seul jour, six cents de ces malheureux périrent sur le bûcher.

En 1321, Philippe V le Long tomba malade. Il souffrait d'une dysenterie aggravée de fièvre quarte. Il languit pendant quelques mois et mourut le 3 janvier 1322. Il laissait quatre filles, mais aucun enfant mâle. On fit application de la loi «salique» et son frère cadet, Charles, comte de La Marche, monta sur le trône. Il se fit sacrer à Reims le 11 février 1322. L'histoire le connaît sous le nom de Charles IV le Bel.

Charles IV était un roi sans reine, puisque son épouse adultère, Blanche de Bourgogne, était enfermée à Château-Gaillard. Son premier souci fut de se remarier pour avoir un fils! Il fallait d'abord obtenir du pape qu'il annulât le mariage avec Blanche. Mais l'adultère n'était pas un cas d'annulation pour l'Église, même s'agissant de têtes couronnées. Finalement, le mariage fut, complaisamment, cassé par Jean XXII pour cause de parenté à un degré prohibé. Charles se hâta de convoler avec Marie de Luxembourg, fille de feu l'empereur d'Allemagne Henri VII. En 1323, elle mit au monde le fils tant attendu, mais il ne vécut pas et, l'année suivante, elle-même mourut en couches. Il fallut négocier un troisième mariage. En 1325, Charles épousa Jeanne d'Évreux, fille du comte d'Évreux. Elle ne lui donna que des filles.

Il est de tradition dans les Histoires de France de négliger le court règne de Charles IV, voire de le tenir pour nul. Il fut cependant positif en maints domaines. Il atteste en tout cas le maintien de la prééminence française en Europe. Charles IV ne manquait ni d'intelligence ni de fermeté. Il appartenait à cette catégorie d'hommes dont le talent consiste essentiellement à maintenir. Ses ordonnances n'ont ni l'accent ni l'importance de celles de Philippe le Bel ou de Philippe le Long. C'est que Charles IV se contentait d'appliquer les règlements élaborés par ses prédécesseurs. Il sut faire régner l'ordre intérieur voulu par son aîné. Un certain Jourdain de l'Isle, seigneur de Casaubon, se croyant au-dessus des lois, se signalait par ses meurtres, brigandages, rapts et crimes de toute nature. Il avait épousé une nièce de Jean XXII et se croyait assuré de l'impunité. Charles IV le cita à comparaître et, quoique les nobles du voisinage se fussent portés garants de ses bonnes intentions, Jourdain fut condamné à mort, traîné à la queue d'un cheval et pendu à Montfaucon. On ne manqua pas de confisquer ses biens. La noblesse put méditer cet exemple.

Le comte de Savoie et le dauphin de Viennois, Guigues VIII,

étaient en conflit armé. Charles IV s'interposa et imposa la paix aux belligérants, étendant ainsi l'influence française à cette région des Alpes. Ce qu'il y a de remarquable en cette affaire, c'est que ni le dauphin de Viennois, ni le comte de Savoie ne sollicitèrent l'arbitrage de l'empereur, bien que l'un et l'autre fussent princes de l'Empire! Il faut voir ici la conséquence logique de l'annexion de Lyon par Philippe le Bel. L'intervention de Charles IV eut pour résultat de resserrer l'alliance avec les dauphins de Viennois, et l'on sait ce qu'il en advint sous les Valois.[1] En 1324, Charles IV exigea la démolition d'une forteresse élevée par un vassal du roi d'Angleterre, le sire de Montpezat. Il se heurta à un refus. Charles en profita pour faire occuper la Guyenne par son oncle Charles de Valois. La campagne ressembla plus à une promenade militaire qu'à autre chose, car Charles de Valois ne rencontra de résistance qu'à La Réole, où le comte de Kent, frère d'Édouard II, s'était enfermé. Les Anglais se replièrent sur Bordeaux, Bayonne et Saint-Sever, en évitant le combat. La Guyenne fut mise sous séquestre et administrée par un sénéchal français en attendant la décision du parlement. Sur ces entrefaites, la reine Isabelle de France, aidée de Mortimer, évinça le faible Édouard II du pouvoir et le fit plus ou moins assassiner Étant la sœur de Charles IV, elle obtint de celui-ci qu'il restituât au petit Édouard III la Guyenne amputée de l'Agenais.

Le comté de Flandre était gouverné, depuis 1322, par Louis de Nevers-Rethel, petit-fils de Robert de Béthune. Rompant avec la tradition de ses pères, il irrita les communes par son arbitraire et ses exactions, et provoqua une révolte populaire. Capturé par les habitants de Bruges, il dut consentir un humiliant traité. A peine libéré, il accourut à Paris et sollicita l'appui de Charles IV. Pendant ce temps, la noblesse flamande se mobilisait pour soutenir son action. Menacées d'une invasion française, abandonnées par la noblesse du comté, les communes acceptèrent d'annuler le traité extorqué par Bruges à Louis de Nevers, et de verser une amende à leur suzerain, le roi de France. Les fauteurs de troubles furent seulement condamnés à des peines de «pèlerinage» en expiation de leurs péchés.

1. Le Dauphiné fut cédé à Philippe VI de Valois à condition qu'il devînt l'apanage du fils aîné des rois de France, qui portèrent dès lors le titre de dauphin.

Ici prend fin le règne de Charles IV le Bel, qui mourut le 1er février 1328 à trente-quatre ans. Il ne laissait que des filles, mais la reine était enceinte. Charles IV désigna lui-même le régent: son cousin germain Philippe de Valois, fils de Charles de Valois qui était mort en 1325. La reine accoucha d'une fille. Par application de la loi «salique» Philippe de Valois devint roi de France sous le nom de Philippe VI. C'était un descendant de saint Louis, mais d'une ligne collatérale. La dynastie des Capétiens directs s'était éteinte en la personne de Charles IV le Bel.

# VI

# LA FAUSSE ÉNIGME

N'est-il pas singulier que les trois fils de Philippe le Bel aient scrupuleusement suivi la voie qu'il avait tracée? Était-ce de leur part manque de talent, d'initiative ou d'imagination? Cela peut s'admettre du terne Louis X le Hutin, non de Philippe V le Long qui avait l'étoffe d'un grand roi, ni de Charles IV le Bel dont la réussite en matière de politique étrangère est incontestable. Or, quand on regarde de près le comportement des trois jeunes rois à l'égard de l'Angleterre, de la Flandre, de l'Empire, du Saint-Siège et, sur le plan intérieur, de la noblesse et du tiers état, on a l'impression très nette que c'est leur père qui inspire leurs actes, et l'on est porté à croire que, si le destin n'avait pas tranché prématurément le fil de leurs jours, leurs règnes n'auraient pas eu davantage d'éclat. Sans doute Philippe le Bel domine-t-il la période historique qui sépare la mort de saint Louis de l'extinction des Capétiens directs; son règne de trente années est-il jalonné d'événements exceptionnels, traversé de drames et de tumultes de toute nature. Il semble pourtant que ce soit sa personnalité même, plus que la grandeur de son œuvre, qui ait pareillement fasciné ses fils. Fasciné n'est pas un mot trop fort, car les trois jeunes rois employaient ses méthodes de gouvernement et restaient fidèles à sa politique. Ils avaient, devant le même type de faits, des réactions rigoureusement identiques. Ils ne l'imitaient pas; ils le continuaient, parce qu'ils étaient imprégnés de sa pensée. En pareil cas, l'hérédité, la tradition ne fournissent guère que des présomptions. La seule explication satisfaisante est donc que la personnalité du père était assez exceptionnelle pour s'imposer outre-tombe. Le roi mort restait présent et gouvernait à travers ses fils!

Il me semble que la clef de «l'énigme Philippe le Bel» est là. Que cette persistance étrange répond à l'irritante question que l'on ne cesse de se poser à son propos: fut-il véritablement le roi de fer qu'il paraît être, ou le jouet de ses conseillers? Les chroniqueurs ne nous apprennent rien sur sa personnalité réelle. Des événements vidés de leur contenu défilent sous leurs plumes, comme les grains d'un chapelet. L'auteur des Grandes Chroniques ne s'anime jamais; son texte est un monument de fadeur. Guillaume de Nangis est d'une sécheresse affligeante, et son continuateur ne vaut pas mieux. Geoffroy de Paris, en son indigeste chronique versifiée, aurait plus de vie, mais il entasse pêle-mêle les ragots et son amertume personnelle rend son témoignage suspect. L'écuyer Guiart est un soldat; il ne parle bien que des batailles et ne voit en Philippe le Bel que l'intrépide chevalier de Mons-en-Pévèle; or, ce roi diplomate ne détestait rien tant que la guerre. L'Italien Villani copie plus ou moins les chroniqueurs français, en ajoutant deci, de-là, son grain de sel. Tous s'accordent à vanter la beauté sans pareille de Philippe le Bel, l'élégance de ses gestes et de ses vêtements, la majesté de sa personne. Ils répètent volontiers qu'il était dévot et époux fidèle; leurs investigations s'arrêtent là! Il faut lire les déclarations passionnées de Bernard de Saisset, pour se faire une idée de son impassibilité, de sa froideur, de son mutisme inquiétant, et pour imaginer ce regard fixe et glacé, inexpressif mais scrutateur que le bouillant évêque ne pouvait supporter. Ce monarque avare de paroles, mais terriblement attentif, cette statue de chair aux gestes compassés, déconcertait les plumitifs de l'époque. Faute de déclarations fracassantes et d'anecdotes pittoresques, ils n'avaient à se mettre sous la dent que des ordonnances, des règlements et des traités. Ils ne voyaient point, ou ne voulaient pas voir. que les faits parlaient pour Philippe le Bel. Il est vrai qu'ils ne l'aimaient guère, et qu'il ne faisait rien pour l'être. L'obéissance et le respect lui suffisaient. Ils ne le comprenaient pas, mais il ne cherchait pas davantage à être compris; il ne voulait qu'une approbation tacite, quand elle lui était utile. Alors, faute de mieux, ils se faisaient l'écho de l'opinion générale. Ils lui reprochaient de perdre son temps à chasser, de laisser la bride sur le cou à ses conseillers, de pressurer son peuple. Par respect pour la personne royale, ointe et sacrée, ils préféraient le peindre sous l'aspect d'un prince bienveillant, pétri de bonnes intentions, mais faible, crédule, victime de ses «chevaliers de cuisine» , bref, irresponsable.

Or, s'il avait été le personnage falot, la statue superbe mais creuse, qu'ils suggèrent, sa pensée politique, son style de gouvernement n'auraient certes pas laissé une empreinte aussi profonde dans l'esprit de ses fils. On trouverait au contraire naturel qu'ils aient pris le contre-pied du règne paternel, ne fût-ce que pour affirmer leur indépendance ou pour se tailler une réputation. Ils n'y songèrent pas. Entre le père et les fils la coïncidence est flagrante.

Quand on analyse objectivement le règne de Philippe le Bel, une autre évidence se fait jour; elle contredit absolument Michelet et autres historiens romantiques! On perçoit, en toutes circonstances, une volonté tendue vers un but unique. A quoi l'on peut objecter que des hommes tels que Flote, Nogaret, Marigny, Plaisians et leurs semblables, ont joué un rôle important, peut-être décisif. Il est de fait que ces graves personnages parlaient haut, prenaient apparemment des initiatives et, parfois, abusaient de leurs pouvoirs. Mais tout montre qu'ils n'étaient rien de plus que des exécutants. Ils détenaient des pouvoirs considérables mais précaires. Ils étaient révocables à tout moment. Ils n'avaient point de spécialisation réelle, mais passaient d'une mission à une autre; ils étaient tour à tour soldats, diplomates, juges, administrateurs. Ils n'agissaient qu'avec l'accord formel ou suivant les instructions détaillées du roi. Ce dernier veillait jalousement à ce que leur influence restât limitée. Jamais, en dépit de leurs services éminents, Flote et Nogaret n'obtinrent le titre de chancelier de France qu'ils convoitaient. Ils restèrent gardes des sceaux, parce que, statutairement, le chancelier était inamovible et pour cette raison pouvait, dans une certaine mesure, s'opposer à la volonté royale. Quant à Marigny, il ne fut pas autre chose que chambellan, même si, pendant quelques mois, il suppléa réellement Philippe le Bel.

Supposons néanmoins que Flote, Nogaret et Marigny aient rempli indirectement la charge de premier ministre; que par conséquent, Philippe le Bel ait subi leurs influences successives.

Dans cette hypothèse, comment expliquer l'unité de vues qui caractérise son gouvernement, la persistance des méthodes, non toutes recommandables? Tout s'imbrique, s'enchevêtre et se chevauche dans son règne. Mais, quand on sépare les éléments qui le composent, l'implacable logique de leur enchaînement apparaît. La destruction de l'Ordre du Temple est la suite et la conséquence du conflit avec Boniface VIII: ayant brisé la volonté d'hégémonie de l'Église, Philippe le Bel ne pouvait tolérer qu'un ordre militaire et religieux, ne relevant que de l'autorité du pape, formant un État dans l'État, s'installât dans son royaume. Les guerres contre l'Angleterre et contre la Flandre ne furent pas des guerres de conquête; elles s'inscrivaient dans la perspective de l'assujettissement des féodaux à un pouvoir unique: le roi ne pouvait souffrir qu'Édouard II et Gui de Dampierre fissent cavaliers seuls et ne remplissent pas exactement leurs devoirs de vassaux. Toutes les ordonnances, tous les règlements convergent vers le même but: généraliser la loi, l'égalitariser, en contrôler l'exécution, étendre le service militaire et l'obligation de contribuer aux dépenses de l'État à toutes les classes de la société, en contrepartie garantir la sécurité et la justice à tous. Programme grandiose, qui ne fut pas improvisé au hasard des circonstances, mais élaboré pour l'essentiel dès le début du règne et tenu longtemps secret par celui-là même qui l'avait conçu, c'est-à-dire le roi!

Ni Flote, ni Nogaret, ni Marigny n'infléchirent cette ligne de conduite. S'ils avaient exercé une prédominance au sein du conseil, on apercevrait au moins les différences liées à leurs tempéraments respectifs. Or on ne constate ni failles, ni brisures, ni changements quelconques. D'autre part, si Philippe le Bel n'avait été qu'un prête-nom, des intrigues se seraient manifestées, voire des révolutions de palais. Il suffit de rappeler combien il est difficile aux chefs d'État de notre temps, fussent-ils dotés d'un pouvoir personnel, de maintenir la cohésion de leur majorité, l'unité de leur gouvernement! On aurait tort de croire que les hommes du Moyen Age étaient d'une autre nature que la nôtre... L'équipe de Philippe le Bel resta en place tout au long de son règne. Flote fut tué au combat. Nogaret mourut à son poste et Marigny survécut à son maître. Il faut donc admettre qu'une volonté de fer maintenait dans le droit fil ces hommes qui venaient d'horizons divers et n'avaient à coup sûr ni les mêmes opinions ni les mêmes aspirations politiques. Que Philippe le Bel les ait laissés s'exprimer librement au sein du conseil, cela n'est pas douteux. Il savait écouter, mais il tranchait en dernier ressort, avec ou contre la majorité.

Il est un dernier argument qui, je l'espère, achèvera de convaincre le lecteur. C'est qu'en dépit de sa passion pour la chasse, Philippe le Bel était présent partout où survenait un événement d'importance et chaque fois qu'il s'agissait de prendre une décision capitale. Quand il se dispensait de paraître en personne, ce n'était de sa part qu'un artifice supplémentaire. On le tenait informé de tout; rien ne se concluait sans son aveu.

On peut être choqué par son art de faire endosser les responsabilités par ses conseillers et ses commissaires, d'ailleurs trop heureux de braver l'impopularité pour le servir! Par son goût du secret, par son hypocrisie (il avait autant d'habileté à flatter qu'à discréditer, selon la conjoncture), par son despotisme et, même, par cette attitude distante qu'il affectait sans défaillance depuis son avènement. On ne saurait pourtant lui refuser la grandeur, car ce n'était pas une mince chose que de transformer la monarchie quasi spirituelle de saint Louis en gouvernement civil, la royauté archaïque et débonnaire des Capétiens, en un puissant État moderne par la centralisation de tous les pouvoirs. Sa réussite eût été plus complète, s'il n'avait constamment souffert du manque d'argent. Cette pénurie explique, sans les justifier, ses fautes: «remuements» des monnaies, charge fiscale sans cesse plus lourde, expédients parfois odieux. Mais, pour lui, les mesures arbitraires qu'il était amené à prendre et qu'aggravait presque toujours le zèle de ses agents, n'étaient que des incidents de parcours, n'avaient qu'une importance secondaire. Seul, comptait le but qu'il s'était assigné. Il n'y a point réellement d'énigme Philippe le Bel; il n'y a que des affabulations sans fondement. Ce monarque savait qu'il ne serait pas jugé sur des paroles, mais sur des actes, non sur sa vie privée mais sur sa vie publique. Il ne cherchait point le bonheur, mais une espèce de perfection dans son métier de roi. Il lui paraissait suffisant de convenir à son destin, c'est-à-dire d'accomplir sa mission du mieux qu'il le pourrait, puisqu'il était né roi. Ce n'était pas une force aveugle ou une abstraction, mais un prince dont la passion majeure, et pour ainsi dire, exclusive, allait aux affaires publiques. Jamais il ne renonça à un projet, dût son peuple en souffrir, mais il était persuadé de travailler pour l'avenir et le bien de tous. Chez lui, la persévérance était de la ténacité. Les obstacles, il les contournait, mais les renversait à la première occasion. Il ne supportait ni les réticences ni les résistances. Au fond, c'était le pouvoir qu'il aimait. Il aurait pu déclarer comme Louis XIV, auquel il ressemble par plus d'un point: «L'État, c'est moi.» Il n'éprouva pas le besoin de le dire, parce qu'il était alors réellement l'État.

## INDEX BIOGRAPHIQUE

ADOLPHE de NASSAU, empereur d'Allemagne de 1292 à 1298. Fils du comte Walram de Nassau, il dut son élection à ses talents militaires et à l'arrogance de son rival, Albert d'Autriche (fils de Rodolphe 1er de Habsbourg). Ne respectant pas ses engagements envers les princes électeurs de Cologne et de Mayence, il fut déposé et périt au cours de la bataille de Gelheim, près de Worms, qu'il livra aux partisans d'Albert d'Autriche.

ALBERT Ier, duc d'Autriche, empereur d'Allemagne, de 1298 à 1308. Fils de l'empereur Rodolhe Ier de Habsbourg, il disputa l'empire à Adolphe de Nassau (ci-dessus). Son orgueil et ses iniquités provoquèrent de nombreuses révoltes, dont celle de la Suisse en 1308. Ce fut au cours de cette sédition qu'il fut assassiné par les conjurés à la tête desquels était son neveu, Jean de Souabe, qu'il avait dépouillé de son patrimoine.

ALLEMAGNE (empereurs d') pendant les règnes de Philippe III le Hardi, Philippe IV le Bel et ses trois fils: Alphonse X de Castille (1257-1273) en concurrence avec Richard de Cornouailles (1257-1272), l'un et l'autre portant le titre d'empereur sans en exercer les fonctions - Rodolphe Ier de Habsbourg (1273-1291) - Adolphe de Nassau (1292-1928) - Albert Ier d'Autriche (1298-1308) - Henri VII de Luxembourg (1308-1313) - Louis V de Bavière (1314-1347).

ALPHONSE III le Magnifique, roi d'Aragon, de 1285 à 1291. Fils de Pierre III d'Aragon, il s'empara de l'île de Majorque sur son oncle Jacques (ou Jayme), allié de la France. Il signa en 1287 les Privilèges de l'Union concédant de larges libertés aux Aragonais. Il libéra les infants de la Cerda et Charles II d'Anjou après que celui-ci eut renoncé à la Sicile. Par le traité de Tarascon qui mit fin à la "croisade" d'Aragon, Charles II conserva le royaume de Naples, Alphonse fut confirmé roi d'Aragon et Charles de Valois renonça à l'investiture de ce royaume.

ALPHONSE X le Sage (ou le savant), roi de Castille de 1254 à 1284. Il fut appelé à l'empire par une partie des princes allemands, cependant que leurs rivaux élisaient Richard de Cornouailles. Absorbé par la lutte contre les Maures, il ne put quitter la Castille mais porta le titre d'empereur, même après l'élection de Rodolphe de Habsbourg. La mort de son fils, Ferdinand de la Cerda, suscita une longue guerre civile. En effet, le second fils d'Alphonse X, Sanche, se révolta contre lui. Il s'allia avec les maures d'Espagne, cependant que son père lui opposa le roi du Maroc. Roi savant, Alphonse X dota l'Espagne de son premier code juridique (Les Siete partidas). Il fut aussi l'auteur-compositeur d'admirables cantiques à laVierge. Il écrivit en 1282 le Livre des complaintes sur la trahison de Sanche et l'ingratitude des grands, et le Livre du Trésor ou de la Pierre philosophale. Il fit rédiger les Tables Alphonsines (tables astronomiques) par un collège de savants chrétiens, juifs et musulmans, réunis à Tolède. Ces tables furent imprimées à Venise en 1488.

ALPHONSE XI, roi de Castille de 1312 à 1350. Il sut imposer son autorité à la noblesse et au clergé castillans par une inflexible sévérité. Allié aux rois de Navarre et du Portugal, il remporta sur les Maures l'éclatante victoire de Tarifa en 1340.

ANGLETERRE (rois d') pendant les règnes de Philippe III le Hardi, Philippe IV le Bel et ses fils: Henri III (1216-1272) - Edouard Ier (1272-1307) - Edouard II (1307-1327) - Edouard III (1327-1377).

ANJOU (Maison d'), rois de Naples, pendant les règnes de Philippe III le Hardi, Philippe IV le Bel et ses fils: Charles Ier (1266-1285) - Charles II, dit le Boiteux (1285-1309) - Robert, dit le Sage (1309-1343).

ARAGON (Maison d'), rois d'Aragon pendant les règnes dési-

Edouard. Bailleul s'allia alors avec Philippe le Bel. Capturé à Dunbar en 1297, il fut enfermé à la Tour de Londres et abdiqua.

BEAUMANOIR (Philippe de), célèbre jurisconsulte né en Picardie vers 1226, mort vers 1296. Bailli de Senlis en 1273, il devint bailli de Clermont-en-Beauvaisis en 1280, puis sénéchal de Saintonge en 1288. L'année suivante, il fut envoyé en mission à Rome. En 1290, il siégea au parlement. Il fut ensuite envoyé à Saint-Quentin pour prendre part à l'organisation de l'armée d'invasion de la Flandre. Il fut bailli de Tours en 1292 et revint à Senlis en 1293. Il est surtout connu pour son ouvrage sur les Coutumes de Beauvaisis. Dépassant la simple compilation, il essaie de dégager les principes essentiels du droit coutumier. Partisan de l'extension du pouvoir royal, il s'élève contre les empiétements de l'Eglise et des féodaux. Cartésien avant la lettre, il fait constamment appel au bon sens et s'efforce de dégager une sorte de droit naturel commun à tous les hommes. On lui attribue aussi, peut-être à tort, plusieurs poésies et deux longs romans en vers, de faible intérêt: Jehan et Blonde et la Manekine (la Manchote).

BEAUMARCHAIS (Eustache de), bailli d'Auvergne en 1265, sénéchal du Poitou de 1268 à 1272, il resta sénéchal d'Albi et de Toulouse jusqu'à sa mort, en 1294. Il gouverna en même temps la Navarre de 1275 à 1277.

BOUVILLE (Hugues III), mort en 1331. Fils de Hugues II et de Marie de Chambly, il fut chambellan de Philippe le Bel. Son fils fut également chambellan (de Charles V) et gouverneur du Dauphiné.

BRUCE (Robert), un des héros les plus populaires d'Ecosse. Comte de Carrick, il parut d'abord à la cour d'Edouard Ier, puis souleva l'Ecosse contre ce dernier en 1306 et se fit proclamer roi à Scome sous le nom de Robert Ier. Vaincu à deux reprises par les Anglais, il s'exila, mais revint en Ecosse après la mort d'Edouard Ier. Sa victoire de Bannockburn en 1314 assura l'indépendance de l'Ecosse. Edouard III reconnut sa légitimité.

BRUS (les trois brus de Philippe le Bel): Marguerite de Bourgogne (vers 1293-1315), fille de Robert II, duc de Bourgogne, et d'Agnès de France, elle fut mariée en 1305 à Louis,

roi de Navarre et futur Louis X le Hutin, dont elle eut une fille, Jeanne. Convaincue d'adultère en 1314, elle fut enfermée à Château-Gaillard, où elle mourut, peut-être étranglée sur ordre de son époux. - Jeanne de Bourgogne, comtesse de Poitiers, puis reine de France (1293-1330). Fille aînée d'Othon IV, comte palatin de Bourgogne (Franche-Comté) et de Mahaut, comtesse-pair d'Artois, elle épousa, en 1309, le futur Philippe V le Long. Compromise dans l'adultère des brus du roi, elle fut enfermée à Dourdan, puis innocentée et libérée en 1315 - Blanche de Bourgogne (vers 1296-1326), soeur de Jeanne de Bourgogne ci-dessus, fut mariée en 1308 à Charles, comte de la marche, futur Charles IV le Bel. Epouse adultère, elle fut emprisonnée à Château-Gaillard en 1314, puis transférée à Gournay près de Coutances. Après l'annulation de son mariage, elle prit le voile à l'abbaye de Maubuisson.

CASTILLE (rois de): Alphonse X le Sage (de 1252 à 1284), Sanche IV (de 1284 à 1295), Ferdinand IV (de 1295 à 1312), Alphonse XI (de 1312 à 1350).

CHAMPAGNE (Maison de): Thibaut V, comte de Champagne et de Brie, roi de Navarre, succéda à son père Thibaut IV le Grand en 1253. Il avait épousé en 1255 Isabelle de France, fille de saint Louis. Il mourut à Trapani, au retour de la croisade de Tunis en 1270. Sa femme mourut de douleur l'année suivante. Henri III, son fils, lui succéda. Il mourut à Pampelune à vingt-cinq ans. Il avait épousé Blanche d'Artois (soeur de Robert Ier d'Artois), dont il eut une fille, Jeanne de Navarre. Cette dernière épousa le futur Philippe le Bel en 1284 et apporta en dot la Navarre et le comté de Champagne et de Brie.

CHARLES Ier d'Anjou, roi de Naples et de Sicile (1220-1285). Fils de Louis VIII de France et de Blanche de Castille, donc frère de saint Louis, il reçut le comté d'Anjou en apanage et épousa Béatrix de Provence (soeur de la reine Marguerite, épouse de saint Louis) qui hérita de la Provence en 1245. Ayant pris part à la croisade d'Egypte, il revint de Terre Sainte en 1250 afin d'aider Blanche de Castille à gouverner le royaume pendant l'absence prolongée de son fils. Il accepta la couronne de Naples-Sicile que lui offrait le pape Urbain IV. Il fut victorieux de Manfred de Hohens-

taufen, fils et héritier de l'empereur Frédéric II, à Bénévent en 1266, puis du jeune Conradin (qu'il fit décapiter) à Tagliacozzo en 1268. Son ambition n'eut dès lors plus de mesure. Il se fit octroyer le titre de sénateur de Rome. Pour contrebalancer son influence, le pape fit élire Rodophe de Habsbourg empereur. L'intransigeance de Charles Ier provoqua les Vêpres siciliennes (1282) et l'intrusion de Pierre III d'Aragon dans les affaires italiennes. Malgré l'appui du Saint-Siège, il ne put reprendre la Sicile, sa flotte ayant été écrasée et son fils, Charles le Boiteux, capturé par les Aragonais.

CHARLES II d'Anjou, dit le Boiteux (1248-1309). Fait prisonnier par l'amiral Roger de Loria en 1289, il était encore captif en Aragon, lorsque son père mourut. Libéré en 1289, il ne parvint jamais à reconquérir la Sicile, à laquelle il finit par renoncer au profit de Frédéric d'Aragon en 1302. L'aîné de ses fils étant devenu roi de Hongrie en 1290, ce fut Robert le Sage qui lui succéda.

CHARLES MARTEL d'Anjou (vers 1273-1296). Fils aîné de Charles II d'Anjou et de Marie de Hongrie, il prétendit à la succession de son oncle Ladislas IV de Hongrie et fut roi titulaire de ce royaume en 1291.

CLEMENCE DE HONGRIE (vers 1293-1328). Fille de Charles Martel de Hongrie et de Clémence de Habsbourg, et nièce de Charles de Valois par la première femme de celui-ci, Marguerite d'Anjou. Elle épousa Louis X le Hutin en 1315, et fut père du petit Jean Ier.

COLONNA (Egedio dit Gilles, ou Romanus (1247-1316), appartenait à l'illustre famille des Colonna. Elève de saint Thomas d'Aquin, il enseigna la théologie et la philosophie scolastique à l'université de Paris. On le surnommait Doctor fundatissimus ou prince des théologiens. Choisi par Philippe III le Hardi comme précepteur du futur Philippe le Bel, il écrivit pour lui: De *regimine principis,* ouvrage imprimé à Rome en 1492. Général des Augustins en 1292, il devint archevêque de Bourges en 1294.

EDOUARD Ier Plantagenêt, fils d'Henri III et d'Eléonore de Provence, né en 1239, fut roi d'Angleterre de 1272 à 1307. Il soutint son père lors de la rébellion de Leicester et battit celui-ci à Evasham. Il participa à la croisade de Tunis. Les

réformes qu'il introduisit dans le gouvernement, l'administration et les tribunaux lui valurent le surnom de Justinien anglais. L'organisation de la Chambre des communes le fait regarder comme le fondateur du parlementarisme. Il s'empara du pays de Galles en 1293. Après avoir établi Bailleul sur le trône d'Ecosse, il tenta de la vassaliser et provoqua la révolte des Ecossais. Il devait simultanément s'efforcer de rompre le blocus continental imaginé par Philippe le Bel. Après la trêve de 1298, il épousa en secondes noces Marguerite de France, soeur de Philippe le Bel, cependant que son fils, le futur Edouard II, était fiancé à Isabelle de France, fille du même roi.

EDOUARD II Plantagenêt, fils du précédent et d'Eléonore de Castille, né en 1284, roi d'Angleterre de 1307 à 1327. Faible et corrompu, il irrita les barons par les faveurs accordées à Gaveston, un aventurier auquel il confia la régence, alors qu'il séjournait en France pour épouser Isabelle. Son cousin Lancastre l'obligea à renvoyer Gaveston. Edouard se vengea en le faisant décapiter. Les victoires de l'Ecossais Bruce accrurent le mécontentement. La faveur de Spencer détermina la reine Isabelle à ourdir un complot contre son indigne époux. Spencer fut exécuté; Edouard, déposé et emprisonné au château de Berkeley. Deux mois après, des assassins lui plongèrent un fer rouge dans les entrailles. Tant que dura la minorité de son fils Edouard III, la reine Isabelle gouverna l'Angleterre avec Mortimer, son amant et complice. A sa majorité, Edouard III fit supplicier Mortimer et relégua Isabelle dans une forteresse.

EMPEREURS, voir Allemagne.

FERDINAND IV l'Ajourné, roi de Castille et de Léon de 1295 à 1312. Né à Séville en 1285, sa mère, Marie de Molina, protégea sa minorité contre l'ambition de ses oncles Henri et Jean et contre les prétentions à la couronne des infants de la Cerda. Ferdinand repoussa une invasion maure et conquit Gibraltar. Les deux frères Carvajal, qu'il fit précipiter du haut d'une tour, sous l'inculpation d'assassinat, l'assignèrent à comparaître devant Dieu dans les trente jours. Il mourut avant ce terme, d'où son surnom d'Ajourné (assigné).

FLOTE OU FLOTTE (Pierre de), légiste originaire d'Auver-

gne, garde des sceaux (et non pas chancelier de France) en 1295, il fut envoyé à Rome en 1297 et prit part au conflit entre Philippe le Bel et Boniface VIII. Il porta à ce dernier la réponse du roi à la bulle *Ausculta filii*. Il joua un rôle de premier plan lors de la réunion des Etats généraux de 1302 et périt, la même année, à la bataille de Courtrai. Il appartenait à une famille d'ancienne chevalerie.

FRATRICELLI, OU FRATRICELLES, nom donné à certains franciscains qui avaient renoncé à la règle cénobitique de leur ordre et qui furent poursuivis pour hérésie. Ils affirmaient que l'Eglise romaine était devenue la Babylone de l'Apocalypse, et que la règle de saint François ne devait être que celle observée par Jésus-Christ et ses apôtres. Le pape Jean XXII les condamna. Ils trouvèrent un appui éphémère auprès de l'empereur excommunié Louis V de Bavière.

FREDERIC Ier d'Aragon, roi de Sicile de 1296 à 1337. Il fut d'abord chargé du gouvernement de cette îlé après l'avènement de Jacques II d'Aragon en 1291. Jacques II ayant rétrocédé la Sicile à Charles II d'Anjou, roi de Naples, les Siciliens refusèrent de se soumettre et élirent roi Frédéric. Charles II finit par renoncer à la Sicile au profit de Frédéric, mais à condition que ce dernier épousât sa fille, Eléonore de Naples.

HENRI VII de Luxembourg, empereur d'Allemagne de 1308 à 1313. Après son élection, il châtia les meurtriers de son prédécesseur Albert Ier d'Autriche, mais reconnut l'indépendance des cantons suisses. Il tenta de rétablir l'autorité impériale sur l'Italie, se fit couronner roi de Lombardie à Milan, traita avec la dernière rigueur les villes qui lui résistaient, mais échoua devant Florence qui fut sauvée par le roi Robert de Naples. Il se préparait à envahir le royaume de Naples, quand il mourut subitement. Un dominicain fut accusé, sans preuve, de l'avoir empoisonné avec une hostie.

HONORIUS IV, pape de 1285 à 1287. Il soutint la Maison d'Anjou contre celle d'Aragon pour la possession de la Sicile, mais ne parvint pas à faire libérer Charles II captif des Aragonais depuis 1284.

INFANTS DE LA CERDA, voir La Cerda.

ISABELLE de France, reine d'Angleterre (1292-1358). Fille

de Philippe le Bel et de Jeanne de Navarre, elle fut mariée en 1308 à Edouard II, dont elle organisa la déposition avec la complicité de Mortimer. Exilée de la Cour après la majorité d'Edouard III.

JACQUES Ier (ou Jayme) le Conquérant, roi d'Aragon de 1213 à 1276, naquit à Montpellier en 1208. Il épousa Eléonore de Castille et, grâce à l'appui de son beau-père, il conquit une partie du royaume maure de Valence. Il s'empara des îles Baléares de 1229 à 1235. La croisade prêchée en 1233 par Grégoire IX lui permit d'achever la conquête du royaume de Valence dont la population maure fut presque entièrement chassée. Il obtint en 1258 la renonciation de saint Louis aux comtés de Barcelone et du Roussillon et à la seigneurie de Montpellier, contre l'abandon de sa suzeraineté sur ses fiefs du Languedoc. Il partagea son royaume entre ses fils: Pierre III eut l'Aragon et Jayme eut Majorque.

JACQUES II (ou Jayme) le Juste, roi d'Aragon de 1291 à 1327. Il restitua Majorque à son oncle Jayme Ier. En 1298, il essaya en vain d'évincer Frédéric Ier de Sicile, afin de restituer cette île à Charles II de Naples, son beau-père. Il chassa les Pisans de Sardaigne à la suite de sa victoire navale de Cagliari. Il contraignit Sanche de Majorque à lui prêter hommage. Il abolit la torture en ses Etats en 1325.

JEAN XXII (Jacques d'Euse ou de Suese), né à Cahors, pape de 1316 à 1334. Jurisconsulte habile, il fut d'abord chancelier de Robert, roi de Naples, puis évêque d'Avignon et cardinal. Reprenant à son compte les prétentions du Saint-Siège à la suprématie temporelle, il se prononça en faveur de Frédéric d'Autriche contre l'empereur Louis V de Bavière. Ce dernier, quoique excommunité, se fit couronner roi des Lombards; il suscita l'anti-pape Nicolas V. Louis V de Bavière n'était pas réconcilié avec l'Eglise, lorsque Jean XXII mourut, âgé de près de quatre-vingt-dix ans. Savant en médecine, comme l'atteste son *Thesaurus pauperum*, il publia les *Constitutions* de son prédécesseur Clément V, dites *Clémentines*, et rédigea celles qui furent nommées *Extravagantes*. Il est en outre l'auteur d'un ouvrage hermétique: *l'Elixir des philosophes*. Théologien remarquable, il réforma les ordres mendiants. Administrateur habile, res-

taura les finances de l'Eglise avec tant de rigueur qu'on l'accusa d'avidité.

JEANNE DE NAVARRE, reine de France (1273-1305). Elle hérita de son père Henri Ier le royaume de Navarre et le comté de Champagne et de Brie, dont elle conserva l'administration, après avoir épousé Philippe le Bel. Elle est mère de trois rois (Louis X, Philippe V et Charles IV) et d'Isabelle, reine d'Angleterre. Elle protégea les lettres et fonda le collège de Navarre.

LA CERDA (les infants de). Fils aîné d'Alphonse X de Castille, Ferdinand de la Cerda fut chargé de la régence de la Castille alors que son père briguait la couronne impériale. Gendre de saint Louis, il mourut avant Alphonse X, laissant deux enfants (les infants de la Cerda: Alphonse et Ferdinand) que leur oncle Sanche IV spolia de leur héritage. Le fils aîné de Ferdinand de la Cerda, Alphonse le Déshérité, tenta en vain de recouvrer le trône de Castille et se réfugia en France en 1303; il reçut de Charles IV le Bel la baronnie de Lunel et mourut en 1327. Son fils, Louis de la Cerda, dit Louis d'Espagne, fut amiral de France en 1341 et combattit contre les Anglais. Le pape lui octroya le titre de "Roi des Iles fortunées" en 1344. Son frère, Charles de la Cerda, favori de Jean le Bon, qui le nomma connétable de France, fut assassiné par Charles le Mauvais, roi de Navarre, en 1354.

LATILLY (Pierre de ), évêque de Châlons, membre de la Chambre des Comptes, il fut garde des Sceaux à la mort de Nogaret. Incarcéré par Louis X le Hutin, il fut libéré par Philippe V le Long et mourut en 1328.

LORIA, OU LAURIA (Ruggiero ou Roger de), né en Sicile, il offrit d'abord ses services à Charles Ier de Naples, puis devint amiral de Pierre III d'Aragon. Son génie d'homme de mer et sa rapacité de pirate portèrent la puissance navale aragonaise à son zénith. Son intervention pendant la "croisade" d'Aragon sauva ce royaume d'une défaite certaine.

LOUIS IV DE BAVIERE, empereur d'Allemagne de 1314 à 1347. Il fut couronné à Aix-la-Chapelle, pendant que son rival, Frédéric le Bel, duc d'Autriche, l'était à Cologne. Il battit et captura ce dernier à Mühldorf et ne le libéra qu'en 1325 à condition qu'il renonçât à l'empire. Le pape Jean

XXII refusa de reconnaître cet accord. Il enjoignit à Louis V d'abdiquer, l'excommunia et offrit la couronne impériale à Charles IV, roi de France. Ce dernier ne fut pas élu. Louis V envahit l'Italie et, s'appuyant sur les seigneurs hostiles aux papes d'Avignon, se fit couronner roi de Lombardie. A Rome, il proclama l'antipape Nicolas V qui le sacra empereur en 1328. Le roi Robert de Naples parvint à le chasser d'Italie et le pape Clément VI renouvela l'excommunication qui le frappait. Louis V mourut accidentellement. Il passe pour avoir introduit deux aigles dans le sceau impérial, d'où serait venu le fameux aigle bicéphale.

MAJORQUE (royaume de), conquis de 1229 à 1235 par Jacques Ier d'Aragon et érigé en royaume par ce dernier au profit de son fils puîné, Jayme. "Cet Etat comprenait l'archipel des Baléares, la Cerdagne, le Roussillon et Montpellier. Il eut pour rois: Jayme Ier (roi de 1262 à 1311) qui, par suite de son alliance avec Philippe III le Hardi, fut en guerre avec son frère Pierre III et son neveu Jacques II; il perdit ses possessions, qui lui furent restituées en 1298. Sanche fut roi de 1311 à 1324; Jayme II, de 1324 à 1349: il vendit Montpellier à la France; ses autres possessions furent réincorporées à l'Aragon.

MARTIN IV (Simon de Brion), originaire de Touraine,il fut d'abord chanoine de Tours, puis devint garde des sceaux de saint Louis, avant d'être élu pape en 1281. Au lieu de s'efforcer, comme Nicolas III, son prédécesseur, de réconcilier les guelfes et les gibelins, il poursuivit ces derniers à outrance, soutint aveuglément Charles Ier d'Anjou, auquel il rendit son titre de Sénateur de Rome. Il excommunia Michel Paléologue, empereur de Constantinople, les Siciliens après les Vêpres siciliennes et le roi d'Aragon pour l'aide qu'il leur avait apportée. Il déposa ce roi et offrit sa couronne à Charles de Valois, provoquant ainsi la malheureuse "croisade" d'Aragon. Il mourut en 1285 avant la conclusion de l'affaire sicilienne.

MORNAY (Etienne de), mort en 1332. Neveu de Pierre de Mornay, évêque d'Orléans et d'Auxerre, il fut chancelier de Charles de Valois, avant de devenir chancelier de France sous Louis X le Hutin. Eloigné du gouvernement par Philippe V le Long, il entra à la Chambre des Comptes et siégea

le Hardi, dont la flotte fut dispersée par l'amiral de Loria. Il accorda à son peuple une Charte ou Privilège général, consacrant les libertés aragonaises, en 1283.

PRESLES (Raoul de), né à Laon, avocat, conseiller de Philippe le Bel, il fut accusé d'avoir voulu empoisonner ce prince avec la complicité de Pierre de Latilly. Innocenté, il devint membre du parlement en 1319. Il fonda à Paris un collège qui porta son nom jusqu'à la Révolution.

ROBERT D'ANJOU le Sage, roi de Naples de 1309 à 1343. Politique adroit, préférant la diplomatie à la guerre, il sut profiter des dissensions de ses voisins. Défenseur de l'Eglise, il reçut de Clément V le titre de vicaire temporel, restaurant ainsi la puissance de la Maison d'Anjou en Italie. Gênes se donna à lui. Il fut le protecteur de Boccace et de Pétrarque.

RODOLPHE Ier de Habsbourg, empereur d'Allemagne de 1273 à 1291. Fils d'Albert le Sage, landgrave d'Alsace, sa popularité le fit élire empereur. Il tenta vainement d'unifier les intérêts allemands et, s'il ne put assurer l'élection de son fils comme roi des Romains, du moins fonda-t-il pour des siècles la puissance des Habsbourgs et de l'Autriche. Il introduisit l'usage de la langue allemande dans les actes publics.

SANCHE IV le Brave, roi de Castille et de Léon de 1284 à 1295. Second fils d'Alphonse X de Castille, il s'efforça avec l'appui des grands d'enlever le trône à son père, et déposséda les infants de La Cerda. Il lutta contre les Maures et leur prit Tarifa avec l'aide des Gênois. Il réussit à pacifier son double royaume, mettant fin aux divisions qu'il avait lui-même suscitées.

VALOIS (Charles de), fils de Philippe III le Hardi et d'Isabelle d'Aragon, donc frère de Philippe le Bel, il fut investi du royaume d'Aragon, auquel il renonça en 1295. Il reçut le comté de Valois à la mort de son père. Son mariage avec Marguerite, fille de Charles II le Boiteux, lui donna le Maine et l'Anjou. Il prit part à la guerre contre Edouard Ier d'Angleterre, auquel il enleva la Réole et Saint-Sever; contre Gui de Dampierre, comte de Flandre, dont il reçut l'éphémère soumission. Veuf de Marguerite de Naples, il épousa Catherine de Courtenay, petite-fille du dernier em-

pereur latin de Constantinople. Le pape Boniface VIII lui ayant conféré le titre de vicaire et défenseur de l'Eglise, Charles de Valois chassa les givelins de Florence en 1300 et aida Charles le Boiteux à reconquérir la Pouille et la Calabre. Rappelé en France, il participa à la bataille de Mons-en-Pévèle. Sous Louis X le Hutin, il se mit directement à la tête des ligues féodales et obtint la condamnation à mort d'Enguerran de Marigny. Il refit campagne en Guyenne sous Charles IV le Bel. S'il ne put réussir à être roi ni empereur, son fils, Philippe VI, commença la branche du Valois.

WALLACE (William) 1270-1305. D'une famille ancienne mais pauvre, il fut l'âme de la révolte des Ecossais contre Edouard Ier. Chef de bande, se donnant pour lieutenant de Jean de Bailleul, il tint longtemps les Anglais en échec. Mais vaincu à Falkirk, dénoncé, il finit décapité.

# BIBLIOGRAPHIE

## PHILIPPE III LE HARDI

ARIGITA Y LASA (D. Mariano) - *Castalarium de don Felipe III rey de Francia,* Madrid, 1913.

BORDONOVE (Georges) - *Saint Louis,* Paris, 1984.

*Cartulaire normand* (règnes de Philippe Auguste, Louis VIII. saint Louis et Philippe le Hardi) publié par la Société des Antiquaires de Normandie, Paris, 1852.

*Grandes Chroniques de France,* édit. par J. Viard, Tome VIII, Paris, 1934.

DELCAMBRE (Etienne) - *Recueil des documents* inédits relatifs aux relations du Hainaut et de la France de 1280 à 1297, Paris, 1929.

GIRY (A.) - *Documents sur les relations* de la royauté avec les villes de France de 1180 à 1314, Paris, 1885.

LANGLOIS (Charles-Victor) - *Le règne de Philippe III le Hardi,* Paris, 1887.

LECOY DE LA MARCHE (Albert) - *La France sous saint Louis et sous Philippe le Hardi,* Paris, sd.

SYLVESTRE DE SACY (baron) - *Mémoires sur le traité fait entre Philippe le Hardi et le roi de Tunis en 1270,* Paris, 1825.

## PHILIPPE VI LE BEL

ANDRE (abbé René) - *Guillaume de Nogaret,* chancelier de Philippe le Bel, seigneur de Calvisson et de Marsillargues, Collias, 1979, 25 pages.

ARTANNE (André) - *Le mouvement de 1314 et les chartes provinciales de 1315,* Paris, 1912.

BAILLET (Adrien) - *Histoire des démêlés du pape Boniface VIII avec Philippe le Bel,* Paris, 1718.
BEAUMANOIR (Philippe de) - *Coutumes du Beauvaisis,* édit. par Salmon, Paris, 1970 (2 volumes).
BECHON (René) - *Pierre Flote, chancelier de France,* Riom, 1891.
BOÏARD (Alain de) - *L'acquisition de l'hôtel de Nesle par Philippe le Bel et la valeur des actes notariés au début du XIVe siècle,* slnd.
BORDIER (H.-L.) - *Philippe de Rémi, sire de Beaumanoir,* jurisconsulte et poète national du Beauvaisis (1246-1296), Paris, 1869.
BORDONOVE (Georges) - *Les Templiers,* Paris, 1963.
BORDONOVE (Georges) - *La vie quotidienne des Templiers au XIIIe siècle,* Paris, 1975.
BORDONOVE (Georges) - *Saint Louis,* Paris, 1984.
BORELLI DE SERRES (colonel) - *Recherches sur divers services publics du XIIIe au XVIIe siècle,* Paris, 1895-1909, 3 volumes.
BOUTARIE (Edgard) - *La France sous Philippe le Bel:* étude sur les institutions politiques et administratives du Moyen Age, Paris, 1861.
BUS (Gervais du) - *Le roman de Fauvel,* édit. par A. Langfors, Paris, 1914-1919.
CLEMENT (Pierre) - *Trois drames historiques* (Enguerran de Marigny), Paris, 1857.
CONTAMINE (Philippe) - *Guerre, Etat et société à la fin du Moyen Age.* Etudes sur les armées des rois de France, 1337-1494. Paris, La Haye, 1972.
DELCAMBRE, voir ci-dessus Philippe le Hardi.
DEVIC (Dom Claude) et VAISSETTE (Dom Jean) - *Histoire générale du Languedoc,* édit. par A. Molinier, Toulouse, 1872-1892, 15 volumes.
DIGARD (Georges) - *Philippe le Bel et le Saint-Siège, de 1285 à 1304,* Paris, 1936, 2 volumes.
DUBOIS (Pierre) - *De recuperatione Terrae Sanctae,* édit. par C.-V. Langlois, Paris, 1891.
DUBY (Georges) - *L'économie rurale et la vie des campagnes dans l'occident médiéval,* Paris, 1962, 2 volumes.
DUPUY (Pierre) - *Histoire du différend entre le pape Boniface

*VIII et Philippe le Bel roi de France,* Paris, 1655.

FAVIER (Jean) - *Un conseiller de Philippe le Bel: Enguerran de Marigny,* Paris, 1963.

FAVIER (Jean) - *Les légistes et le gouvernement de Philippe le Bel (Journal des Savants),* Paris, 1969, 17 pages.

FAVIER (Jean) - *Finance et fiscalité au Bas Moyen Age,* Paris, 1971.

FAVIER (Jean) - *Philippe le Bel,* Paris, 1978.

FAWTIER (Robert) - *Comptes du trésor,* Paris, 1930.

FAWTIER (Robert) et MAILLARD (François) - *Comptes royaux,* Paris, 1953-1956, 3 vol.

FAWTIER (Robert), GLENISSON (Jean) et GUEROUT (Jean) - *Registres du Trésor des Chartes,* tome I, règne de Philippe le Bel, Paris, 1958.

FOURNIAL (Etienne) - *Histoire monétaire de l'Occident médiéval.* Paris, 1970.

FINKE (Heinrich) - *Zur Charakteristik Philipps des Schönen,* 1904.

FUNCK-BRENTANO (Frantz) - *Philippe le Bel et la noblesse franc-comtoise,* Paris, Bibliothèque de l'Ecole des Chartes, 1888.

FUNCK-BRENTANO (Frantz) - *Documents pour servir à l'histoire des relations de la France avec l'Angleterre et l'Allemagne sous le règne de Philippe le Bel,* Paris, 1889.

FUNCK-BRENTANO (Frantz) - *Les origines de la Guerre de Cent Ans.* Philippe le Bel en Flandre, Paris, 1897.

GIRY (A.), voir ci-dessus Philippe le Hardi.

Grandes Chroniques de France, édit. par J. Viard, tome VIII, Paris, 1934.

GUIART (Guillaume) - *Branche des royaux lignages,* Paris, 1828.

HARVEY (John) - *Les Plantagenêts,* 1154-1485, traduit de l'anglais par A. Gentien, Paris, 1960.

HAUZEAU (Barthélemy) - *Bernard Délicieux et l'inquisition albigeoise, 1300-1321,* Paris, 1877.

HAVET (Julien) - *Comptes du trésor du Louvre sous Philippe le Bel, 1296,* Paris, 1884.

HENRY (Abel) - *Guillaume de Plaisians,* ministre de Philippe le Bel, Paris, Bibliothèque de l'Ecole des Chartes, 1892, p.71-78.

HOLTZMANN (Robert) - *Wilhelm von Nogaret Rat und Grossiegelbewahrer Philipps des Schönen von Frankreich,* Fribourg, 1898.

KERVYN DE LETTENHOVE - *La Flandre communale,* Bruxelles, 1898.

LAFAURIE (Jean) - *Les monnaies des rois de France* (Tome I), Paris, 1951.

LANGLOIS (Charles-Victor) - *Textes relatifs à l'histoire du parlement depuis les origines jusqu'en 1314, Paris, 1888.*

*LANGLOIS (Charles-Victor) - Inventaire d'anciens comptes royaux dressé par Robert Mignon,* Paris, 1889.

LANGLOIS (Charles-Victor) - *Saint Louis, Philippe le Bel, les derniers Capétiens directs, 1226-1328,* Tome III de *l'Histoire de France d'Ernest Lavisse,* Paris, 1901.

LANHERS (Yvonne) - *Le dossier d'Albert d'Autriche aux Archives et à la Bibliothèque nationale,* Paris, 1949.

LAVISSE, voir Langlois.

LEROUX (Alfred) - *Recherches critiques sur les relations politiques de la France avec l'Allemagne de 1292 à 1378,* Paris, 1882.

LEVIS-MIREPOIX (duc de) - *Philippe le Bel,* Paris, 1936.

LIZERAND (Georges) - *Clément V et Philippe IV le Bel,* Paris, 1910.

LIZERAND (Georges) - *Le dossier de l'affaire des Templiers,* Paris, 1923.

LIZERAND (Georges) - *Philippe le Bel et l'empire au temps de Rodolphe de Habsbourg, 1285-1291,* Paris, 1923.

LOT (Ferdinand) et FAWTIER (Robert) - *Histoire des institutions françaises au Moyen Age,* Paris, 1958.

MAROT (Pierre) - *Un homme d'armes de Philippe le Bel: Jacques de Bayon, dit à tort Jacques de Bayonne,* Nancy, 1928.

MARTIN-CHABOT (Eugène) - *La vie des Templiers,* Paris, 1951.

MICHELET (Jules) - *Procès des Templiers,* Paris, 1841-1851, 2 vol.

NANGIS (Guillaume de) - *Chronique, Paris, Collection des Mémoires pour l'Histoire de France,* 1825.

OLIVIER-MARTIN (F.) - *Les régences et la majorité des rois sous les Capétiens directs et les premiers Valois,* Paris, 1931.

*Ordonnances des Roys de France de la troisième race*, Paris, 1723-1849, 22 vol.

OURSEL (Raymond) - *Le procès des Templiers*, Paris, 1955.

PARIS (Geoffroy de) - *Chronique métrique*, édit. par Diverrès, Paris, 1956.

PERRICHEL (Lucien) - *La grande chancellerie de France, des origines à 1328*, Paris, 1912.

PETIT (Joseph) - *Charles de Valois, 1270-1325*, Paris, 1900.

PICOT (Georges) - *Documents relatifs aux états généraux et assemblées réunis sous Philippe le Bel*, Paris, 1901.

*Recueil de chroniques flamandes*, édit. par J.-J. de Smet, Bruxelles, 1837-1865, 4 vol.

RIGAULT (Abel) - *Le procès de Guichard, évêque de Royes, 1308-1313*, Paris, 1896.

*Le Roman de Renart le Contrefait*, édit. par Raynaud et Lemaître, Paris, 1914, 2 vol.

SMET (J.-J. de) - *Chronique anonyme de la guerre entre Philippe le Bel et Gui de Dampierre*, Paris, 1865.

STRAYER (Joseph R.) - *Les gens de justice du Languedoc sous Philippe le Bel*, Toulouse, 1970.

THOMAS (Louis) - *La vie privée de Guillaume de Nogaret, Annales du Midi, XVI*, 1904, 46 p.

TRESSARD (Louis) - *Histoire des Pays-Bas français*, Toulouse, 1972.

VAISSETTE, voir Devic.

VIARD (Jules) - *Journaux du trésor de Philippe IV le Bel*, Paris, 1940.

VIARD (Paul) - *Philippe le Bel et les dîmes insolites*, Dijon, 1911.

VIDAL (Jean-Marie) - *Bernard Saisset, 1232-1311*, Paris, 1926.

VIDIER (A.) - *Extraits des comptes royaux concernant Paris (Journal du Trésor)*, Paris, 1912.

## LES FILS DE PHILIPPE LE BEL

BROWN (Elisabeth) - *The ceremonial of Royal Succession in Capatian France*, Cambridge, 1980.

*Grandes chroniques de France*, voir ci-dessus Philippe le Bel.

LANGLOIS (Charles-Victor), voir ci-dessus Philippe le Bel, Tome III de *l'Histoire de France d'Ernest Lavisse.*

LANGLOIS (Charles-Victor) - *Les martyrs de 1321 (massacre des juifs),* Paris, 1906.
LANGLOIS (Charles-Victor) - *Ordonnance de 1315 sur les monnaies baronnales* (Revue Archéologique), slnd.
LAURAIN (Ernest) - *Trois naissances illustres (dont celle de Charles IV le Bel),* Bibliothèque de l'Ecole des Chartes, Paris, 1900, 12 p.
LEHUGUEUR (Paul) - *Histoire de Philippe le Long,* Paris, 1897-1931.
LEHUGUEUR (Paul) - *Le conseil royal de Philippe le Long (1316-1321),* Paris, 1929.
NANGIS (Guillaume de) et ses continuateurs - *Chronique,* Paris, 1825.
OMONT (H.) - *Projet de réunion des Eglises grecque et latine sous Charles le Bel, Bibliothèque de l'Ecole des Chartes,* Paris, 1892, 4 p.
PINCHART (Alexandre) - *Lettres missives tirées des Archives de Belgique concernant l'Histoire de France (1317-1324),* Bibliothèque de l'Ecole des Chartes, Paris, 1884, 7 p.
VIARD (Jules) - *Les journaux du trésor de Charles IV le Bel,* Paris, 1917.

# TABLE DES MATIÈRES

## DANS LA MÊME COLLECTION
(Paru ou à paraître)

- *Hugues Capet* (MU 475).
- *Philippe Auguste* (MU 476).
- *Saint Louis* (MU 477).
- *Charles V* (MU 479).
- *Charles VII* (MU 480).
- *Louis XI* (MU 481).
- *François Ier* (MU 482).
- *Henri II* (MU 483).
- *Henri III* (MU 484).
- *Henri IV* (MU 485).
- *Louis XIII* (MU 486).
- *Louis XIV* (MU 487).
- *Louis XV* (MU 488).
- *Louis XVI* (MU 489).

IMPRESSION : BUSSIÈRE S.A., SAINT-AMAND (CHER). — N° 5280
D. L. OCTOBRE 1988/0099/189
ISBN 2-501-01102-3
*Imprimé en France*